船舶工匠系列教材
国家级重点技工学校推荐教材

船舶管系制作

主编 韦方方

HEUP 哈尔滨工程大学出版社

内容简介

本书共分七章,主要内容包括:船舶管系的基础知识;船用管材与管路附件、设备;船舶管路系统原理;船舶管系放样常识;船舶管子的加工工艺;管路安装及系统运行调试;计算机辅助管系设计。

本书可作为船舶系统技工学校船舶管系工专业的学生和船厂青工技术培训的教学用书,其他形式的职业教育、专业考证训练以及相关技术人员也可参考使用。

图书在版编目(CIP)数据

船舶管系制作/韦方方主编. —哈尔滨:哈尔滨
工程大学出版社,2017.9
　ISBN 978 - 7 - 5661 - 1692 - 5

　Ⅰ.①船…　Ⅱ.①韦…　Ⅲ.①船舶管系—工艺学
Ⅳ.①U664.84

中国版本图书馆 CIP 数据核字(2017)第 238385 号

选题策划　史大伟
责任编辑　雷　霞
封面设计　博鑫设计

出版发行	哈尔滨工程大学出版社
社　　址	哈尔滨市南岗区南通大街 145 号
邮政编码	150001
发行电话	0451 - 82519328
传　　真	0451 - 82519699
经　　销	新华书店
印　　刷	哈尔滨市石桥印务有限公司
开　　本	787 mm × 1 092 mm　1/16
印　　张	15
字　　数	386 千字
版　　次	2017 年 9 月第 1 版
印　　次	2017 年 9 月第 1 次印刷
定　　价	40.00 元

http://www.hrbeupress.com
E-mail:heupress@ hrbeu.edu.cn

教材编写委员会

总 主 编	殷先海			
副 总 主 编	郑永佳			
编委会成员	殷先海	冉凯峰	李康宁	吴周杰
	郑永佳	赵汝荣	丁训康	朱继东
	张 铭	李 斌		

教材审定行业专家委员会

刘新华　龚利华　王力争　陈昌友　陈凤双
李骁峯　陈景毅　杜逸明　赵汝荣　丁巧银
董三国　朱伯华　刘汉军　朱明华

前　　言

为深入贯彻《国务院关于大力发展职业教育的决定》的精神,积极推进课程改革和教材建设,为职业教育教学和培训提供更加丰富、多样和实用的教材,更好地满足我国造船工业快速发展的需要,江南造船集团职业技术学校联合江南造船(集团)有限责任公司,与国内其他开办有船舶技术类专业的职业院校,编写了中等职业教育建设项目船舶制造专业改革发展特色示范校建设规划教材。

本系列教材注重以就业为导向,以能力为本位,面向市场,面向社会,体现了职业教育的特色,满足了高素质的实用型、技能型船舶制造类专业中等职业技能人才培养的需要。本系列教材在组织编写过程中,形成了如下特色:

1.认真总结了全国开办有船舶技术类专业的职业学校多年来的专业教学经验,并采纳了部分企业专家的意见,代表性强,适用性广。

2.以职业岗位的需求为出发点,适当精简了教学内容,减少了理论描述,具有较强的针对性。

3.本系列教材是针对三年制中等职业教育编写的,二年制的也可参考使用。同时,本系列教材还适用于船厂职工的自学以及其他形式的职业教育。

《船舶管系制作》是中等职业教育船舶制造规划教材之一,按照“船舶管系制作”教学大纲的要求而编写。本书共分七章,主要内容包括:船舶管系的基础知识,船用管材与管路附件、设备,船舶管路系统原理,船舶管系放样常识,船舶管子的加工工艺,管路安装及系统运行调试,计算机辅助管系设计。

本书可作为船舶系统技工学校船舶管系工专业的学生和船厂青工技术培训的教学用书,其他形式的职业教育、专业考证训练以及相关技术人员也可参考使用。

本书由江南造船集团职业技术学校改革发展特色示范校建设教材编写组以及江南造船(集团)有限责任公司等企业共同完成,在此表示感谢!

限于编者经历和水平,教材内容难以覆盖全国各地的实际情况,希望各教学单位在积极选用和推广本系列教材的同时,总结经验,及时提出修改意见和建议,以便再版修订时改正。

江南造船集团职业技术学校专业建设指导委员会

2017 年 1 月

目　　录

第一章 船舶管系的基础知识

●学习目标

知识目标：

1.掌握船舶管路系统的含义及组成。

2.掌握船舶管路系统的分类。

3.了解船舶管子的生产过程。

4.了解管工在船舶建造中的作用和任务。

5.了解船舶管系生产设计的发展。

能力目标：

1.能正确描述船舶管路系统的含义及组成。

2.能正确描述动力管系和船舶管系的组成。

3.能正确描述船舶管子的生产过程。

4.能正确描述管工应具备的技能和知识。

　　船舶自从摆脱靠人划桨及风帆作用力,而依靠自身的动力装置在江河湖海中航行时,为之服务的管路系统也就应运而生了。如果我们把一艘船比作一个人,那么船体好比人的皮肤和骨骼,船舶电气系统好比人的神经,船舶动力装置好比人的心脏,船上的各类管路就好比人体内的食道、呼吸道、肠道、血管……,由此可见管路系统在船舶上的作用是非常重要的。

第一节 船舶管路系统的含义及组成

　　船舶管路系统是指为专门用途而输送流体(液体或气体)的成套设备,以保证船舶动力装置可靠正常地工作以及船舶安全航行而设置的辅助机械、辅助设备、检测仪表、附件以及管路的总称,简称管系。

　　管路:某一系统中管子和连接件、阀件、防漏垫圈、补偿膨胀装置、绝缘保温材料等附件的总称。

　　设备:存放流体的容器,如油柜、水柜等;改变流体状态的器具,如换热器、过滤器等;改变流体方向、速度、压力的调节阀。

　　机械:为管路中流体流动提供能量,如泵、通风机、压缩机等。

　　仪表:水位指示仪表、存油量测量仪表、温度计、压力计等。

　　一艘万吨级的船舶,其应用的管子一般在万米左右,可见其数量是相当大的。因此,无论是造船还是修船,都需要将这大量的管路进行分类。当前,对管路系统进行分类的方法主要有两种。

1. 按使用功能分类

按使用功能分类,管路可分为动力管系和船舶管系两大类。

动力管系与船舶的动力装置有很大的关系,不同的动力装置会设置不同的管路系统。船舶管系与船舶的种类有关系,例如散货船与油船之间就有较大的差别。

(1)动力管系是为推进装置服务的管系,其作用是保证推进装置正常工作。对于采用柴油机为动力装置的船舶,按其任务的不同,主要分为5个系统。

①燃油管系　为动力装置和其他用油设备提供充足、合格燃料的管系。

②滑油管系　向各主、辅机运动部件提供润滑和承担部分冷却任务所需滑油的管系。

③冷却水管系　为保证主、辅机发热部件的正常工作,提供所需冷却水的管系。

④排气管系　将主、辅机排出的废气排至船外的管系。

⑤压缩空气管系　为主、辅机提供启动、控制用空气,为船舶气动设备、阀件、信号装置、冲洗、遥控系统等提供压缩空气的管系。

如果采用其他形式的动力装置,如汽轮机动力装置,则还有锅炉给水管系、主蒸汽管系等,同时以上5个系统的内容就会发生较大的变化。

(2)船舶管系是为全船服务的管系,其作用是保证船舶的生命力、安全航行、执行任务,以及船员与旅客正常生活和工作。干货船和客船的船舶管系按其任务的不同,主要分为以下几个系统。

①舱底水管系　将机舱、货舱及其他舱室内的舱底污水排出舷外的管系。

②压载水管系　完成压载水的注入、排出和调驳任务的管系。

③消防管系　承担船舶发生火灾时,扑灭火灾任务的管系。按介质的不同,它可分为水消防管系、二氧化碳灭火管系、泡沫灭火管系、卤化物灭火管系、干粉灭火管系等。

④日用蒸汽凝水管系　为主、辅机正常运转及日常生活提供热源和回收凝水的管系。

⑤日用供水管系　主要是为船上船员及旅客提供生活用水的管系。

⑥疏排水管系　将上层建筑舱室内生活污水、甲板上冲洗水和雨水等排出舷外的管系。

⑦空气测量和注入管系　船上所在密闭舱室的进排气、液位测量、流体注入的管系。

此外,根据船舶的种类,还会设置其他的管系,如液货船(油轮、化学品船、液化气船等)均设置液货装卸管系、惰性气体管系、扫舱管系、液货舱透气管系等。如船舶上有采用液压驱动的设备,则还设有液压管系等。

2. 按工作介质的参数分类

按工作介质的参数即按管子的设计压力和设计温度分类,管子可分为三级,见表1-1。

动力装置能否可靠地正常工作,除了取决于装置的主要设备(主机、辅机、锅炉等)本身的技术性能外,动力管系的技术性能也起着重要作用。在动力装置的生命力方面,动力管系担负着更重要的作用。为了保证动力装置可靠地工作,对动力管系有以下基本要求:

(1)工作可靠性。在船舶倾斜、摇摆、颠簸、船体振动等各种特殊情况下,管系能正常工作;船舶在各种工况下,被输送的流体仍能在设计规定的技术参数(压力、温度、黏度等)下正常工作。

(2)管系的生命力。当管系的机械发生故障,设备管路发生阻塞或损坏等事故时,管系具有恢复正常工作的能力。如设置备用机械与各机械相互通用;又如流体的正常输送能从另一管路绕过故障而继续运行等。

表1-1 管系等级

等级		Ⅰ级		Ⅱ级		Ⅲ级	
参数		设计压力/MPa	设计温度/℃	设计压力/MPa	设计温度/℃	设计压力/MPa	设计温度/℃
管系	蒸汽和热煤油	>1.6	>300	≤1.6	≤300	≤0.7	≤170
	燃油	>1.6	>150	≤1.6	≤150	≤0.7	≤60
	其他介质	>4.0	>300	≤4.0	≤300	≤1.6	≤200

注:①当管系的设计压力和设计温度其中一个参数达到表中Ⅰ级规定时,即定位为Ⅰ级管系;当设计压力和设计温度2个参数达到表中Ⅱ级和Ⅲ级规定时,即定位为Ⅱ级和Ⅲ级管系;

②其他介质是指空气、水、滑油和液压油;

③不受压的开式管路,如泄水管、溢流管、透气管和锅炉放汽管路也为Ⅲ级管路。

(3)在满足生命力的条件下力求设备少,管路简单。这样,一方面可以减小动力装置的尺寸和质量,减少投资;另一方面可以简化机舱布置,利于管理和使用,还可以减少操作错误。

(4)在采取兼用的措施时,必须防止关联的管系在工作中发生相互干扰,以致引起装置中的某些部分工作失常的严重情况。如一泵兼作燃油和滑油输送任务时,燃油和滑油发生相混的现象。

第二节 船舶管子生产过程

一根管子从原材料到制作成形、安装、试验要经过多道工序,特别是内场制作要经过近十道工序才能完成。图1-1所示为典型的管子生产流程。

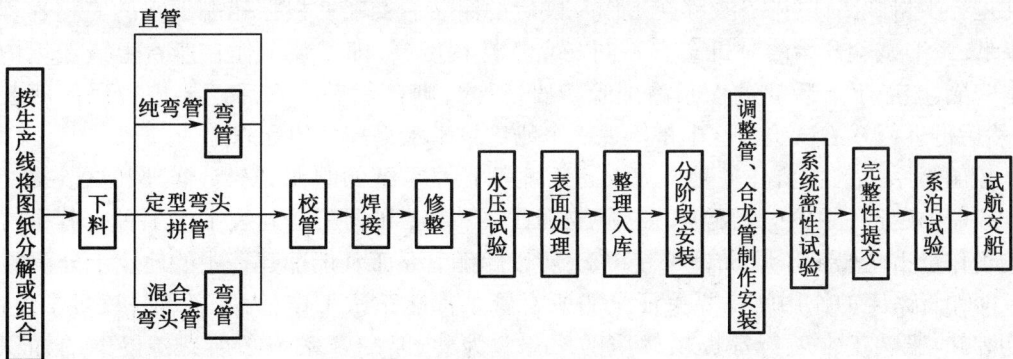

图1-1 典型的管子生产流程图

（1）下料　管子按切割计划表进行备料、画线和切割。根据管子制造工艺可以在理论长度上加放余量，称有余量下料；也可以按理论长度下料，称为无余量下料。

（2）弯管　根据管子零件图对纯弯管或混合弯头管进行弯曲，直管或定型弯头拼管直接流入校管工序。

（3）校管　即在管子上装配连接件、支管、复板、仪表接头、止动器、管子附件等。

（4）焊接　进行管子的焊接工作。

（5）修整　去除管子制作、焊接过程中留在管子表面的毛刺、焊渣、流挂等，同时对不合格的焊缝进行机械修整。

（6）水压试验　装焊完成的管子进行水压强度试验，并按要求进行验收提交。

（7）表面处理　按图纸要求对管子表面进行镀锌、酸洗、磷化、涂塑、衬橡胶或除锈涂油漆。

（8）整理入库　根据托盘管理表进行整理，每只托盘管子数量完整后移交给集配中心。

（9）分阶段安装　按以中间产品为导向，壳舾涂一体化建造的原则，管子和舾装件的安装穿插在船舶结构的建造之中，可分为单元组装、分段（正、反转）预装、盆舾装、总组（正、反转）舾装、船台（坞）舾装等。

（10）调整管、合龙管制作安装　在管子内场制作过程中，管子两端连接件不装焊的管子称为调整管，必须在船上现场校管、焊接后安装。分段间、总段间、管路与设备间等相互连接的最后一段管子，生产设计不设绘零件图，必须在现场取样后进行制作安装的管子称合龙管。

（11）系统密性试验　整个管路系统基本安装完成后，检查管路连接质量的试验，即主要检查管子连接处的泄漏情况。根据管路输送的介质可采用水、油或空气进行密性试验，试验的压力按图纸要求。

（12）完整性提交　按管系原理图，对整个管路进行是否安装完整、正确的检查，包括管子、阀件及附件、仪表、支架、铭牌等。

（13）系泊试验和试航交船　所谓系泊试验，就是船舶下水后，在码头边对船舶上安装的各系统及机械、电气设备进行的调试提交工作。试航就是船舶在海上进行的航行试验，主要是对船舶的总体性能进行验证，看其是否达到了设计的要求。船舶试航结束后，一般应在进行少量缺陷修补工作、移交工作及最后的涂装后交船。根据船舶下水的完整性程度的高低，系泊试验开始的时机会有不同。完整性程度高，即安装工作在船台上或船坞内已基本完成，船舶下水后就进入系泊试验阶段；反之，则在船舶下水后还要进行码头舾装工作，然后再进行系泊试验。这也是体现一个船厂技术水平高低的标志之一。

船舶管系工的主要任务是要完成各种船舶管路系统的制作、安装、修理和试验提交工作。在船舶建造过程中，装配工、电焊工、钳工、管系工和电工是五大主体工种。其中管系工的工作量占全船工作量的 15% ~ 20%，所以船舶管系工在船舶建造中的地位十分重要。

船舶管系工的作用就是要保证全船所有管系都能正常工作，为主机、辅机、日常生活、货物装卸、船舶正常航行等提供优质的服务。为此，船舶管系工必须具备以下的知识和技能：

（1）全面了解船舶管路系统的工作原理，熟悉管系中各种装置、设备、常用阀件及附件；

（2）了解船体的基本结构，能看懂船体分段结构图；

（3）熟悉管路系统的作用及制作、安装技术要求；

（4）看懂管子施工图及管理图表；

（5）掌握管系工的基本操作技能，严格按操作规程施工；

（6）了解管系工安全操作知识；

（7）熟悉管子加工设备的工作原理、结构及性能；

（8）掌握相关工种，如气割、电焊、起重的知识和操作技能。

第三节　船舶管系生产设计的发展简介

船舶管系的设计、加工和安装是造船工程中的一项重要内容。管子工程的特点：多规格、多品种、多数量；在较短的设计、加工和安装周期内要完成繁重的工作内容。由于其工作性质的复杂性、产品单件性，船舶管系生产技术长期以来一直处于落后状态。随着国际市场上船船工业竞争性加剧，各国都在致力于降低船舶的总造价，缩短造船周期。相应地，提高船舶管系生产技术水平，已成为造船工业的重要发展目标。

我国船舶管系设计和施工按发展特征，大致经历了如下 5 个阶段：

一、20 世纪 50 年代中期以前

20 世纪 50 年代中期以前管子的弯曲加工，基本上 $\phi25$ mm 以上的管子采用灌砂热弯方式，这种方法劳动强度大、效率低，弯管质量差。50 年代中期开始，逐渐扩大了机械冷弯作业的比例，使管子弯曲的效率和质量都有了一定的提高。但由于这个时期管系的施工设计采用现场取样方式，管子的加工滞后于船体的建造，工作量大，影响船舶的建造周期。

二、20 世纪 60 年代

随着造船工业的发展，船东对船舶的品种、性能、质量和船舶建造周期都提出了更高的要求，而管子加工和这种要求相比，还存在着很大的差距。为此，各船厂设法提前加工管子，力图实现管子的"预制"。基于船体实尺放样的启示，研究了管系实尺放样，在样台取得管系的布置和管子的坐标尺寸。后来又发展了管系的比例放样甚至综合放样，终于使得管子的加工基本上脱离了现场，也即消除了在管子的加工上依附于船体的局面，由于施工设计的变革，反过来又促进了加工设备的更新，各厂相继研制出一批液压弯管机，其规格扩大到能弯直径 203～305 mm 的管子。同时也发展了中频弯管机，以弯曲大口径的管子，逐渐淘汰了火焰弯管机，并且研制成功了内场校管装置，管子加工的效率和质量得到了进一步的提高。

三、20 世纪 70 年代初

由于我国电子技术的发展，各厂都开始寻求把电子技术应用于管子加工，管子的切割、焊接和弯曲设备开始采用数字控制方式。不少船厂相继着手研究管子加工流水线。

20 世纪 70 年代中期，电子计算机在管系施工设计中的应用研究得到推广，使布置设计后的各项计算、绘图和设计工作逐步实现了优化，形成管装设计的比例绘图——电算处理法。

四、20 世纪 80 年代

20 世纪 80 年代，不少船厂相继建造出口船舶，管子生产成为造船过程中的瓶颈，管子加工的进度直接影响船舶建造周期。各厂相应采取很多措施，船舶管系的设计和加工也得

到了很大的发展,主要体现在如下几个方面:

(1)在管系综合放样的基础上,继续开展电子计算机技术在管系布置设计中的应用研究,以取代管系综合放样中人工计算曲形参数及绘制管子零件图开始,发展到由计算机自动输出弯管的指令及套料计算,利用计算机数控绘图机自动绘制系统安装图,进行计算机辅助设计等。

(2)利用机舱的比例模型进行舾装工程设计的工程模型法也在某些研究所和船厂实施。工程模型法具有灵活性、直观性和多重思考性,对生产工艺及实船运行中可能出现的问题有很高的预见性。

(3)在管系加工方面开始采用数控的工艺装备,某些装备可由人工测量方式转为自动测量,从而提高了加工精度和效率。

(4)管系预舾装技术的应用、推广和发展,其实质是将船上现场安装的工作转化为车间(平台)的内场作业。各个船厂采用的单元组装、分段组装及机舱大单元组装等方式不同程度地体现了预制预装的优越性,取得了改善施工条件、减轻劳动强度、提高产品质量、节约原材料和缩短造船周期的显著效果。

(5)继续研制出一批质量较高的液压有芯弯管机,逐渐淘汰弯管质量低劣的无芯弯管机,并开始选用标准弯头取代耗能高、效率低的某些弯管机。

(6)为了提高管系的焊接质量,各厂逐渐推广应用 CO_2 气体保护焊和氩弧焊封底等焊接方法,并达到了单面焊接双面成形的技术要求,法兰与管子做到双面焊接。不少船厂也从国外引进了一批质量较高的电焊机。

(7)推广使用热浸镀锌工艺。

五、20 世纪 90 年代开始

在此期间管系的设计及施工最大的特点是采用了国内外先进的技术,使管子的质量有了明显的提高,不但满足了国内规范和标准的要求,而且也满足了国外有关船级社的规范要求;另一特点是注重管子加工工艺的研究,编制专用或通用工艺文件。其特征如下:

(1)在改进设计管理和继续完善"三化"(标准化、系列化、通用化)工作的同时,管系设计技术的发展方向是在相应软、硬件支持下,实现管系的计算机辅助设计、施工、管理信息集成化的道路。用专用的船舶管路程序系统完成管路的布置、自动划分管子零件、管路的干涉检查及弯管工艺性检查、管子零件计算、自动绘图、自动统计等工作。

(2)建立管子加工流水线。管子加工流水线是近年来国内外管子加工工艺不断发展和逐步完善的一项新技术,它应用电子计算技术和数控技术使管子加工从备料、切割、法兰焊接、弯曲,以及管子输送、装卸等工艺过程实现半自动化或全自动化,使管子加工工艺程序实现流水作业生产。它不仅保证了管子的加工精度,且大大地提高了劳动生产率。目前管子加工流水线主要有"先弯后焊"和"先焊后弯"两种不同的工艺流程。

"先弯后焊"工艺流程:储料架→测长→套料→下料→弯管→校对→焊接→泵水。它属于有余量加工,即管子在下料时留有一定的余量,待弯曲后再切割掉余量,因此可不必考虑材料伸长量的因素。但由于这种工艺采用先弯曲后焊法兰,而弯曲后的管子形状多样,对实现自动焊接带来较大困难,且耗工费时。

"先焊后弯"工艺流程:储料架→定长切割→法兰定位点焊→自动焊接→泵水→弯曲。它可实现直管切割、直管焊接、直管泵水强度试验、直管输送,有利于实现单机自动化和全线自动化,由于采用了套料和定长切割,实现无余量加工,可提高管材利用率,减少了余量切割的工序。但要实现"先焊后弯"也有一些较难解决的技术问题,如弯曲中管材延伸量和弯角回弹量的控制,管法兰进行卧式自动施焊的可靠性问题,管子加工的精度要求等问题。

(3)开展对工艺设备标准化、系列化、通用化工作的研究。工艺设备的"三化"工作应包括设备的主要规格、性能及尺寸的确定,精度指标、检测方式、电气控制及其基本组件、设备标准、附件及备件、辅助设备标准化等。目前各船厂的规模是越来越小,很多设备都是从专业设备厂家购买,或由专业厂家来安装,这样既保证了设备质量,又降低了船厂成本。

(4)船舶管系托盘管理的应用。造船生产的管理,以舾装作业的管理最复杂。其特点是工种多、工件多、品种多、工序多、协作面广、综合性强、作业周期长,为此将整条船分成若干个区域,根据常规的系统图,按区域绘制出综合布置图和安装图,并把采购的材料或成品按生产工序所要求时间和所属的区放在对应的托盘上,在计划规定时间内将托盘送往指定的区域和地点进行预舾装和单元组装。

托盘就是把所需舾装件的信息集中起来,以保证区域舾装进行作业的一种方法。实际上,托盘是一种移动式平台,各种器材可以放在托盘内储存和运送。它使设计、器材供应和施工三方面的信息一体化,使各类人员对如何施工能有一个共同的认识。

所谓托盘,其含义有二:

①它是一个作业单位,相当于工艺项目,但划分得比较合理;

②它又是一个器材集配单位,相当于配套安装明细表,但比配套安装明细表更为广泛。

所谓区域托盘管理,就是对以具体舾装件为对象的一个区域作业场所或作业阶段,由一个作业小单位与它相对应。每个现场作业小单位与它的工作图、物量、日程、作业者、集配材、工作准备、进度、实绩等一连串管理信息相连接,互相对应,按照托盘交货期,有程序地完成所需的舾装作业。

区域托盘管理的工作流程如下:

把舾装工程划分成区域图→按区域单位做成工作图→计算每个单位的物量制订托盘管理表→决定作业日程→制订工事日程表→决定作业人员配置→确定作业场所、工具设备、运输车辆→按每个托盘单位进行配料→按每个托盘单位进行有序的工作→统计实际工作量与计划值比较。

(5)新材料的应用。工程塑料和玻璃钢等材料在造船舾装中的应用研究发展较快,实践证明:目前用于船舶管系的工程塑料管常作为常温低压管系材料,使用效果良好。目前常用的工程塑料管有 MBS(苯乙烯、丁二烯和甲基丙烯酸甲酯的三元共聚)、PVC(聚氯乙烯)塑料管和 CPE(氯化聚乙烯)改性 PVC 塑料管等。

目前我国管子加工的质量虽已达到有关规范和标准要求,个别加工技术也已达到国际先进水平,但加工周期长、效率低的情况依然存在。究其原因主要有两种:一是我国造船选用管材品种多,这就使弯管设备必须具备多种模具和夹头长度,弯管时需经常调换模具,增加了辅助时间;二是我国管系加工机械化程度低,手工操作占很大的比例,大部分船厂仍未实现管子加工的流水线。

习　题

1. 什么叫船舶管路系统？
2. 按管路使用功能，船舶管系可分为哪两大类？
3. 按工作介质的参数分类，管子可分为几类？
4. 柴油机动力装置的船舶，其动力管系和船舶管系主要由哪些管系组成？
5. 对船舶管系的基本要求有哪些？
6. 船舶管子的生产过程是什么？
7. 船舶管系工应具备哪些基本知识和技能？
8. 简述管系生产设计的发展历程。

第二章 船用管材与管路附件、设备

●**学习目标**

知识目标：

1. 掌握管材的种类、规格和管材的选择原则。
2. 了解管路材料的作用和使用场合。
3. 掌握阀件、连接件、仪表、支架、通舱件等管路附件的种类和用途。
4. 了解阀件、连接件、仪表、支架、通舱件等管路附件的结构和工作原理。
5. 了解换热器、滤器等设备的作用和工作原理。

能力目标：

1. 能根据系统特点选择管材。
2. 能正确选择管路附件。
3. 能正确描述管理附件的结构和工作原理。
4. 能正确描述辅助设备的工作原理。

第一节 船用管子材料、规格特性及选用

管子是船舶管系中用来输送各种介质的管道。为了使所选用的管子能满足所输送介质的压力、温度和腐蚀性的要求，我们必须对常用的船用管子的材料、性能、规格及其表示法有一个比较全面的了解。

一、船用管子材料及规格

船舶常用管子按材料来分主要有钢管、有色金属管和非金属管三大类。

1. 钢管

船用钢管主要有无缝钢管、焊接钢管、镀锌焊接钢管和不锈钢管四种。

（1）无缝钢管

无缝钢管是由圆坯加热后，经穿管机穿孔轧制（热轧）而成，或者经过冷拔成为外径较小的管子。无缝钢管的内、外表面不得有裂缝、折叠、分层、结疤、轧折、发纹等缺陷存在。如有上述缺陷则应清除，且被清除部位的壁厚减薄不得超过最小壁厚。

无缝钢管具有良好的延伸率和足够的强度，能承受较高的压力，所以应用极为广泛。例如：蒸汽管、燃油管、滑油管、压缩空气管、冷却水管、消防管等。

无缝钢管根据其制造材料的不同可分为 3 种：

① 普通碳素钢管　其常用的牌号有 Q215 – A，Q235 – A，Q255 – A 等，适用于管壁温度低于 250 ℃的燃油、滑油、输油、二氧化碳、压缩空气、乏汽及给水、消防等管路。

② 优质碳素钢管　其常用的牌号有 10，20，30 等，适用于管壁温度低于 435 ℃的蒸汽、

高压燃油和高压给水等管路。

③耐热合金钢管　其常用的牌号有 15Cr,10Mo,16Mo 和 20Mo 等,适用于管壁温度超过 435 ℃的过热蒸汽管、锅炉管等。耐热合金钢管经弯曲、焊接等加工后,都要重新进行热处理。

管子规格的表示方法为外径×壁厚,前面加符号 φ。例如 φ76×4。但为了设计和施工上的方便,还设置了管子"公称通径"这一标记。公称通径用字母 DN 标记,其后加上公称通径的尺寸,如 DN40。公称通径只是管子规格的一种称呼,它一般不等于管子的内径。

对于某一船厂来说,相同公称通径的管子应该有相同的外径,但可以有不同的内径。但由于各种原因,实际上还存在相同通径不同外径的情况。表 2-1 为常用的无缝钢管规格表。

表 2-1　无缝钢管规格表

公称通径/mm	外径/mm	管子壁厚/mm						
		A	B		C		D	
		SGP	Sch. 40		Sch. 80		Sch. 160	
15	22	3.0	3.0		4.0	5.0		
20	27	3.0	3.0		4.0	5.5		
25	34	3.0	3.5		4.5	6.0		
32	42	3.5	3.5		5.0	6.5		
40	48	3.5	3.5		5.0	7.0		
50	60	4.0	4.0		5.5	8.5		
65	76	4.0	5.0		7.0	10.0		
80	89	4.0	5.5		8.0	11.0		
100	114	4.5	6.0		9.0	13.5		
125	140	4.5	7.0		10.0		16.0	
150	168	5.0	8.0		11.0		16.0	
200	219	6.0	9.0		13.0		16.0	
250	273	6.5		10.0	13.0		16.0	
300	325	7.0		10.0	13.0		16.0	
350	351	7.5		10.0	13.0		16.0	
400	426	8.0		10.0	13.0		16.0	
450	457		8.0		10.0	13.0		16.0
500	508		8.0		10.0	13.0		16.0
550	558		8.0		10.0	13.0		16.0
600	609		8.0		10.0	13.0		16.0

表 2－1（续）

公称通径 /mm	外径 /mm	管子壁厚/mm							
		A		B		C		D	
		SGP		Sch.40		Sch.80		Sch.160	
650	660	8.0			10.0		13.0		16.0
700	711	8.0			10.0		13.0		16.0
750	762	8.0			10.0		13.0		16.0
800	813	8.0			10.0		13.0		16.0
850	864	8.0			10.0		13.0		16.0
900	914	8.0			10.0		13.0		16.0
1 000	1 016	8.0			10.0		13.0		16.0
材料	SGP	O							
	STPG38		O		O				
	ERWS38			O			O		O
	STPT38							O	
	STPY41		O		O		O		O

注:SGP——普通碳素钢管;

　　STPG38——最小抗拉强度为 38 kg/cm² 的优质碳素钢管;

　　ERWS38——优质电阻焊碳钢管;

　　STPT38——耐高温碳素钢管;

　　STPY41——最小抗拉强度为 41 kg/cm² 的纵缝电弧焊碳钢管。

(2)焊接钢管

焊接钢管可以由钢厂直接提供,也可以由船厂自己制造,例如大口径的排气管。由钢厂提供的焊接钢管是用热轧或冷拔带钢制成管坯,然后再用电阻焊或高频电流焊焊接而成。焊接钢管的内、外表面不允许存在裂缝、结疤、错位、毛刺、烧伤、压痕和深的划道等缺陷。对于低压管,允许存在深度不超过壁厚允许偏差范围的表面缺陷。

焊接钢管的焊缝连接方法有两种:纵向焊缝和环焊缝。船舶管系一般采用纵向焊缝的管子。

焊接钢管的材料一般用 Q215－A,Q235－A,Q255－A 或 10,15,20 号钢制成。由于焊接钢管焊缝处的强度比其他部分有所减弱,一般约为无缝钢管的 80%,因此焊接钢管一般只用于工作压力和温度都比较低的管路,如吸入管路、空气测量注入管路、泄水管及栏杆扶手等。但优质电阻焊碳素钢管也可用于压力和温度较高的管路。

焊接钢管的规格尺寸也很多,但为实现设计和制造的标准化,其相同公称通径的管子外径基本上与无缝钢管相同。壁厚可以根据技术要求进行选择。

焊接钢管的规格表示方法也与无缝钢管相同。

焊接钢管与无缝钢管在外观上较难区分,但其内壁有很大的不同,无缝钢管的内壁非常完整、光滑;而焊接钢管的内壁则有一条明显的凸起的焊缝。我们只要一看或用手一摸就立即能加以区别了。

除必须使用无缝钢管的管子外,其他的管系均可使用焊接钢管。但是,Ⅰ级管和Ⅱ级管所用的焊接钢管须由船级社认可的工厂,按认可的焊接工艺制造。

焊接钢管目前在国内造船中使用得比较少的原因:管子在弯曲过程中容易开裂;对生产管理要求比较高;以往国内供货渠道还存在一些问题。但目前广东的番禺已建立了世界上最大的焊接钢管厂,基本上能满足船舶建造的需要。

由船厂自己制造的卷焊钢管也是一种焊接钢管,一般仅用于主辅机排气管。其外径、壁厚、长度等都根据实际需要而定。卷焊钢管的焊缝必须光滑,不允许有裂缝或未焊透之处,管子的外径和椭圆度应控制在公差范围内,管子制好后,可根据系统的技术要求进行强度试验或密性试验。

（3）镀锌焊接钢管

低压液体输送用的镀锌焊接钢管（GB 3091—82）简称为镀锌焊接钢管,也称为水煤气管或白铁管,其内外表面质量要求与焊接钢管相同。

镀锌焊接钢管其管端有带螺纹（圆柱形和锥形两种）和不带螺纹两种,根据壁厚又可分为普通管和加厚管两种。

镀锌焊接钢管的外表面镀了一层锌,提高了钢管的防蚀性能,因此适用于低温、低压和腐蚀性较强的水管路,如各种日用水管、卫生水管、舱底水管、低压消防水管、乏汽管及水舱的空气测量注入管等。但是,由于其镀锌层的厚度受到限制,目前已不能满足船东对耐腐蚀的要求,所以船上的镀锌管一般均由无缝钢管热镀锌而成,镀锌焊接钢管使用极少。

普通的镀锌焊接钢管的规格尺寸比较单一,一种公称通径的管子只有唯一的一组外径和壁厚。但公称通径的表示方法仍沿用英制的叫法,即用英寸来表示,目前船厂中比较盛行使用英寸来表达管子的规格尺寸。表2-2是常用的镀锌焊接钢管规格尺寸。

表2-2 镀锌焊接钢管规格尺寸表

公称通径	mm	15	20	25	32	40	50	65	80	100	125	150
	in	1/2	3/4	1	1 1/4	1 1/2	2	2 1/2	3	4	5	6
外径/mm		21.25	26.75	33.5	42.25	48	60	745.5	88.5	114	140	165
壁厚/mm		2.75	2.75	3.25	3.25	3.5	3.5	3.75	4	4	4.5	4.5

从表2-2可以看出,相同的公称通径,镀锌焊接钢管的外径与表2-1无缝钢管管子规格表中的外径是不同的,但是除了通径为150 mm的相差3 mm外,其余的误差均在0.5 mm以内。也就是说,无缝钢管的外径在取舍时已经考虑了尽可能与镀锌焊接钢管相同的要求。但是当无缝钢管的外径与标准不同时,在选用连接附件时要特别注意。

（4）不锈钢管

不锈钢管主要用于液压系统、成品油轮的油舱加热盘管、化学品船和液化气船的液货管等。

不锈钢管材料种类很多,其性能差别也很大。目前船舶上使用的不锈钢管的材料主要有普通不锈钢管和耐酸不锈钢管。常用的规格有 1Cr13,2Cr13,1Cr18Ni9Ti

和00Cr17Ni14Mo2。

1Cr13 和 2Cr13 一般用来制作抗弱腐蚀介质、较高韧性及受冲击负荷的零件,如汽轮机叶片、螺栓、螺母等。由 1Cr13 和 2Cr13 制成的管子可用于油舱加热盘管。

1Cr18Ni9Ti 与 AISI 美国材料标准中的 304 接近,用于制作耐酸容器及设备衬里、输送管道等设备和零件,还可用于制作海水门的格栅。

00Cr17Ni14Mo2 相当于 AISI 标准的 316L,它的机械强度比 1Cr18Ni9Ti 差一点,但其耐腐蚀的性能要高得多,能承受强酸的腐蚀。可用于化学品船及液化气船的液货管路。

不锈钢管的规格按 GB 2270—80 标准,其热轧(挤压)钢管的外径为 $\phi54 \sim 480$ mm,壁厚为 $4.5 \sim 45$ mm,长度为 $1.5 \sim 10$ m;冷拔(轧)钢管的外径为 $\phi6 \sim 200$ mm,壁厚为 $0.5 \sim 21$ mm,当壁厚为 $0.5 \sim 1$ mm 时,长度为 $1 \sim 7$ m,当壁厚 $\geqslant 1$ mm 时,长度为 $1.5 \sim 8$ m。

不锈钢多芯管是近年来在船舶上使用较多的一种特殊的管子,它主要用于液压遥控管系。管子的外径一般为 12 mm,14 mm 或 15 mm,壁厚为 1 mm 左右。它的结构形式类似于多芯电缆,见图 2 – 1。在两根或两根以上的不锈钢管外部包有橡胶保护层,可以像电缆一样卷起来,长度可以根据需要而定,因而敷设十分方便,中间接头也少,特别是用于油轮货舱内货油管液控阀件的遥控管时,其优点最为明显。

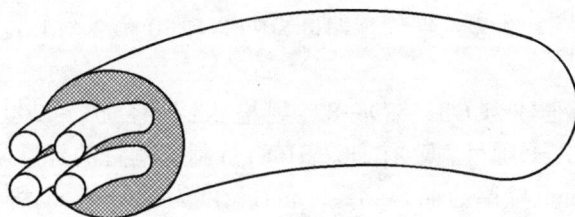

图 2 – 1　多芯管结构示意图

2. 有色金属管

船用有色金属管主要有铜管、铝管和双金属管等。

(1)铜管

目前船舶上使用的铜管主要有紫铜管、黄铜管和铜镍铁合金管三类。它们都是拉制或挤制的无缝铜管。但随着对管子质量要求的提高,钛合金管在军用船舶上也有少量的使用。

铜管的内、外表面应光滑、清洁,不应有分层、针孔、裂缝、气泡、夹杂和绿锈等缺陷。

①紫铜管　紫铜管的质地柔软,便于加工,具有很高的塑性和耐腐蚀性,适用于工作温度不超过 200 ℃和工作压力为 $0.5 \sim 1.0$ MPa 的管路。一般可用于压力仪表和自动仪表的连接管、日用水管(淡水、热水等)、小口径蒸汽凝水和冷冻机管,以及 DN10 mm 以下的各系统的管子。

紫铜管常用的材料有 T2,T3,TP1 和 TP2 等,其中 TP1 和 TP2 叫磷脱氧铜,它的含氧量不大于 0.01%,焊接性能、冷弯性能和耐腐蚀性都比较好,特别是加热弯曲时,一般无"氢病"倾向。

紫铜管的标准有 GB 1527—87 拉制铜管和 GB 1528—87 挤制铜管(牌号为 T2,T3,TP1,TP2,TU1 和 TU2),TU 为无氧铜,船舶上一般不用。船厂常用的铜管规格见表 2 – 3。

紫铜管的规格标记同样用外径×壁厚表示,前面加符号 ϕ。如外径为 12 mm,壁厚为

1.5 mm 的紫铜管可记作紫铜管 $\phi12 \times 1.5$。如果要注明制作牌号,则可记为 $\phi12 \times 1.5$ TP1。

表 2-3　常用铜管规格表　　　　　　　　　　单位:mm

公称通径	6	10	15	20	25	32	40	50	65
外径	10	15	20	25	30	38	45	55	70
壁厚	1.0	1.5	1.5	2.0	2.0	2.0	2.0	2.5	2.5

②黄铜管　黄铜是一种铜锌合金。黄铜管的特点是对空气及海水有很高的抗蚀能力和很高的导热率,船舶上常用作传话管及热交换器的管束。

黄铜管 H62 的传声性能好、色泽鲜艳,主要用作传话管。H62 为黄铜管的牌号,其中 H 表示黄铜,62 表示平均含铜量为 62%,其余为锌。

黄铜管 H68 的强度较高,易焊接、耐腐蚀,一般用作淡水热交换器的管束。

铝黄铜管 HAl 77-2 和锡黄铜管 HSn70-2,HSn62-1 的强度更高,耐蚀性更好,所以用作海水热交换器的管束。其中铝黄铜管还常常用作油舱内的加热盘管。牌号中的 Al 和 Sn 分别代表铝和锡,77 与 70 表示平均含铜量为 77% 和 70%,2 与 1 表示平均含铝或锡量为 2% 和 1%。

拉制黄铜管的标准号为 GB 1529—87,规格为:外径 $\phi3 \sim 200$ mm,壁厚为 0.5 ~ 10.0 mm,长度最长为 7 m,牌号主要有 H62,H68;挤制黄铜管的标准号为 GB 1530—87,规格为:外径 $\phi21 \sim 280$ mm,壁厚为 1.5 ~ 42.5 mm,长度为 0.5 ~ 6 m,牌号主要为 H62。热交换器用黄铜管的标准号为 GB 8890—88,牌号为 H68A,HAl77-2 和 HSn70-1。

黄铜管的规格标记与紫铜管一样。

③铜镍铁合金管　铜镍铁合金管也称为铁白铜管。它的牌号为 BFe10-1-1 和 BFe30-1-1。其中 B 表示白铜(即铜镍合金),Fe 代表铁,10 表示平均含镍10%,后面的两个 1 分别代表含铁和锰各约为 1%,余量为铜。这种铜镍铁合金管也就是我们平时所说的 B10 管子。另一种管子称为 B30 管子。

铜镍铁合金管管壁薄、质量小、管子内壁光滑清洁,具有很高的耐蚀性,使用寿命长,是一种较理想的造船材料,但价格比较贵,因而目前在民船上主要用于海水冷却管系,在军用船舶上使用得比较广泛。

铜镍铁合金管的规格见表 2-4。

表 2-4　铜镍铁合金管常用规格表　　　　　　　单位:mm

公称通径	32	40	50	65	80	100	125	150	200	250	300
外径	38	44.5	57	76	89	108	133	159	219	276	324
壁厚	1.5	1.5	2	2	2	2.5	2.5	2.5	3	3	4

铜镍铁合金的内场制造、外场安装等均有特殊的要求,将在后面的章节进行介绍。

（2）铝管

铝管的质量小、耐腐蚀、塑性好、易加工，但机械强度低，只适用于低温、低压管路，常用于舰艇的燃油管、滑油管、冷却水管等管路，民用船舶基本不使用。

船用铝管的外径为 6～100 mm，甚至更大。壁厚为 0.5～5 mm，最大长度为 6 m。常用的牌号为铝管 L4，L6，防锈铝管 LF2，LF21，硬铝 LY11，LY12，锻铝 LD2 等。其标准号有 GB 4436—84，GB 4437—84 和 GB 6893—86 等。

（3）双金属管

常用的双金属管有 10 – TP1 和 10 – T1，即在 10 号优质碳素无缝钢管的内表面镀有一层厚度为 0.6～0.8 mm 的紫铜（TP1 和 T1）。因此，它既有紫铜管良好的抗蚀性能，又有碳钢的高强度，常用于舰艇上燃油管、滑油管、高压空气管和高压液压管等。

双金属管的制造工艺复杂，因而价格较贵，且加工制造困难。管子制作完成后要进行热处理，以保证其必要的机械性能。双金属管的外径为 6～70 mm，壁厚为 1.5～6 mm，长度为 3～7 m。

3. 非金属管

船舶上使用的非金属管主要有塑料管和玻璃钢管。

（1）塑料管

塑料管与金属管相比较具有质量小、耐腐蚀、摩擦阻力小、易弯曲、绝缘性能好和导热率低等特点；但也存在强度低、不耐冲击、热变形温度低、膨胀系数大、防火性能差和冷脆性大等缺陷。因而其目前在船舶上极少使用。

（2）玻璃钢管

玻璃钢管也称为玻璃纤维管或玻璃纤维增强塑料管。玻璃钢管是一种新型的造船管材，具有质量小、强度高、耐热性能好、绝缘性能优良和良好的耐腐蚀性等特点。其总体性能比塑料管要强得多。

玻璃钢管目前在船舶上应用得还很少，但在出口船舶或国外的造船中已得到了应用，如沪东中华造船集团建造的 71 000 t 油轮上，其全船舱底压载管系就使用玻璃钢管。其他船厂也有类似的使用情况。其主要用于管弄内或货舱双层底下压载水舱内的压载管系。

二、管子的选用

1. 管子选用的一般原则

管子选用主要应满足以下三方面的要求。

（1）使用方面的要求

这主要是对管子的机械强度、刚度、尺寸、质量及其他特殊要求（抗蚀性、耐热性等）。

各个系统不同管路的管子，要满足管内流通介质和管路周围环境条件的要求，也就是要在压力、温度、流量、流速和抗蚀性方面满足介质的要求。另外，管子是否受水击、是否曝露于甲板及管子是否浸在其他流体（油、水）内等外界环境条件，也是必须考虑的。但在许多情况下，很难选出能同时满足上述各方面要求的管子材料，因此所选的管子应该首先满足其中主要的要求，适当照顾其他次要的要求。

（2）工艺方面的要求

这主要是指所选定的管子材料能用最简便的方法制造。由于管子材料的不同，其制造方法也不相同。管子的制造主要指弯曲和焊接。此外，还应考虑管子安装和维修的工艺要求。

（3）经济方面的要求

这指的是所选的管子材料应在保证管系使用要求的前提下,使其成本最低。这方面主要是防止大材小用,如:燃油、滑油的低压吸入管路可以用焊接钢管而不必用价格较贵的无缝钢等;海水管可以用无缝钢管或焊接钢管,加工后镀锌处理,而不一定用价格昂贵的白铜管。

综上所述,管子(材料和外径)的选用要满足各方面的要求,如果管子的公称通径确定以后,管子材料的选用主要考虑管内介质的压力、温度、腐蚀性三要素。

2.压力、温度和腐蚀性的基本概念

（1）压力

单位面积上所受到的垂直作用力称为压强。工程上习惯把压强叫作"压力"。

①压力单位

以往世界各国对压力单位的选用极不统一,各种压力单位互相混用。为了世界各国之间的贸易往来和科学技术的交流,采用国际单位制(SI 制),规定以"帕斯卡"作为压力的国际计量单位。我国亦决定采用国际单位为基础的法定计量单位。

压力的计量单位有以下几种:

a.国际单位　用帕斯卡(Pascal)为单位。1 帕 = 1 牛顿/米^2(N/m^2),用符号"Pa"表示。在实际使用中,由于"帕"的单位数值太小,往往将其扩大一百万倍用"兆帕"(MPa)作单位,即 1 MPa = 10^6 Pa。

b.公制单位　工程上用千克力/厘米^2(kgf/cm^2)为单位,也叫工程大气压(at)。虽然我国已决定采用国际单位为法定计量单位,但由于世界各国船东要求使用公制单位的仍占主导地位,我国各船厂在出口船舶上仍在大量使用,为此我们必须掌握它们之间的换算关系。

c.标准大气压　地球外表大气层对地球表面上物体的压力叫作大气压力,简称大气压。我们把平均海平面上的大气压力定为标准大气压,用符号"atm"表示。

d.液柱高　常用的有毫米汞柱(mmHg)和毫米水柱(mmH$_2$O)两种。

巴(bar)也是一种压力单位,但不是法定计量单位。它与帕的关系:1 bar = 10^5 Pa。

各种压力的换算关系见表 2-5。

表 2-5　压力换算关系表

单位名称	单位符号	换算关系
帕	Pa	
兆帕	MPa	1 MPa = 10^6 Pa
巴	bar	1 bar = 10^5 Pa = 0.1 MPa
工程大气压	at(kgf/cm^2)	1 at = 0.98 bar = 0.098 MPa
标准大气压	atm	1 atm = 1.013 × 10^5 Pa
毫米汞柱	mmHg	1 mmHg = 1.33 × 10^2 Pa
毫米水柱	mmH$_2$O	1 mmH$_2$O = 9.8 Pa

此外，我们还要牢记以下的换算关系：

1 bar = 1.02 kgf/cm²；

1 MPa = 10 bar = 10.2 kgf/cm²；

1 atm = 760 mmHg = 1.033 kgf/cm²。

②几个常用的压力概念

在管系工作中，我们经常会碰到下列几种压力概念：

a. 公称压力　是指管系、附件等在 0 ℃时所能承受的压力。

b. 工作压力　是指在一定温度下管系内工作介质正常工作时的压力。一般所说的某管系的压力就是指工作压力。

c. 设计压力　是指管系最高的许用工作压力。这是由设计部门确定的。

d. 试验压力　是指对管系、附件等做水压试验时的压力。试验压力有强度试验压力和密性试验压力之分，它们的压力数值是不相同的，在做具体试验时要注意这个问题。

e. 绝对压力　是指管路或容器内工作介质的实际压力。绝对压力高于外界大气压力时，称为"正压"状态；绝对压力低于外界大气压力时，称为"负压"（真空）状态。

f. 表压力　正压状态用压力表所测得的压力数值叫表压力。它表示绝对压力比大气压力高出多少的数值。管系的工作压力就是用表压力来反映的。常用的单位为巴和兆帕，绝对压力与表压力的关系是：

$$绝对压力 = 表压力 + 1 \text{ bar}$$

例如压力水柜的表压力为 4 bar，则绝对压力为 5 bar。

g. 真空值　负压状态用真空表所测得的压力数值叫真空值。它表示绝对压力比大气压力低多少的数值。真空值常用的单位为毫米汞柱，它与绝对压力的关系：

$$绝对压力 = 760 \text{ mmHg} - 真空值$$

例如，制淡装置中冷凝器的真空值为 710 mmHg，则绝对压力为 50 mmHg。

真空状态除了用真空值表示外，还可以用"真空度"来表示：

$$真空度 = \frac{真空值}{760} \times 100\%$$

这样，上例制淡装置中冷凝器的真空值为 710 mmHg，也可以说它的真空度为93.4%。

（3）腐蚀性

金属与外部介质发生了化学或电化学作用而产生的破坏现象叫腐蚀。这里所说的"外部介质"主要是指管内所输送的介质。

管内介质对金属的腐蚀程度叫介质的腐蚀性，不同的介质（如海水、淡水、滑油、蒸汽等）其腐蚀性也各不相同。受压（内压）钢管按其使用条件算出理论壁厚后，考虑到管内介质的腐蚀性，还要增加一个"附加值"，这个附加值就叫钢管的腐蚀余量 c。下面我们就介绍受压钢管壁厚计算方法及腐蚀余量 c。

受压钢管壁厚的计算公式为

$$\delta = \delta_0 + b + c$$

式中　δ——最小计算壁厚，mm；

δ_0——基本计算壁厚，$\delta_0 = PD/(2\sigma e + P)$，mm；

b——弯曲附加余量，$b = 0.4D\delta_0/R$，mm；

c——腐蚀余量，mm；

P——设计压力，MPa；

D——管子外径，mm；

σ——钢管许用应力，N/mm^2（碳钢取 110 N/mm^2）；

e——焊接有效系数（无缝钢管、电阻焊、高频焊钢管取 1）；

R——管子弯曲半径，mm。

需要说明的是，根据此公式计算出的管子壁厚是船级社规范要求的最小壁厚，实际所取的管子壁厚还要大一些。

其次，介质的腐蚀性可以近似地用钢管的腐蚀余量 c 的数值来判别。c 值大的介质，其腐蚀性就强；c 值小的介质，其腐蚀性就弱。对于腐蚀性强的介质还应该选用耐腐蚀性强的管子材料（如铜管、不锈钢管等）或采取防腐蚀措施或加厚管子的壁厚。表 2-6 是各种管系的材料采用钢管时的腐蚀余量。

表 2-6　各种管系采用钢管时的腐蚀余量

管系名称	c/mm	管系名称	c/mm	管系名称	c/mm
过热蒸汽管系	0.3	锅炉排污管系	1.5	货油管系	2.0
饱和蒸汽管系	0.8	压缩空气管系	1.0	制冷剂管系	0.3
货油舱蒸汽加热管系	2.0	液压油管系	0.3	淡水管系	0.8
锅炉开式给水管系	1.5	滑油管系	0.3	海水管系	3.0
锅炉闭式给水管系	0.5	燃油管系	1.0	冷藏货舱盐水管系	2.0

下面举一个例子说明管子壁厚的计算方法：

已知某淡水冷却管采用外径为 ϕ219 mm 的无缝钢管，工作压力为 0.4 MPa，弯曲半径为 660 mm，请计算管子的最小壁厚。

解：已知 $P = 0.4$ MPa，$D = \phi219$ mm，$R = 660$ mm

查表可知：$e = 1$，$\sigma = 110$ N/mm^2，$c = 0.8$ mm

所以

$$\delta_0 = PD/(2\sigma e + P) = 0.4 \times 219/(2 \times 110 + 0.4) = 0.4$$

$$b = 0.4D\delta_0/R = 0.4 \times 219 \times 0.4 \div 660 = 0.053$$

$$\delta = \delta_0 + b + c = 0.4 \text{ mm} + 0.053 \text{ mm} + 0.8 \text{ mm} = 1.25 \text{ mm}$$

答：管子的最小壁厚为 1.25 mm。

从以上例子可以看到，规范所要求的管子壁厚并不大，对照常用管子规格表可知，外径为 ϕ219 mm 的无缝钢管其最小壁厚也要 6 mm。

3. 管子材料的选用

这里所讲的管子材料的选用，只要求能根据管路系统的特点，正确地选用管子的材料。

（1）无缝钢管

①规范规定必须使用无缝钢管的管路有：

a. Ⅰ级管和Ⅱ级管。但也可以使用按照船级社认可的焊接工艺制造的焊接钢管。

b. CCS 规定高压 CO_2 管应采用无缝钢管。

②设计中一般应考虑使用无缝钢管的管路有：

a. 蒸汽管。

b. 油舱内的加热盘管（无缝碳钢管、无缝不锈钢管、无缝铝黄铜管）。

c. 压缩空气管。

d. 控制空气管。

e. 燃油管、滑油管。

f. 液压管。

g. 化学品船的液货及相关管系。

（2）焊接钢管

除必须使用无缝钢管的管子外均可使用焊接钢管。但是Ⅰ级管和Ⅱ级管所用的焊接钢管须由船级社认可的工厂，按认可的焊接工艺制造。

（3）无缝铜管（铜及铜合金管）

①Ⅰ级管和Ⅱ级管如使用铜管时，应使用无缝铜管。

②海水冷却系统中的海水泵的吸入和排出冷却主管（一般考虑从海水总管吸入开始至舷外排出为止），若指定不使用钢管时，可选用无缝铜镍管或无缝铝黄铜管。

③仪表管应采用无缝铜管，也可采用无缝钢管。

（4）塑料管

前文已经提到仅适用于介质温度在 0～60 ℃范围内的低压管。

（5）玻璃钢管（玻璃纤维增强塑料管）

玻璃钢管是以树脂为黏结剂，以玻璃纤维及其制品为增强体的复合材料。船上使用的玻璃钢管为热固型，主要用于油船的专用压载水管（压载舱内管段）。但因价格较高，一般均在船东指定时才采用。

三、管子质量检验

用于船舶的管材除化学成分和机械性能必须符合国家和各部颁发标准外，根据需要还应做一些必要的质量检验，主要有外观质量和内在质量两大项。

外观质量检验的内容有管子的内外壁表面是否有裂纹、针孔、气泡、划伤、夹渣、起皮及蜂窝状锈蚀坑等，如有上述现象之一者就应列为不合格的管子不能使用。因为在管子上存在裂纹等上述缺陷的部位其强度就会大大降低，也就意味着管子的使用寿命缩短。

管子的内在质量检验项目有弯曲、扩口、翻边、压扁、氢病（铜管）等试验。

1. 弯曲试验

管子弯曲试验的目的，是测定管材弯曲成规定尺寸和形状的能力。试验可在弯管机上或用人工方法将管子均匀弯曲至试验角度，成形后其弯曲部位任何一部分的外径最小尺寸，都不应小于公称通径的80%。

管子外径在 60 mm 以下时，须用冷弯方法进行试验，60 mm 以上的管子，冷、热弯均可，视试验条件而定。试样长度的确定,以能满足弯曲成按有关技术条件规定的弯曲半径和弯曲角度为准,弯曲角度一般取 90° 为标准,如图 2 - 2 所示。

对于有缝钢管,如果在有关技术条件中没有明确指出管缝的摆放位置,则可任意放置。

试样经弯曲后其检验标准是,如果在管壁表面上未发现裂纹即认为合格。

2. 扩口试验

扩口试验的目的,是测定管子直径扩大到一定程度时所引起的金属变形的能力。扩口须在冷态下进行,做扩口试验的钢管壁厚不超过 8 mm,试样长度 $L = 1.5D + 50$ mm,试管两端应与管子中心线垂直。试验时,先将试管垂直放在平台上(带凸肩试验稳性好),然后将锥度为 1/10 的圆锥形芯棒压入试样管内,如图 2 - 3 所示。

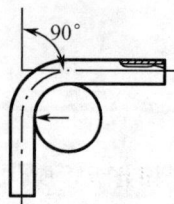

图 2 - 2　钢管的弯曲试验

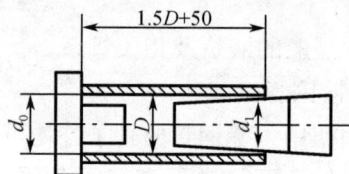

图 2 - 3　钢管的扩口试验

有关的技术条件都规定了各种管子的扩大值,通常管子壁厚 $\delta \leqslant 4$ mm 时,扩大值取管子外径的 8% ~ 10%,管壁厚 $\delta > 4$ mm 时,扩大值取管子外径的 5% ~ 6%。扩大值计算公式:

$$扩大值 = \frac{d_1 - d_0}{D} \times 100\%$$

式中　d_1——扩大以后的钢管内径,mm;

　　　d_0——钢管原内径,mm;

　　　D——钢管原外径,mm。

检验标准是,除扩大值应符合规定外,钢管扩口后试样不出现裂纹则视为合格。

3. 翻边试验

翻边试验的目的,是测定管壁反折成规定角度时,管子变形的能力(一般只对 D 为 30 ~ 59 mm 的管子做这种试验)。

翻边试验可用整根管子进行,也可截取方便试验的任意长的一段管子进行,试验可用圆头的小锤轻轻敲击翻边部分或用锥形芯棒进行卷边。同样,管子的试验端面与管子中心线垂直。翻边折角 α 按规定可取 90° 和 60° 两种,翻边宽度 H 值取管子内径的 12% 和管子壁厚的 1.5 倍两个值中的最大者,如图 2 - 4 所示。

翻边达到各规定值(α, H)后且没有裂纹和裂口,则认为合格。凡是做翻边试验的钢管均可取消扩口试验。

4. 压扁试验

对管子进行压扁试验的目的,是测定将管子压扁到一定尺寸时管子变形的能力。

截取一根长度约等于管子外径的管子的试样,在冷态下用锤击或压力机将其压扁至管子内壁完全吻合或达到技术条件规定的距离 H 为止,如果此时管子没有发现裂纹则为试验合格,如图 2 – 5 所示。

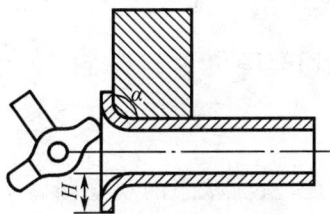

图 2 – 4　钢管的翻边试验　　　　　　　图 2 – 5　钢管的压扁试验

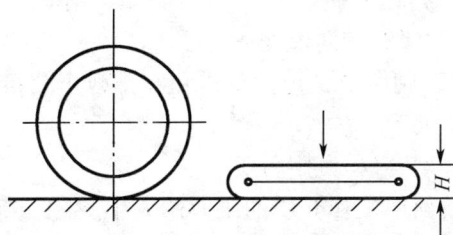

钢管压扁后的 H 值,按下式计算:

$$H = \frac{(1 + a)\delta}{a} + \frac{\delta}{D} \qquad\qquad (2 – 5)$$

式中　δ——钢管的公称壁厚,mm;

　　　a——单位长度变形系数,合金钢 $a = 0.09$,低碳钢 $a = 0.08$,碳素钢 $a = 0.07$。

对有缝钢管做试验时,管缝应置于压扁的面上。当钢管 $D < 22$ mm 和 $\delta > 10$ mm 时不做压扁试验。

5. 铜管的氢病试验

由于工业铜中总是含有氧,它以 Cu_2O 的形式分布在晶粒边界上,Cu_2O 在高温氢气中会发生化学反应:

$$Cu_2O + H_2 \xrightarrow{\text{400 ℃}} H_2O + 2Cu$$

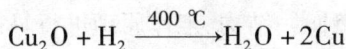

如果铜管材料内含有数量超过 0.01% 的氧,它与火焰内未经燃烧的氢相结合,在材料晶格处产生水蒸气,水蒸气膨胀破坏了晶粒间的联系,使铜变脆甚至产生裂缝。人们把铜管的这种现象称为氢病。

氢病试验就是将铜管放进钢制容器内,不断充进高温氢气并保温 40 min,然后将试样进行压扁试验,检查是否出现脆裂现象;如没有,则证明管子没有氢病,即为合格品。

第二节　管　路　附　件

所谓的管路附件就是用来调控管路中工作介质的压力、流向、流量、温度的附件及连接管路的各种连接件、固定件等。

一、管路附件的分类

管路附件种类繁多,用途广泛且各异,按形式可分为下列几类:

1. 调节控制附件——阀门

阀门是管路中最重要的附件之一,因为管路中工作介质的压力、流量、流向、温度基本上都是由阀门来调节控制的。

按阀门的结构、功能的不同,阀门可分为以下几种:

(1)截止阀类　包括直通截止阀、直角截止阀、蝶阀、闸阀、旋塞、针形阀、球形阀、海底阀、消防阀等。

（2）自动阀类　包括安全阀、减压阀、压力控制阀、温度控制阀、自闭阀、电磁阀、水位调节阀、呼吸阀和防浪花阀等。

（3）阀箱类　包括单排和双排截止阀箱、单排和双排止回阀箱、单排和双排截止止回阀箱等。

2. 观察、检测附件类

管路中工作介质的压力的大小、温度的高低、容量的多少、液流状态的观察和显示则靠这类附件来完成。这类附件主要有：

（1）液位计　包括玻璃管液位计、玻璃板液位计、浮筒液位计、磁浮子液位计、压力传感式液位计、雷达式液位计等。

（2）温度计　包括液位指示式温度计、指针式温度计等。

（3）流量计　包括计数式流量计、玻璃观察镜式流量计等。

（4）压力计　包括压力表、真空表、真空压力表等。

3. 连接附件类

连接附件在管路附件中是一个大家族，它是将管子之间、管子与其他附件、管子与机械设备等连接起来的重要附件，说它是大家族是因为它的种类之多，每一种的规格之多，是其他附件无法比拟的。按照现在管路的连接方式可分为四大类：法兰连接、螺纹连接、焊接连接和无焊接连接。

4. 其他附件类

这类附件主要有管子的支架、空气管头、测量管头、甲板排水口等。

下面将就上述附件的功能、种类、结构、工作原理进行具体介绍。

二、常用阀件

1. 截止阀

截止阀的功能是截止或接通管路中的工作介质，也可以调节工作介质的流量。它是应用最广泛的一种阀门。

按照工作介质在阀腔中流通的形式，截止阀有直通（A 型）和直角（B 型）两种形式。按连接方式有法兰截止阀和螺纹截止阀。

制造截止阀阀体的材料有铸铁、铸钢、锻钢和铸铜四种，这些材料主要是指阀体的材料。它们的主要性能和适用范围见表 2－7。

表 2－7　各种材料截止阀的主要性能和适用范围

名称	形式	公称压力 P_N/MPa	公称通径 DN/mm	适用介质
法兰铸铁截止阀	A，B	1.0	65～150	海水、淡水、燃油和 $t \leqslant 225$ ℃的蒸汽
		1.6	20～50	
	A_S，B_S	0.6	50～300	
		1.0	65～250	
		1.6	20～50	

表2-7(续)

名称	形式	公称压力 P_N/MPa	公称通径 DN/mm	适用介质
法兰铸钢截止阀		1.6	100~150	淡水、滑油、燃油和 $t \leqslant 225$ ℃的蒸汽
		2.5	20~150	
		4.0	65~100	
		6.4	20~50	
外螺纹锻钢截止阀		4.0	15~32	淡水、滑油、燃油和 $t \leqslant 225$ ℃的蒸汽
		10.0	6~32	
外螺纹青铜截止阀		4.0	15~32	水、淡水、滑油、燃油和 $t \leqslant 400$ ℃的蒸汽
		10.0	6~32	
法兰青铜截止阀	A,B	1.0	65~150	海水、淡水、滑油等
		1.6	125~150	
		2.5	20~125	
	A_S,B_S	0.6	15~150	
		1.6	60~150	
		2.5	15~125	

图2-6和图2-7分别为法兰截止阀和螺纹截止阀。截止或接通工作介质的原理:当逆时针旋转手轮时,则带动阀杆做逆时针旋转上升运动,与此同时,阀杆也带动阀盘(阀头)上升且离开阀座,使阀门呈开启状态,工作介质就可以进入和流出截止阀,这就是接通;反之,顺时针方向旋转手轮,直至阀盘严密地坐落在盘座上,如图所示的状态,就起到截止工作介质流通的作用。

选用和安装截止阀应注意如下几点:

(1)根据不同的工作介质及工况选用合适的材料和连接方式的截止阀(不同的工况包括工作介质的压力、温度、流量等)。

(2)安装截止阀要严格遵守低进高出的原则。注意阀体上流通方向的标记。

2. 止回阀

止回阀是一种能够控制工作介质只能沿着一个方向流动,当工作介质回流(逆流)时,能自动关闭的阀门。它安装在只允许工作介质单方向流动的管路上。

图2-8和图2-9所示是一种最常用的重力式止回阀。当具有一定压力的工作介质进入止回阀的进口阀腔后,工作介质的作用力就作用在阀盘的下面,迫使阀盘沿着阀盖上的导向槽上升而离开阀座,此时,止回阀的通道就打开了。而当工作介质回流时,止回阀的进口阀腔的工作介质压力则为零,阀盘就靠自身的重力回落到阀座上,此时,回流的工作介质的作用力就作用在阀盘的上面,促使阀盘紧密地压在盘座上,止回阀就关闭了,阻止了工作介质的回流。

止回阀与管路的连接方式同样也有法兰式和螺纹式。制造止回阀的金属材料(主要指阀体)有铸铁、铸钢和青铜三种。

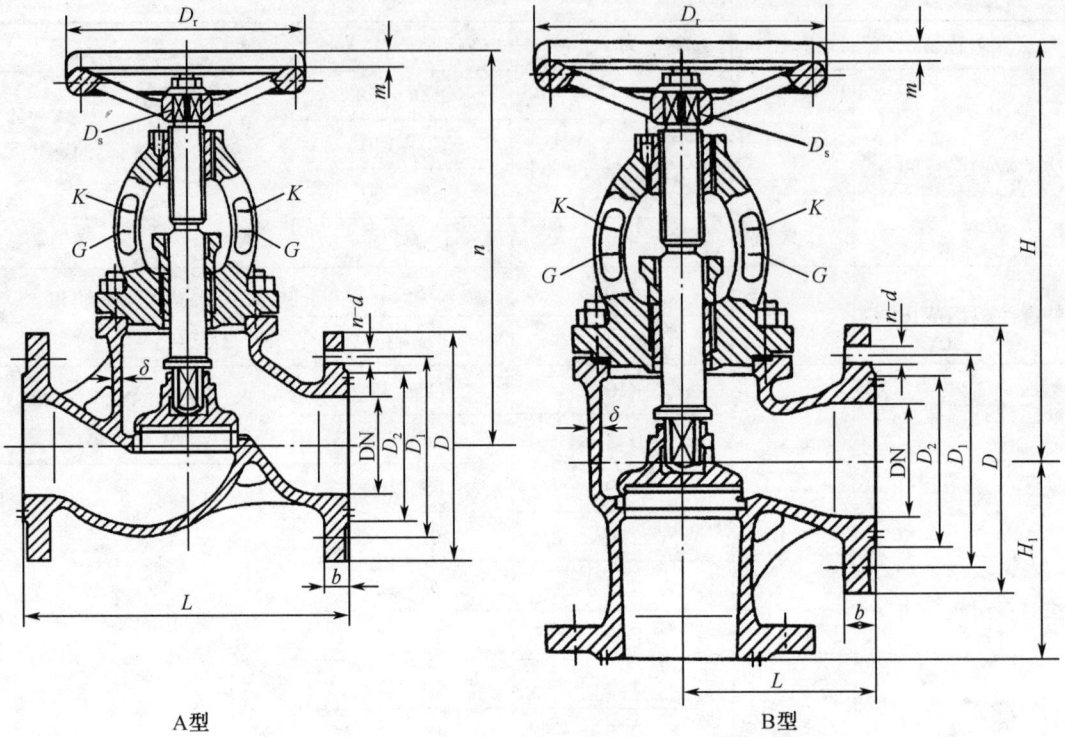

A型

B型

图 2 - 6 法兰截止阀

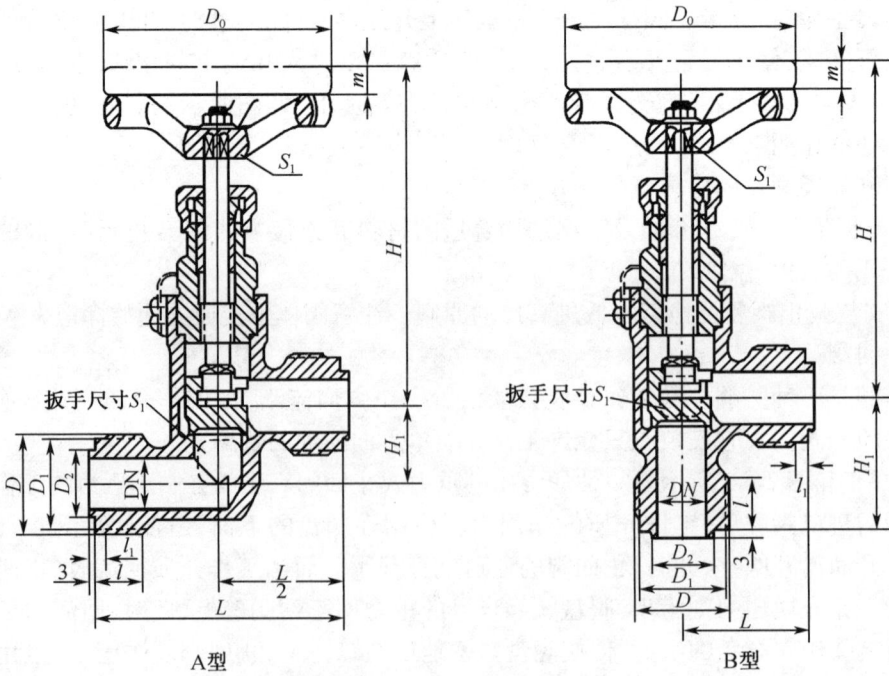

A型

B型

图 2 - 7 螺纹截止阀

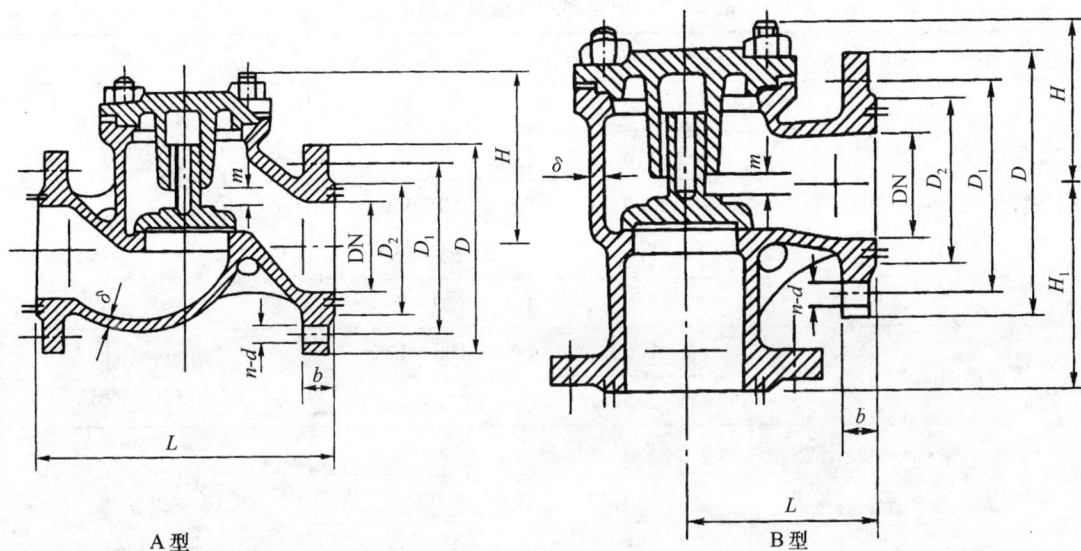

A 型　　　　　　　　　　　　　B 型

图 2－8　法兰止回阀

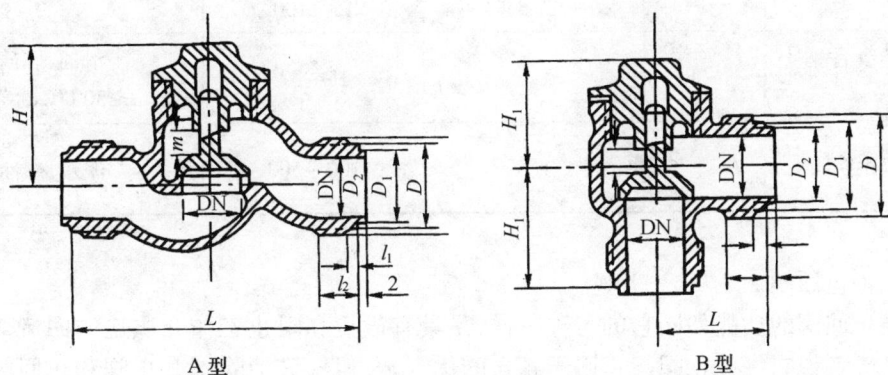

A 型　　　　　　　　　　　　　B 型

图 2－9　外螺纹止回阀

　　止回阀除了有重力式以外,还有一种摆臂式。摆臂式止回阀又称为防浪阀,它的优点是工作介质在阀腔里的流动阻力比重力式止回阀小。

　　止回阀的选用与安装应遵循下列原则:

　　(1)根据工作介质的种类和工作压力正确地选用止回阀。

　　(2)重力式止回阀只允许安装在水平敷设的管路上,而不能安装在垂直敷设的管路上;而且阀杆应垂直,以保证阀盘自由地升降。

　　(3)摆臂式止回阀应安装在垂直敷设的管路上。

　　(4)止回阀的安装方向,应保证工作介质的流动方向与止回阀开启方向一致。

　　止回阀的性能及适用范围见表 2－7。

表 2 -7 止回阀的性能及适用范围

名称	形式	公称压力 P_N/MPa	公称通径 DN/mm	适用介质
法兰铸铁止回阀	A,B	1.0	65 ~ 150	
		1.6	20 ~ 50	
	A_S,B_S	0.6	50 ~ 150	
		1.0	65 ~ 150	
		1.6	20 ~ 50	
法兰铸钢止回阀		1.6	100 ~ 125	滑油、燃油
		2.5	20 ~ 100	$t \leqslant 300$ ℃的蒸汽
法兰青铜止回阀	A,B	1.0	65 ~ 150	
		1.6	125	
		2.5	20 ~ 100	海水、淡水、燃油滑油
	A_S,B_S	0.6	15 ~ 150	$t \leqslant 250$ ℃的蒸汽
		1.6	65 ~ 125	
		2.5	15 ~ 100	
低压外螺纹青铜止回阀	A,B	1.6	15 ~ 32	滑油、燃油 $t \leqslant 300$ ℃的蒸汽
法兰铸钢止回阀		1.6	100 ~ 500	淡水、燃油

3. 截止止回阀

截止止回阀的功能如同它的名称一样,是具有截止和阻止工作介质逆向回流双重作用的阀件。或者说它集截止阀与止回阀各自的优点于一身,又消除了截止阀和止回阀各自存在的缺点,即截止阀不能自动阻止工作介质逆向回流,而截止止回阀能做到这一点。止回阀能够自动阻止工作介质逆向回流,但是当需要截止工作介质顺向流动时,止回阀是没有这个功能的,可截止止回阀具备这个功能。那么是否可以用截止止回阀来替代全部截止阀和止回阀呢? 回答应该是否定的。因为它们都有各自的用途。

从图 2 -10 和图 2 -11 中可以看出,不论是哪一种截止止回阀的外形结构,都和对应的截止阀是一样的。唯一的不同点是,截止阀的阀盘是随阀杆的升降而升降(或称为开启和关闭),而截止止回阀的阀盘并不随着阀杆升降而升降。因为它的阀盘并不固接在阀杆上,而是由带有止动凸肩的阀杆松插在阀盘的导孔中央,如图 2 -12 所示。

由截止止回阀的阀杆与阀盘的连接特征可知:当手轮顺时针旋转阀杆不降时,阀杆能顶住阀盘并强迫它紧紧压在阀座上,此时起截止阀的作用;而当手轮逆时针旋转阀杆上升时,阀盘并不随之提起,只有当工作介质在阀盘下面的作用力大于阀盘上面的作用力时,阀盘才能升起,其升起的高度(或称阀门开启量)取决于阀杆上升的高度和工作介质对阀盘的作用力的大小。工作介质回流时,阀盘则自动回落到阀座上关闭阀门,此时起止回阀的作用。

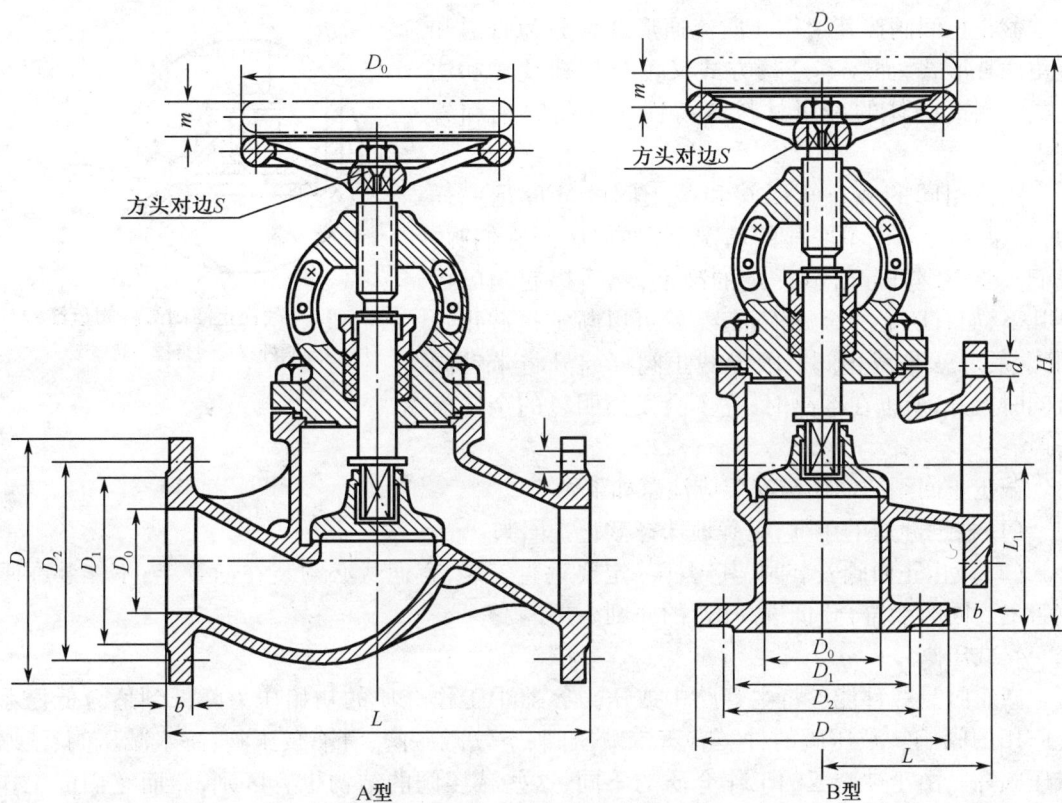

A型

B型

图 2-10　法兰截止止回阀

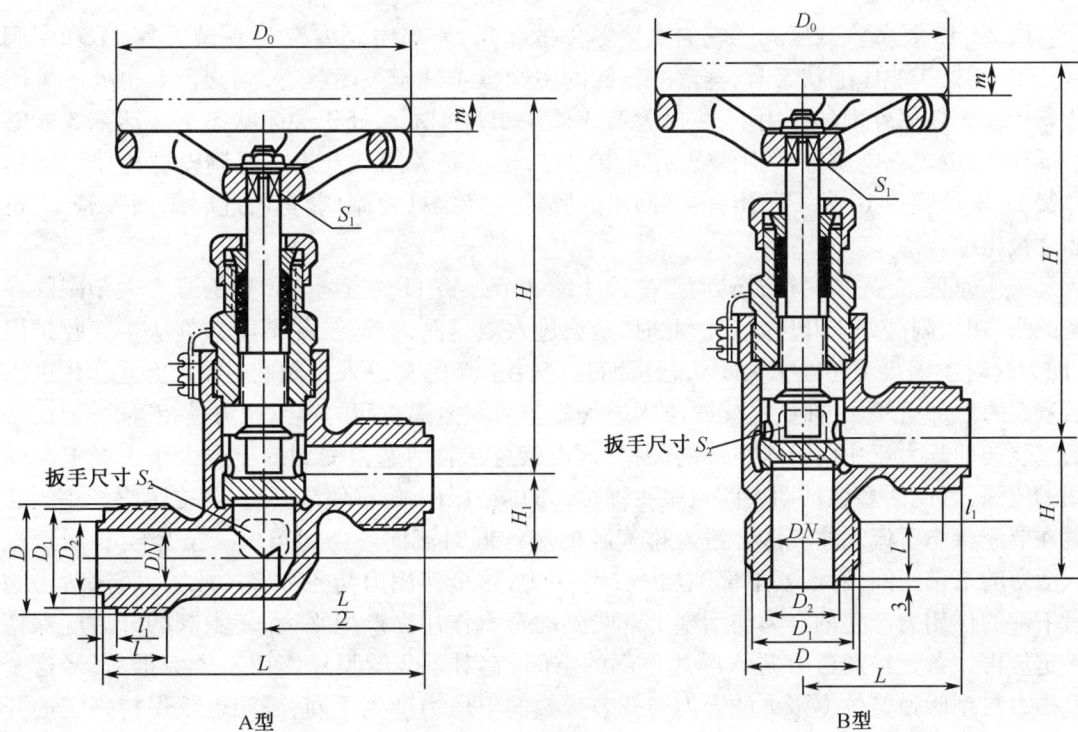

A型

B型

图 2-11　外螺纹截止止回阀

截止止回阀按其工作介质流通形式可分为直通和直角两种形式,而按其连接方式又可分为螺纹式和法兰式。制造阀体的金属材料有铸铁、铸钢、锻钢和青铜等。

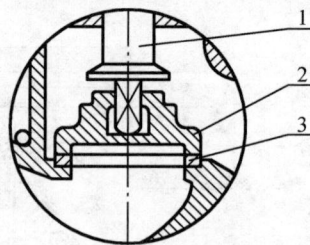

图 2-12　截止止回阀阀杆阀盘结构
1—阀杆;2—阀盘;3—阀座

规格相同的截止止回阀和截止阀的外形是一样的,如果在其标记不明显的情况下,如何区别它们呢?我们只要将阀杆起升到一定的高度,然后提起阀门摇晃几下,如有明显的金属撞击声,就可以断定是截止止回阀,反之就是截止阀。因为截止阀杆起升将带动阀盘同时上升,所以在摇晃时,它不会发出明显的金属撞击声。

截止止回阀的使用与安装应注意如下两点:

(1)根据介质的工况,正确地选择截止止回阀。

(2)截止止回阀安装时,其阀杆一定要垂直安装,直通式必须装在横管上,不能装在垂直管上。同时要符合"低进高出"的原则。

4.减压阀

减压阀是一种能够将主管路中或压力容器中工作介质的初始压力降低到适合低压系统应用的阀门。减压阀的种类有蒸汽减压阀、空气减压阀、滑油减压阀、海水减压阀、淡水减压阀等。由于被减压的工作介质的不同,这些减压阀的结构也有区别,然而它们的工作原理是相似的。

(1)蒸汽减压阀

图 2-13 是蒸汽减压阀。它的主要零件的作用是:当主阀弹簧 3、调节弹簧 11 和副阀弹簧 13 都处于非压缩状态时,蒸汽减压阀的主阀盘 4 处于关闭状态,副阀盘 8 也处于关闭状态。在无任何外力的作用下,主阀弹簧 3 使主阀盘 4 永远处于关闭状态下。活塞 5 能够上下移动,随之它能够带动主阀盘做同步位移,也就是关闭或开启。经调整螺栓压缩调整弹簧 11 推动膜片 10 向下凸出,向下凸出的膜片又经推杆将副阀打开,此时副阀弹簧 13 也随之被压缩。

工作原理:首先顺时针旋转调整螺栓压缩调节弹簧 11。当调节弹簧的张力大于副阀弹簧的张力时,副阀处于开启状态。此时,蒸汽进入减压阀进气腔,并不能立刻从排气腔排出(因为这时主阀盘 4 还处于关闭状态),而是经过通道孔 A 进入副阀腔,再流经通道 B 进入活塞 5 的上部空间。这时,虽然减压阀进气腔与活塞上部空间的蒸汽压力是相等的,但由于活塞顶的面积大于主阀盘 4 下部的面积,这也就意味着活塞顶受到的压强大于主阀下部受到的压强,因此活塞就推动主阀克服主弹簧 3 的张力向下位移使之开启,随之蒸汽经主阀通道在节流状态下流入排气腔。进入排气腔的蒸汽同时流向 3 条通道。一条是经 C 通道进入活塞的下部空间,对活塞下部施加一个作用力,这个作用力与主弹簧的张力,蒸汽对主阀盘下部的作用力产生的合力与活塞上部受到的蒸汽作用力产生平衡,使主阀的开启度保持一定。再一条是经通道 D 进入膜片下部的空间,它对下凸的膜片作用一个上推力,当这个上推力与副阀弹簧的上张力的合力与调节弹簧的下压力产生平衡,副阀也就保持一定的开度。在正常工况条件下,当副阀开度保持一定量,就意味着主阀保持一定开度。根据节流原理,高压蒸汽就被减压为一定数值的低压蒸汽,只要主阀开度不变,减压蒸汽的压力也保

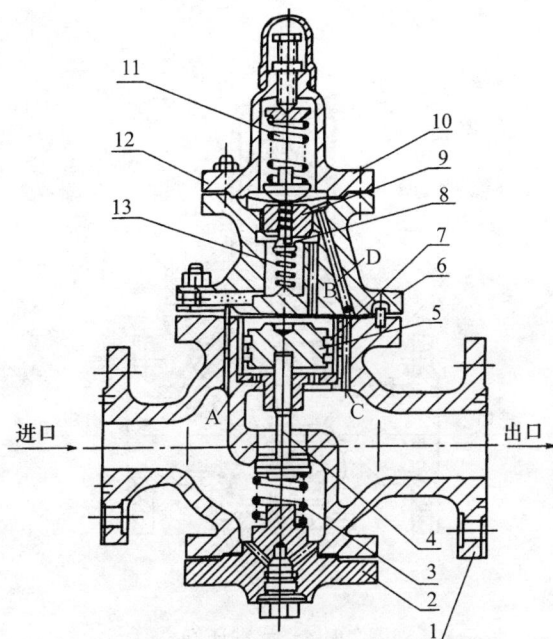

图 2－13　法兰铸钢蒸汽减压阀

1—主阀本体；2—下盖；3—主阀弹簧；4—主阀盘；5—活塞；6—副阀本体；7—活塞环；8—副阀盘；
9—副阀座；10—膜片；11—调节弹簧；12—上盖；13—副阀弹簧

持不变。进入第三条通道的也就是经减压的蒸汽，作为工作介质流向做功部位。

　　在实际工况中，减压阀进气腔的蒸汽压力出现上下波动的情况，随之减压阀的排汽压力也将出现上下波动。当这个波动值超出允许波动值时，减压阀还能够自行调整。比如，当减压的蒸汽压力大于允许上波动值时，蒸汽就经过通道 D 进入膜片下部空间，对膜片作用一个足以克服调节弹簧下压力的上推力，使膜片减小对副阀的作用力。这样副阀弹簧就可以推动副阀向上运动而减小副阀的开启量，增大进入活塞上部的蒸汽的节流量。随着节流量的增加，将降低蒸汽对活塞的下推力。而主阀弹簧的上张力也就推着主阀盘向上推移减小主阀的开启量，实现减少进入减压阀排气腔的蒸汽量，达到新的减压目的，也就是使减压蒸汽的压力保持不变，反之亦然，这就是蒸汽减压阀的自动调节功能。蒸汽减压阀的基本参数见表 2－8。

表 2－8　蒸汽减压阀的基本参数

公称通径	进口 DN_1/mm	20	25	32	40	50	65	80	100	125	150
	出口 DN_2/mm	25	32	40	50	65	80	100	125	150	200
蒸汽压力	初始压力 P_1/MPa	0.4 ~ 2.5									
	减压压力 P_2/MPa	0.2 ~ 1.2									

（2）水减压阀

图 2－14 是一种水减压阀的结构，与蒸汽减压阀相比较，它相对简单一些。

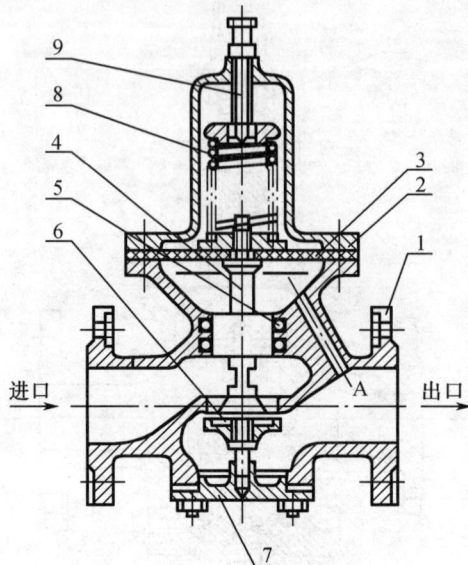

图2-14 水减压阀

1—阀体;2—阀上盖;3—膜片;4—阀杆;5—密封环;6—阀盘;
7—阀下盖;8—调节弹簧;9—调整螺杆

工作原理:首先顺时针方向旋转调整螺杆9压缩调节弹簧8,被压缩的弹簧产生张力作用到膜片3上,经过阀杆推动阀盘向下位移,使其脱离阀座。进入减压阀进水腔的初始压力的水,经节流后进入减压阀排出腔流出,成为减压水到低压系统的工作部位。同时,进入排出腔水经通道A进入膜片下部空间,对膜片作用一个上推力,对阀杆凸台作用一个下压力。由于膜片的受力面积大于阀杆凸台的受力面积,因此膜片将产生上凸压缩调节弹簧。在几个合力的作用下产生一个平衡,使阀盘保持一定的开启度,同时也使得被减压水的压力保持稳定。水减压阀与蒸汽减压阀一样,当压力出现波动时,它也有进行自动调节的功能,以保证减压力稳定在允许压力值范围内。

(1)空气减压阀

图2-15是压缩空气减压阀结构示意图。顺时针方向转动调节螺栓4,经弹簧座3压缩弹簧2,再经薄膜片1使阀盘6下降,使减压阀有一定的开启度。当高压空气从通道A进入减压阀后,通过阀盘6与阀盘5之间的空隙,空气被节流而减压,减压的空气从通道B流出到低压工作部位。

空气减压阀的自动调节原理与蒸汽减压阀相同,在此不再赘述。

减压阀安装时应使阀体上箭头方向与介质流动方向相同,且阀体垂直安装在水平管路上。

(2)安全阀

安全阀用于锅炉、压力容器等设备和管路上。当介质的工作压力超过规定数值时,它可以自动排除超压介质,当介质的压力降到一定的数值时,安全阀将自动关闭。

图2-16(a)和(b)两种安全阀是船上最常用的。

图2-16(a)为压缩空气安全阀。它事先需在调试台上按照使用要求调试好以后,才可安装到压力容器或管路上。当管路和容器内的压缩空气的工作压力超过安全阀的开启压

力时,阀盘就在空气的推动下,克服调节弹簧的张力而脱离阀座,压缩空气就从通道排出。管内的压力立即降低,起到了安全保护作用。

压缩空气安全阀的开启压力由弹簧的张力决定。开启压力一般为工作压力的 1.1 倍。关闭压力不得低于工作压力的 85%。

图 2-16(b)为法兰铸铁安全阀,它的工作原理与压缩空气安全阀一样。它适用于公称压力小于 1.6 MPa 的海水、淡水和温度 ≤225 ℃ 的蒸汽。为保证安全阀可靠地工作,它必须垂直安装在压力容器或管路上。

5. 闸阀

闸阀又称为闸板阀,是一种使用较广的截止阀。根据闸阀工作时阀杆位置的不同,它分为定位阀杆式和上升阀杆式。图 2-17 是一种定位阀杆式法兰闸阀。

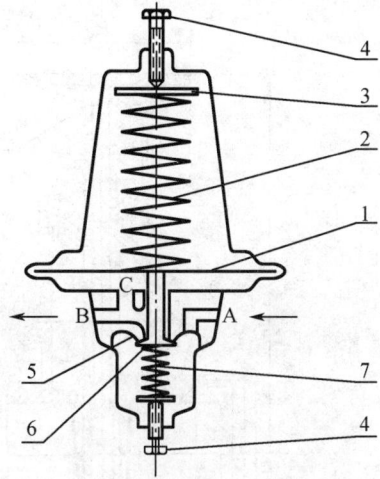

图 2-15　空气减压阀
1—薄膜片;2,7—弹簧;3—弹簧座;
4—调节螺栓;5—阀座;6—阀盘

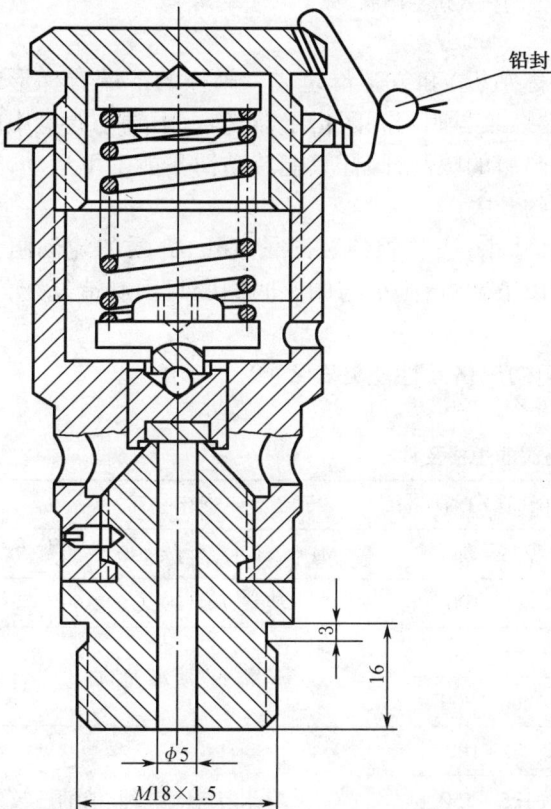

(a)压缩空气安全阀

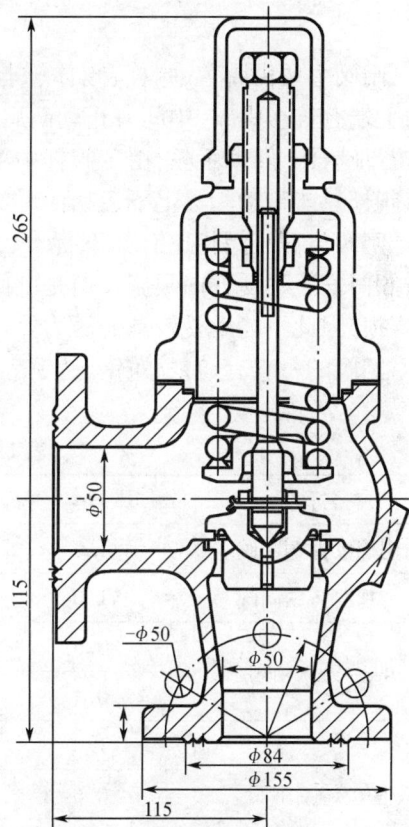

(b)法兰铸铁安全阀

图 2-16　安全阀
(a)压缩空气安全阀;(b)法兰铸铁安全阀

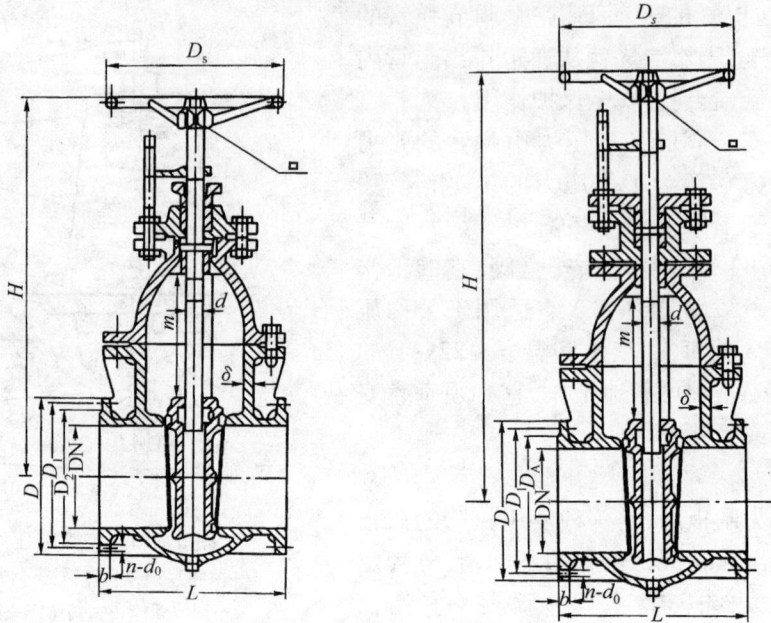

图 2 - 17　定位阀杆式法兰闸阀

　　闸阀主要由阀盖、阀杆、阀体、阀盘(又称闸板)和方螺母组成。阀杆的下端有梯形螺纹,上端有锥形螺纹,中间有止动凸肩。上端螺纹与阀门开闭指示器啮合,下端与阀盘中的方螺母啮合。转动手轮,由于阀杆中部止动凸肩的限制,阀杆只能转动而不能上下运动,这样,阀杆只能带动阀盘上下运动而形成闸阀的开关。

　　闸阀与截止阀相比有如下优点:外形尺寸小,法兰阀的装配长度短;介质的流动阻力小;阀门安装不受方向限制。但是闸阀也有以下缺点:闸板与阀座间的密封面制造复杂,且易磨损,因此不能承受较高的压力。

　　闸阀的材料有铸铁、铸钢、铸铜等。它们的规格及性能见表 2 - 9。

表 2 - 9　闸阀的规格及性能

名称	公称压力 P_N/MPa	公称通径 DN/mm	适用介质
内螺纹青铜闸阀	1.0	25 ~ 65	海水、淡水、油 $t \leqslant 120$ ℃的蒸汽
内螺纹铸铁闸阀	1.0	25 ~ 100	淡水、$t \leqslant 120$ ℃的蒸汽
法兰铸铁闸阀	0.6	50 ~ 150	海水、淡水、滑油
	0.4	200 ~ 300	
法兰铸钢闸阀	1.0	50 ~ 100	海水、淡水、燃油、滑油
	0.6	125 ~ 150	
	0.4	200 ~ 300	

6. 阀箱

阀箱就是将两个或两个以上的截止阀或截止止回阀的阀体铸成一个整体。阀箱按功能分类有吸入截止阀箱、吸入截止止回阀箱、排出截止阀箱等。若按其外形可分为单排阀箱、双排阀箱、三排阀箱等。阀箱的优点是便于集中管理,操纵方便,占用空间小。阀箱目前仅限于应用在海水系统、淡水系统和燃油系统中。

吸入阀箱都是吸入口为分开而排出口为连通的单排阀箱。吸入阀箱能将介质分别从阀箱的每一个吸入口吸入阀箱内,然后由一个公共的排出室排出,如图 2-18 所示。

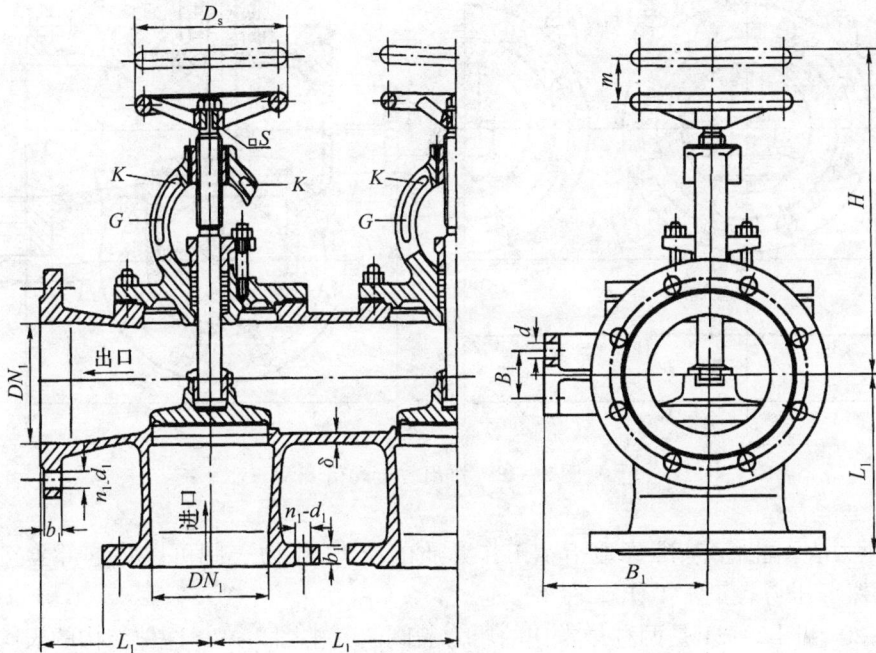

图 2-18 吸入截止阀箱

排出阀箱的内部结构与吸入阀箱恰好相反,它是吸入口为连通而排出口是分开的单排阀箱。排出阀箱的工作原理:介质进入阀箱的公共吸入腔内,然后从阀箱的每一个排出口分别排出,如图 2-19 所示。

阀箱的基本参数见表 2-10。

表 2-10 阀箱的基本参数

公称通径 DN/mm	公称压力 P_N/MPa	适用介质
40 ~ 150	1.0	海水、淡水、燃油
200 ~ 250	0.6	

7. 压力表阀

压力表阀是一种专用于控制和连接压力表的阀门。它的主要功能有两个:一是由于压力表是易损件,当需要更换或维修压力表时,在卸下压力表前,将压力表阀关闭就可避免管路中的工作介质外溅;二是当工作介质是液体时,压力表管中往往积存着空气,而这部分空

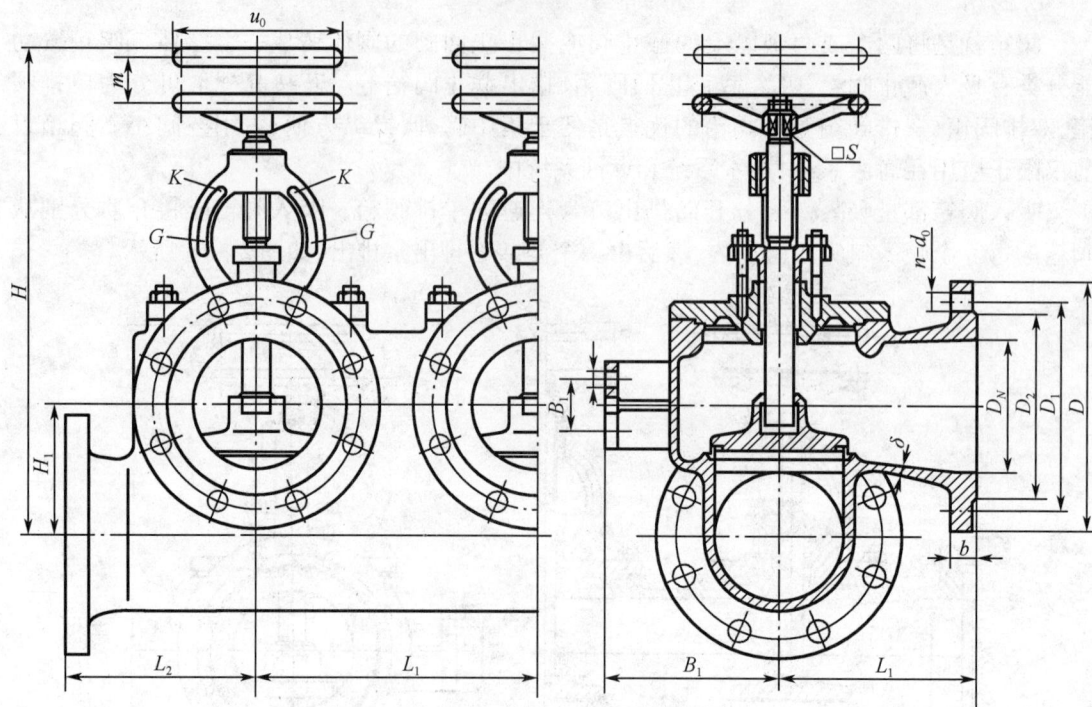

图 2 - 19　排出截止阀箱

气可以使压力表不能稳定、准确地指示工作介质的压力,压力表阀可以将这部分空气排放出来,从而保证压力表正常工作。

图 2 - 20 和图 2 - 21 是两种最常用的压力表阀。其中图 2 - 20 这种结构的表阀一般用于公称压力小于 4.0 MPa,工作介质为海水、淡水、燃油、滑油、空气和温度 $t \leqslant 250$ ℃ 的蒸汽。制造表阀的金属材料为 ZHSi80 - 3 铸锡黄铜。

图 2 - 21 这种压力表阀有两种金属材料制成的:一种是铝青铜,另一种是不锈钢。铝青铜压力表阀用于公称压力为 10.0 MPa 以下,工作介质与黄铜压力表阀相同。不锈钢压力表阀用于公称压力为 1.60 MPa,工作介质为淡水、空气、燃油、滑油和 $t \leqslant 400$ ℃ 的蒸汽。

三、连接附件

1. 法兰

法兰是连接附件中连接性能最可靠的一种,使用范围也很广泛,可用于公称通径 DN≥10 mm 的各种管子的连接。目前常用的法兰种类有搭焊钢法兰、对焊钢法兰、松套钢法兰等。

(1)搭焊钢法兰

如图 2 - 22 所示,这种船用法兰的特点是结构简单,制造方便。它适用于连接公称通径为 10 ~ 2 000 mm,公称压力 P_N 为 0.25 ~ 1.6 MPa 的管系。制造这种法兰的材料一般为碳素钢中的Q235 - A类。但如果连接不锈钢管,其法兰的材料也相应为管子的同种材料。

(2)对焊钢法兰

这种船用法兰与管子采用对接焊的形式,加之法兰本体用 Q235 - A 类碳素钢浇铸毛坯经锻造、热处理后制成,所以能够承受较高的压力和温度。

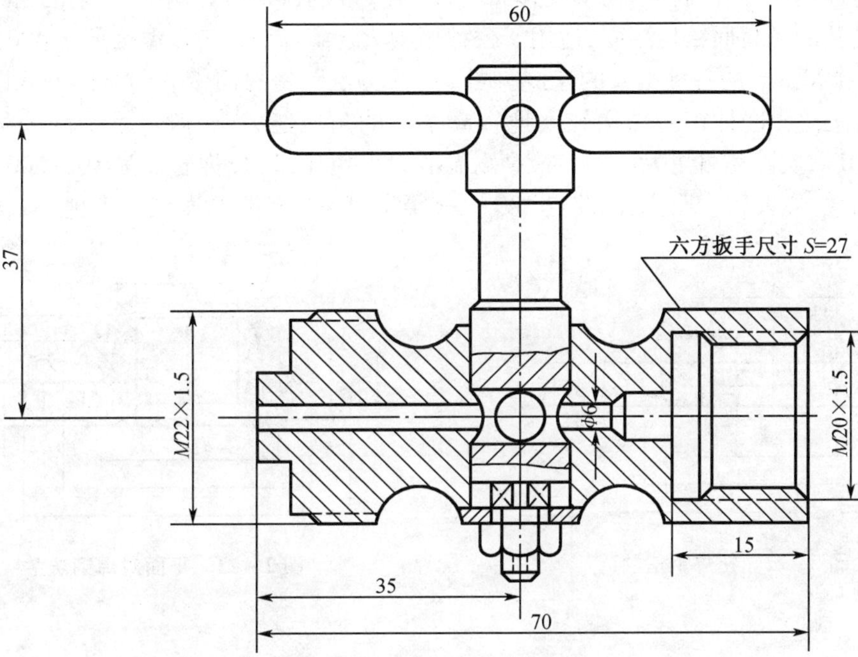

图 2－20 黄铜压力表旋塞

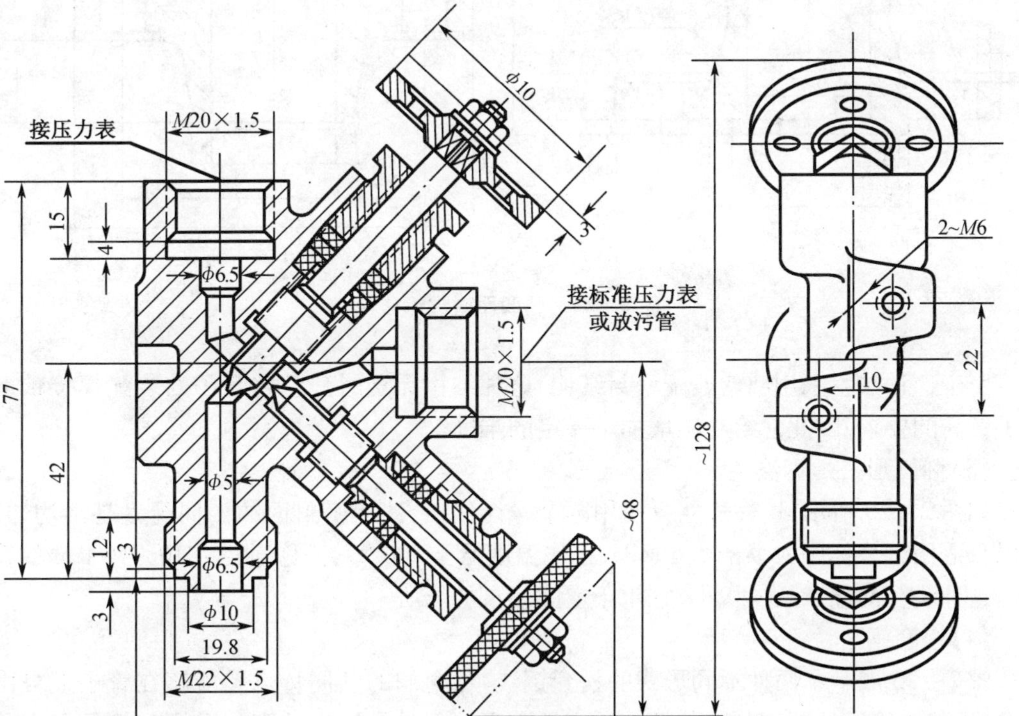

图 2－21 压力表阀

船用对焊钢法兰有两种结构形式,图2-23为一般的铸钢对焊钢法兰,它的密封面结构与搭焊钢法兰的密封面结构相同,适用于公称压力 $P_N \leqslant 25$ MPa、工作温度低于 400 ℃、公称通径在 10~600 mm 的各种钢管的连接。图2-24为法兰密封面带有凸肩凹槽匹配使用的铸钢对焊钢法兰,这种密封结构较大地提高了它的耐压能力,一般可承受的公称压力为 4.0~6.4 MPa,实际还可更大一些。最高耐温能力为 400 ℃,公称通径为 10~500 mm。这种结构的法兰,主要用于蒸汽、压缩空气及灭火等高温高压管路的连接。

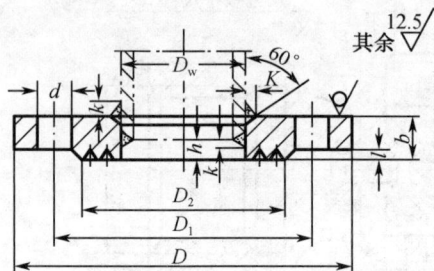

图2-22 搭焊钢法兰

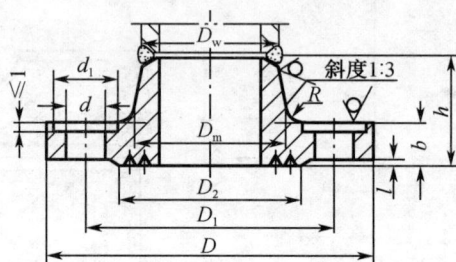

图2-23 平面对焊钢法兰

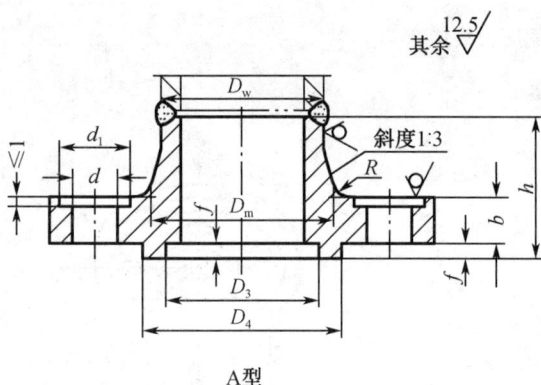

A型

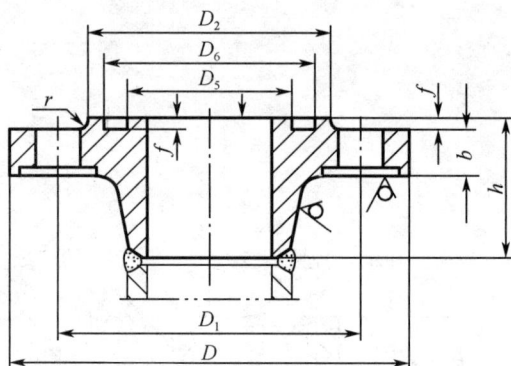

B型

图2-24 凸凹面对焊钢法兰

由于这种法兰采用凸槽匹配密封结构,这种结构无疑对法兰与管子的装配焊接精度提出了较高的要求,因此它给施工增加了一定的难度。

(3)椭圆形搭焊钢法兰

如图2-25所示,这种法兰只使用两个螺栓连接,法兰密封面的四周受力是不均匀的,所以只适用于公称压力小于 0.6 MPa、工作温度低于 200 ℃、公称通径为 10~40 mm 的管路上。这种法兰的优点是体积小,宜用于空间狭窄的场所。

(4)松套钢法兰

图2-26展示了两种不同形式的松套钢法兰,它们的共同特点是能够在管子上自由回转,这样就给管子的制作与安装带来一定的方便。但是由于它的密封采用与管子焊在一起的附加环,无形当中增加了厚度。因此,它使用的螺栓也相应需要加长。

图2-26(a)为搭焊钢环松套钢法兰,此种法兰一般用于 P_N 为 0.5~2.5 MPa、DN10~DN500 mm、温度小于 300 ℃ 的管路上。

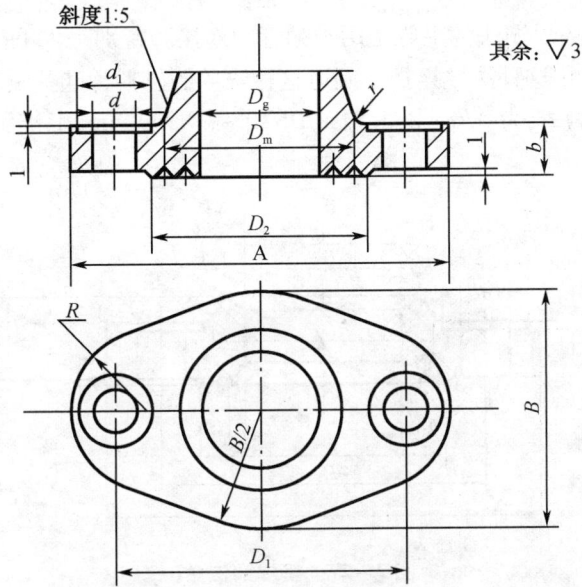

图 2-25　椭圆形搭焊钢法兰

图 2-26(b)为铜管折边松套钢法兰,用于公称压力 $P_N \leqslant 0.6$ MPa、温度小于 250 ℃的各种铜管。这种法兰看起来似乎结构简单,装配也简单,不需要焊接,只需将管子折边就可以了。其实不然,第一,管子折边需要加热,如果加热温度和折边速度控制不良,在折弯处易产生裂纹;第二,折边的宽度不易控制,容易造成管子总长度值超差,进而影响管子的安装质量。

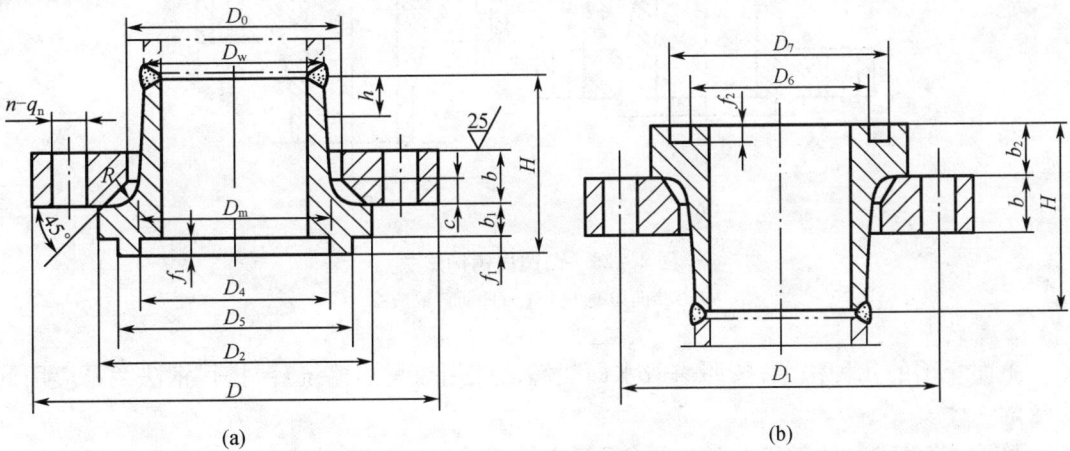

(a)　　　　　　　　　　　(b)

图 2-26　松套钢法兰

(a)搭焊钢环松套钢法兰;(b)铜管折边松套钢法兰

（5）搭焊铜法兰

如图 2 - 27 所示，搭焊铜法兰主要是用于铜管的连接。特别是水下产品，所有公称通径大于 32 mm 的铜管，皆采用这种法兰连接。制造这种法兰的材料为硅黄铜，其牌号为 HSi80 - 3。搭焊铜法兰的公称压力 P_N 为 0.6 ~ 2.5 MPa，DN10 ~ DN500 mm，工作温度均应小于 250 ℃。

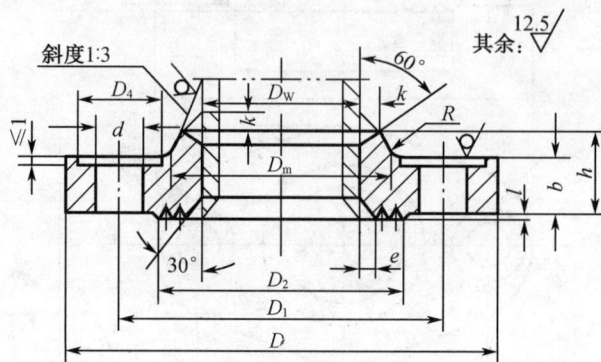

图 2 - 27　搭焊铜法兰

（6）船用铸铜法兰

如图 2 - 28 所示，制造这种法兰的材料较多，比如有 ZHSi80 - 3，ZQSn8 - 4，ZQAL9 - 2，ZHMn58 - 2 等。它的公称压力 P_N 为 0.6 ~ 4.0 MPa。其中 0.6 MPa 的 DN 为 10 ~ 1 000 mm；1.0 MPa，1.6 MPa，2.5 MPa 的 DN 为 10 ~ 500 mm；4.0 MPa 的 DN 为 10 ~ 100 mm。

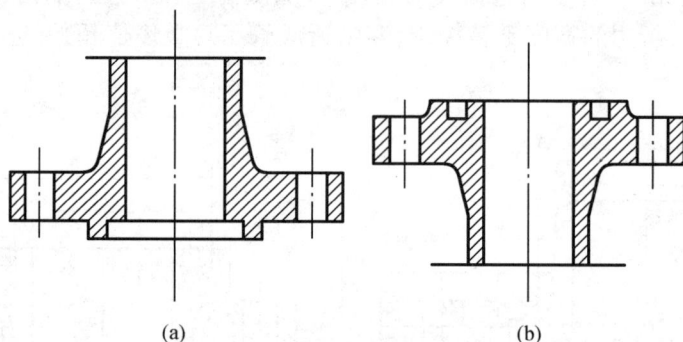

（a）　　　　　　　　　　　　　　　　（b）

图 2 - 28　凸凹面铸铜法兰

（a）凸面铸铜法兰；（b）凹面铸铜法兰

上面介绍的几种法兰，按照一般水面船舶的使用数量粗略统计，搭焊钢法兰是应用最广泛的一种。

另外，随着我国船舶工业的发展，很多连接附件的结构和技术标准都已和国际通用标准靠拢。法兰上螺栓孔数量的进位制就是一例。我国原来采用的是二进位制，即 2，4，6，8，10，…，而现在则改为四进位制，即 4，8，12，16，…，相应地与之配套的阀门、滤器、动力设备等也将螺栓孔改为四进位制。

2. 螺纹接头

螺纹接头特点是尺寸小，质量小，拆装方便，使用可靠。它主要用于公称通径 3 ~ 32 mm 的管子与管子、管子与附件、管子与设备的连接。

螺纹接头按其耐压能力分类可分为低压螺纹接头(公称压力≤1.6 MPa)、中压螺纹接头(公称压力为1.6～10.0 MPa)和高压螺纹接头(公称压力为10.0～16.0 MPa);若按螺纹接头密封面的结构特点分类,其又可分为平肩螺纹接头和球面螺纹接头,还可分为搭焊螺纹接头和对接焊螺纹接头。

(1)中间螺纹接头

这种螺纹接头是用于两根管子之间的连接,其结构如图2-29所示。

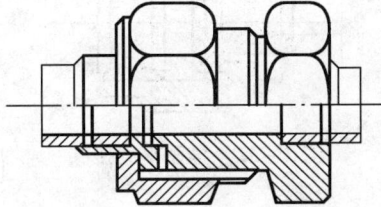

图2-29 中间螺纹接头

(2)旋入螺纹接头

如图2-30所示,它主要用于管子与带内螺孔的机械设备或附件的连接。

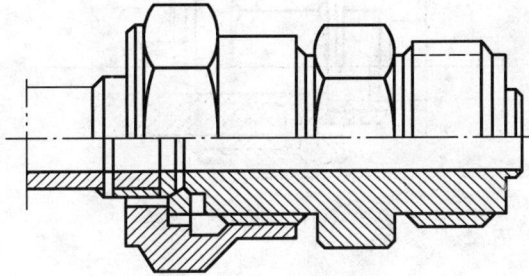

图2-30 旋入螺纹接头

(3)支管螺纹接头

支管螺纹接头是用来连接两根轴线相交的管子,图2-31是其中的一种。

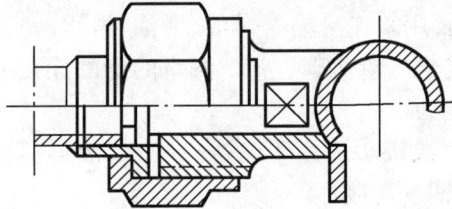

图2-31 支管螺纹接头

（4）异径平肩接头

顾名思义,这种螺纹接头用于不同的公称通径的管子与管子、管子与附件的连接,如图2-32所示。

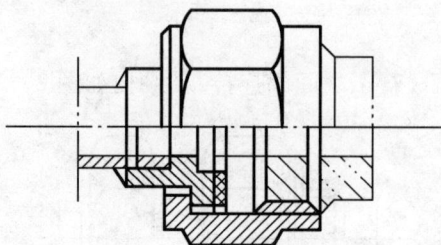

图2-32　异径平肩接头

（5）外套螺母接头

外套螺母接头主要用于将管子与带外螺纹零件的设备、附件的连接,其结构如图2-33所示。

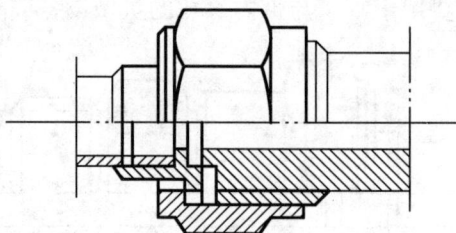

图2-33　外套螺母接头

制造低压螺纹接头的金属材料有普通碳素钢（A₃）和不锈钢（1Cr18Ni9Ti）两种。由碳素钢制的低压螺纹接头用来连接输送油类、淡水、空气及工作温度小于250 ℃的蒸汽等钢管;而不锈钢低压螺纹接头仅限于连接输送蒸馏水的不锈钢管。

中压螺纹接头则有优质碳素钢（20#）、不锈钢（1Cr18Ni9Ti）、锰黄铜（HMn58-2）、铝黄铜（QA19-2）4种材料制成的。

20#钢中压螺纹接头主要用来连接输送燃油、滑油、淡水、二氧化碳、空气、蒸汽、海水等介质的钢管。但是当用于输送二氧化碳、空气、海水的管的连接时,需要和管子一样进行镀锌处理以提高它的抗腐蚀能力。

用锰黄铜制成的中压螺纹接头适用于输送冷凝水、油类、空气的铜管的连接。而铝青铜可用于海水、二氧化碳的铜管连接。

不锈钢中压螺纹接头也只用于输送蒸馏水的不锈钢管的连接,也可用于液压和食用淡水管的连接。

高压螺纹接头只有用优质碳素钢（20#）一种材料制成的。它的适用范围基本与碳钢中压螺纹接头一样,但是承压能力要相对高一些。

船用高压螺纹接头除上面讲到的与管是对接焊的结构外,还有一种是潜艇上高压空气系统用的松套式结构的高压螺纹接头。

（6）螺纹三通、四通接头

前面我们看到的支管螺纹接头,最大耐压能力仅达 4.0 MPa。那么需要垂直连接的两根管子,其输送的工作介质压力又大于 4.0 MPa,怎么连接呢? 下面再介绍几种能够解决这个问题的比较典型的,且是常用的螺纹三通和螺纹四通接头。如图 2 – 34、图 2 – 35 所示的这种螺纹三通和四通,就是一种专用于高压空气系统的三通和四通螺纹接头。这类三通和四通的突出特点除耐压能力高以外,对提高系统的清洁度有很大帮助。其材质为优质碳素钢和合金铜两类。

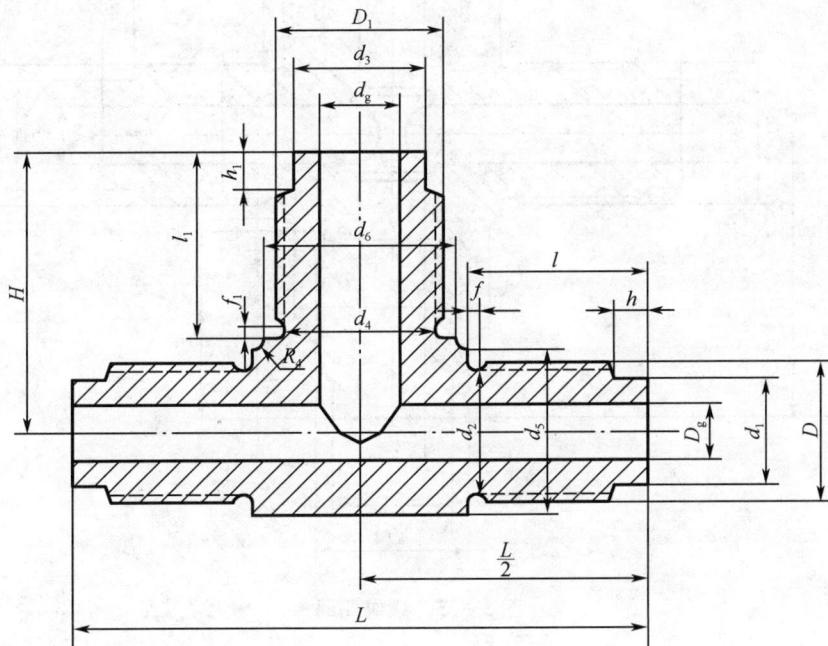

图 2 – 34　螺纹三通

3. 焊接连接

管子的焊接连接,主要有对接焊连接、搭接焊连接和套管接焊三种。

焊接连接的主要优点是:质量小、尺寸小、装配方便、密封性强;其缺点是:不可拆卸,焊接后管内的氧化皮不能清除且易腐蚀。

一般情况下,对接焊连接和搭接焊连接采用得不多,而套管连接焊采用得比较多。船舶上的各类液舱的通气管的连接(如压载水舱、燃油舱、滑油舱、淡水舱)和油舱内的蒸汽加热盘管的连接均采用套管连接。

液舱通气管采用套管连接的主要原因是取其装配方便、尺寸小的优点。因为这类管子一般都敷设在船舷两侧,而油舱加热盘管采用套管连接的原因是取其密闭性强、尺寸小的优点。

4. 挠性接管

在船舶上,尤其是在舰艇上,要求有些管系具有消除由于温度的变化、航行状态的船体变形及各种机械设备运行所产生的震动、噪声及冲击的优良性能。为了使管系能满足这些要求,通常采用挠性接管,以达到减震、隔音、抗冲击、保护动力设备的正常运转、防止管路连接的紧密性被破坏的目的。

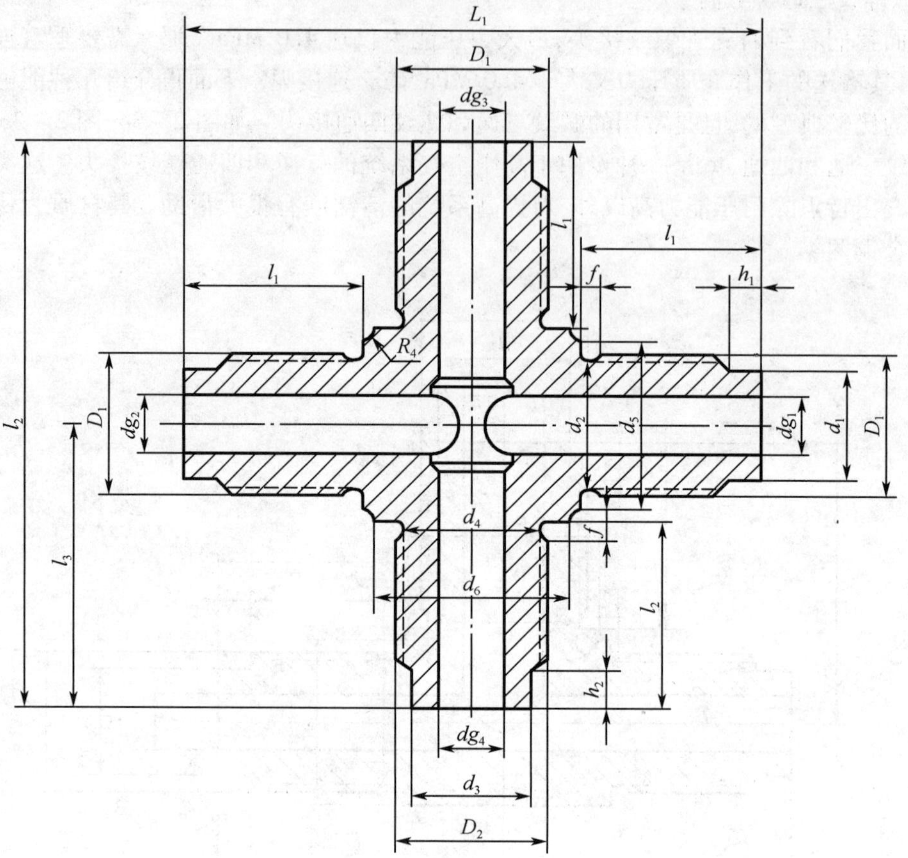

图 2-35　螺纹四通

常用的挠性接管有以下几种：

（1）夹布胶管

夹布胶管是一种光滑的圆柱形挠性接管。这种接管适用于公称通径 DN≤80 mm，公称压力 P_N≤0.6 MPa 的油管路和水管路，但水的温度不得大于 100 ℃，油的温度不得大于 80 ℃。需要特别指出的是，工作介质是油类时，夹布胶管必须是由耐油橡胶制成。

用夹布胶管连接管路具有下列优点：结构简单，安装方便，富有弹性，可隔离机械振动对管系的影响；管子膨胀和船体变形而引起管子变形时，其具有一定的补偿作用。

夹布胶管与管子连接时，一是将管子靠近管端约 10 mm 处沿圆周加工一圈近似圆弧形的凸台，然后插入胶管，最后用管箍箍紧即可。

（2）高压橡胶接管

高压橡胶接管是一种特别的挠性接管，且多用于液压系统的管路与机械设备之间的连接，它与夹布胶管在结构上的区别是：高压橡胶接管是由橡胶和金属丝网复合而成，且本体的两端带高压螺纹接头，公称通径最大为 32 mm，如图 2-36 所示。

（3）平衡式橡胶减震器

平衡式橡胶减震器，通常又称为减震器。它安装在与动力机械设备相连接的管路上，起到减震、隔音和防止冲击的作用。接管的总体结构是以金属为骨架，充入耐油、耐热橡胶

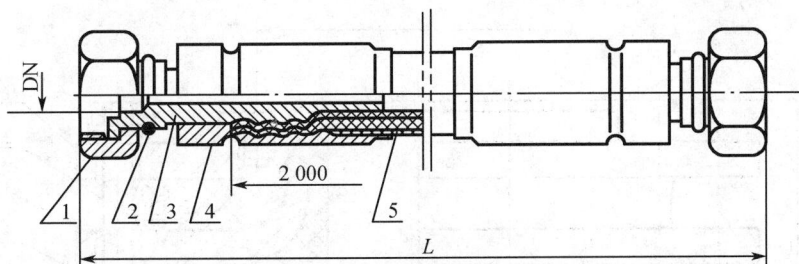

图 2-36 高压橡胶接管

压铸而成。它可以在轴向变形 ±5 mm,径向变形 ±5 mm,温度在最低 -5 ℃,最高 -150 ℃,公称压力 4.0 MPa 状态下正常工作。当然,随着工作参数的不同,橡胶减震器的结构参数也不同。图 2-37 仅是其中的一种。

橡胶减震器的安装精度在管系附件当中要求是比较高的,一般在有关技术文件中都对接管在安装过程中产生的轴向拉压变形量和径向偏移变形量做出明确的规定。

减震橡胶接管适用于工作介质为海水、淡水、滑油、空气、低温蒸汽等管路的连接,其公称通径一般为 DN20 ~ DN250 mm,最大可达 DN500 mm。它还有常温、中温、高温、耐油和不耐油之分。

(4)金属波纹管

金属波纹管又称为不锈钢减震器。这种减震器是由多层薄壁无缝不锈钢管或直缝焊接不锈钢管,用液压或滚压方法制造,多用于高温蒸汽、柴油机排气管路在工作状态产生的轴向位移和径向位移的补偿。

图 2-38 是一种专用于压力较低,但温度很高的柴油机排气管直管的膨胀补偿的金属波纹管。

四、检查和测量附件

为了检查和测量系统中的工作介质的压力、温度、液位等,以便随时了解和判别系统的工作情况,并进行必要的调整或采取措施,必须设置各种检查和测量附件。其中常用的有压力表、温度计、液位指示器和液流观察器等。

1. 压力表

压力表用来测量系统中的容器或管路内的流体压力。常用的压力表为弹簧管式压力表。船用压力表还具有防尘、防溅型的外壳,密封性能良好,能保护内部机构免受机械损伤和灰尘、水滴的侵入。它分为压力表、真空表和真空压力表。

图 2-39 为弹簧管式压力表的结构示意图。被测量流体经传压管从接头 1 进入压力表的弹簧管 4 内,由于弹簧管内壁内侧的受压面积小于内壁外侧的受压面积,所以弹簧管内壁的外侧所受到的作用力比内侧大,有使弹簧管伸直的趋势,弹簧管在伸直的过程中,经过连杆 6 带动传动机构 7,传动机构又带动指针 5 顺时针偏转指示流体的压力。显然,流体的压力越高,指针偏转的角就越大,这样就可以直接从表盘 3 上读出压力读数。为了排除因机械间隙引起的误差以及当压力下降时帮助指针复位,在指针轴的底部还绕有一根游丝。

真空表用来测量密闭的容器和管路中流体的真空值。它的结构同压力表一样,不同的是真空表接入容器或管路时,弹簧管收缩而带动指针逆时针偏转。

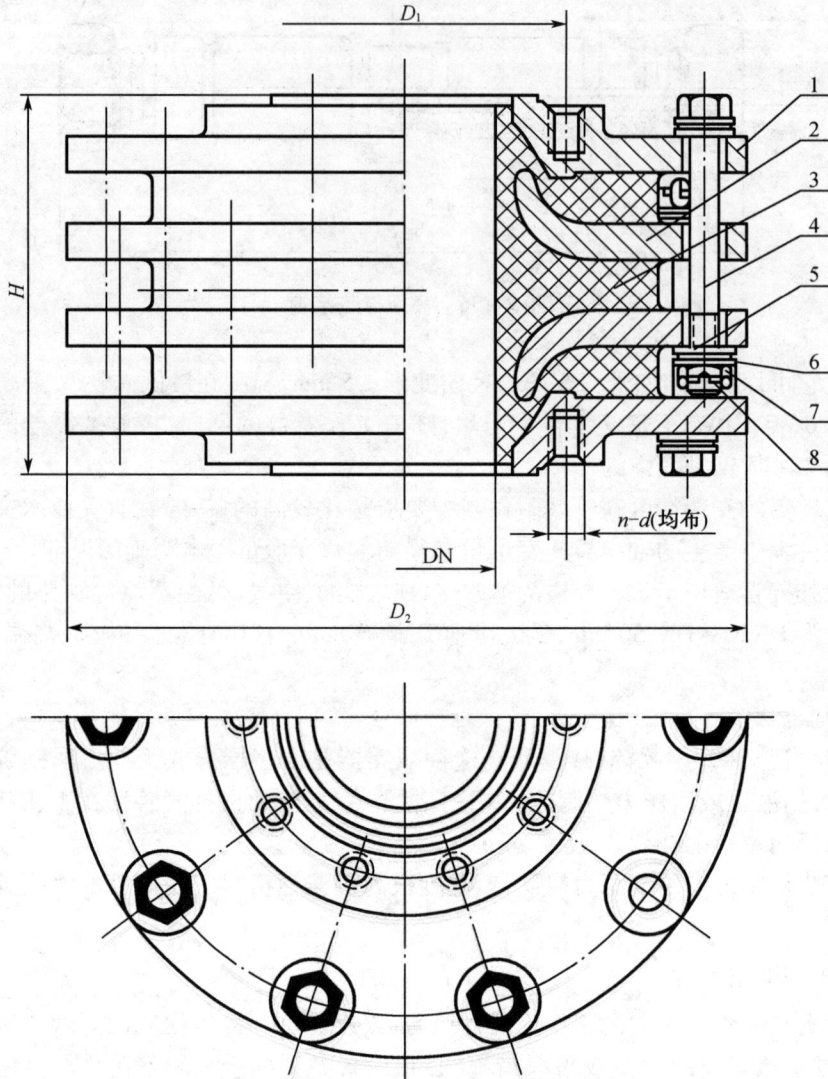

图 2 – 37　平衡式橡胶减震器

真空压力表则既可以测量容器或管路中的流体的压力,又可以测量其真空值。压力表的规格见表 2 – 11。

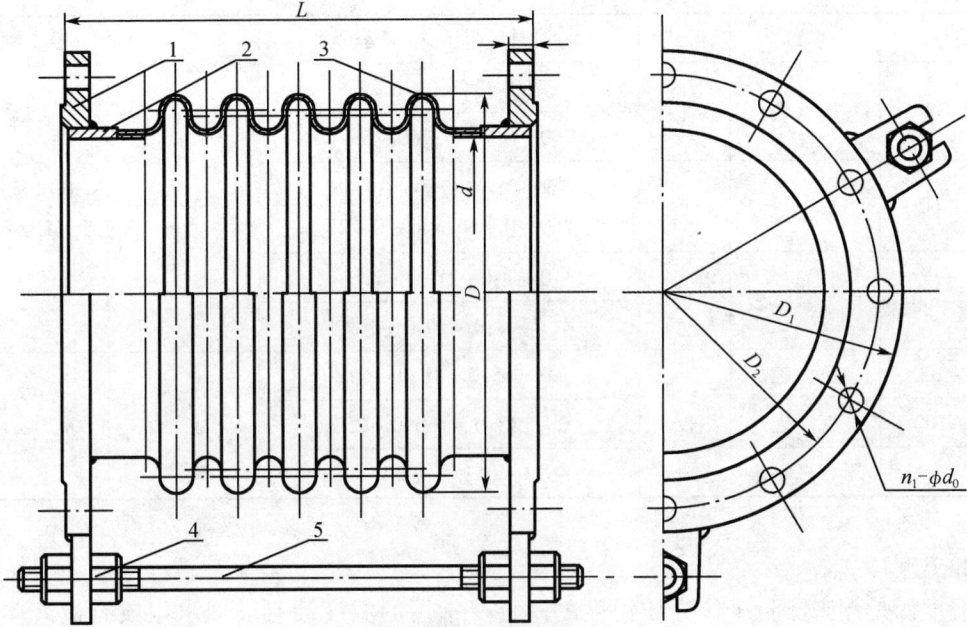

图 2-38 金属波纹管

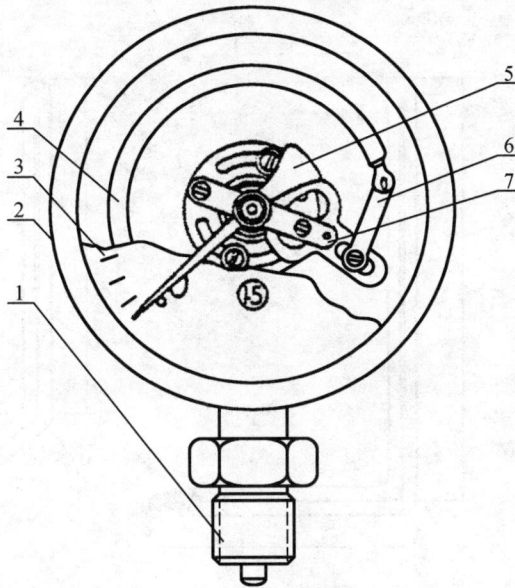

图 2-39 压力表结构示意图

1—接头;2—表壳;3—表盘;4—弹簧管;5—指针;6—连杆;7—传动机构

表 2 - 11 压力表的规格性能

型号	名称	形式	测量范围/mmHg	精度等级	接头螺纹
YZ - 60	压力表	I	760～0;760～0～1	2.5	M14×1.5 M10×1
			760～0～1.6;760～0～4		
ZC - 60	真空表	II	760～0～6;760～0～16		
			760～0～16;760～0～25		
YZC - 60	压力真空表	III	0～1;0～16;0～2.5		
			0～4;0～10;0～16		
YC - 100	压力表	IV	0～25;0～40;0～60	1.5	M20×1.5
ZC - 100	真空表		0～100;0～160;0～250		
YZC - 100	压力真空表		-0.1～0.15;-0.1～0.3		

2. 温度计

温度计是用来测量工作介质温度的附件。常用的温度计有玻璃水银或有机液体温度计和压力式指示温度计两种。

（1）玻璃水银温度计

图 2 - 40 为三种常用的水银温度计,即直形、90°角形和 125°角形。这三种形式温度计的选用,主要根据安装位置来确定。

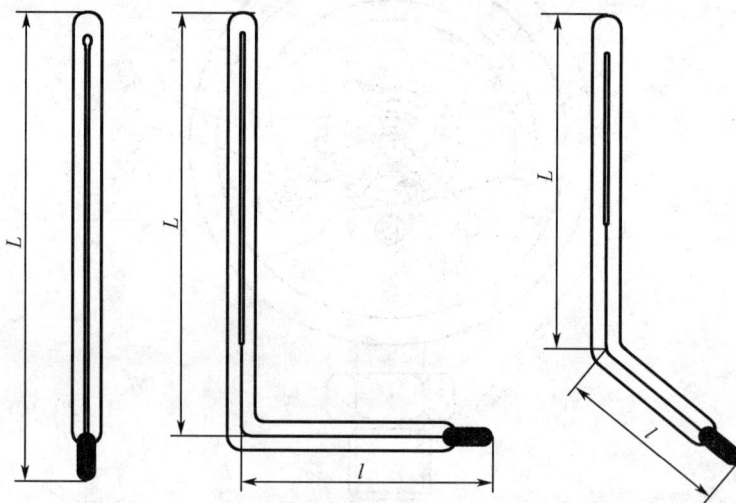

图 2 - 40 玻璃水银温度计

玻璃水银温度计的结构简单,价格较低,安装方便,读数正确,但只能在观测点读数。

玻璃水银温度计在管路上时,其感温部分应处在被测介质流通截面的中心线上;玻璃水银温度计斜插在管子上时,其感温部分指向介质的流动方向。图 2 - 41 为玻璃温度计的金属保护套。温度计规格见表 2 - 12。

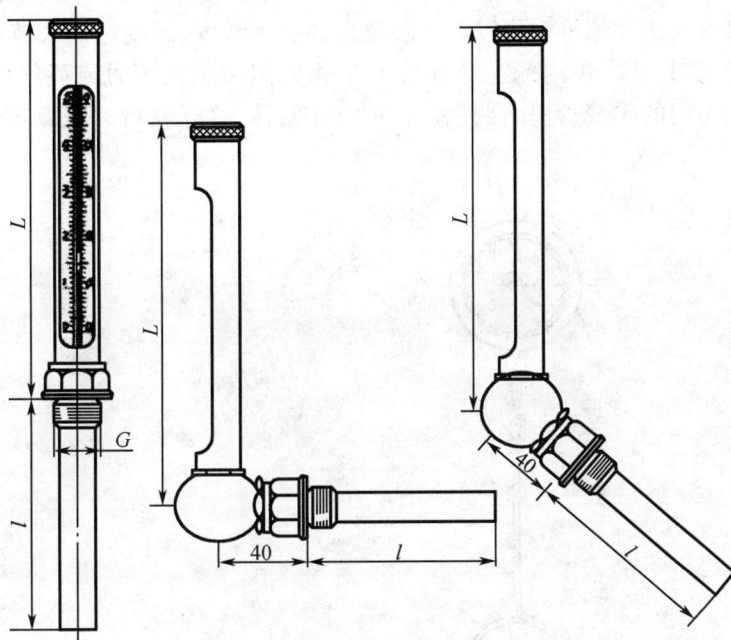

图 2－41　玻璃水银温度计保护套

表 2－12　温度计规格

名称与型号	测量范围/℃	尾部长度/mm
水银温度计 WNG	－30～50	40－5
	0～50	60－5
	0～100	
	0～150	80－5
	0～200	100－5
	⋮	⋮
	0～600	1000－50
有机液体温度计 WNY	－80～30	40－5
	－50～30	60－5
	－30～50	80－5
	0～50	⋮
	⋮	500－10
	0～150	

（2）压力式指示温度计

图 2－42 为压力式指示温度计,它由表头 6、毛细管 1 和感温包 2 等组成。表头的结构和工作原理与弹簧式压力表一样,感温包与表头由毛细管接通,构成一个封闭的系统。感

温包、毛细管和表头的弹簧管中充满了工作介质3,工作介质一般采用氯甲烷、乙醚、丙酮等易蒸发液体或氮气。活动螺母5可以调节感温包的插入长度,感温包插入被测介质后,当被测介质的温度变化时,感温包内的工作介质产生相应饱和蒸汽压力或氮气压力,此压力经毛细管传递给表头内的弹簧管里,促使温度的指针偏转,这样就可以从刻度盘上直接读出温度值。

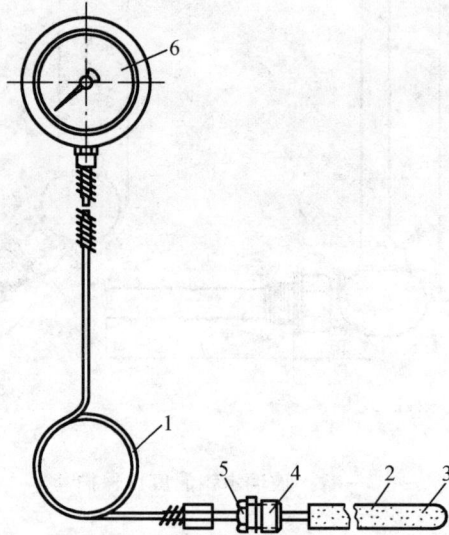

图 2 - 42　压力式指示温度计

1—毛细管;2—感温包;3—工作介质;4—连接螺母;5—活动螺母;6—表头

压力式指示温度计的温包和毛细管用紫铜制造,毛细管的外部有用紫铜丝编织的保护层。温包长度有 150 mm,200 mm 和 300 mm 三种,毛细管长度一般为 5 ~ 20 m。活动螺母的螺纹有 M33 × 2 和 M27 × 2 两种。温度测量范围随温度计内工作介质的不同而不同,具体见表 2 - 13。

表 2 - 13　　压力式指示温度计的性能规格

测量范围/℃	工作介质	感温包耐压能力/MPa	测量范围/℃	工作介质	感温包耐压能力/MPa
0 ~ 50	氯甲烷	6.4	-60 ~ 40	氮气	1.6
-20 ~ 60			0 ~ 200		
0 ~ 100			0 ~ 250		
20 ~ 120			0 ~ 300		
60 ~ 160	乙醚		0 ~ 400		
100 ~ 200	丙酮				

压力式指示温度计最大优点是可以将温度读数传到远处(传递距离取决于毛细管的长度)。

安装这种温度计时应注意如下几点：

①温度计的毛细管最小弯曲半径不得小于 50 mm。

②感温包应全部插入被测量的介质中，以减少因导热引起的误差。

③对于充满液体的压力式温度计，安装时感温包与表头（指示部分）应尽量在同一水平面上，以减少液体静压引起的误差。

3. 液位表

液位表常安装于锅炉、液体箱及其他容器上，用以指示该容器内液体的液位。

图 2-43 是 BU 型板式液位计。在液位计两端各装有一个针形阀，它与容器连接的接头尺寸为 KG3/4 管螺纹，也可在接头上焊上法兰与容器相连。这个针形阀不但可以起到"切断阀"的作用，也可以起到自动闭锁阀（安全阀）的作用。当液位计安装在容器上，构成一个"连通器"时，液位计的玻璃板因意外事故破碎后，自动闭锁阀在容器压力的作用下（此时因容器的压力 > 液位计内压力）自动密封，以防止容器内的介质继续外流。其规格与工作性能见表 2-14。

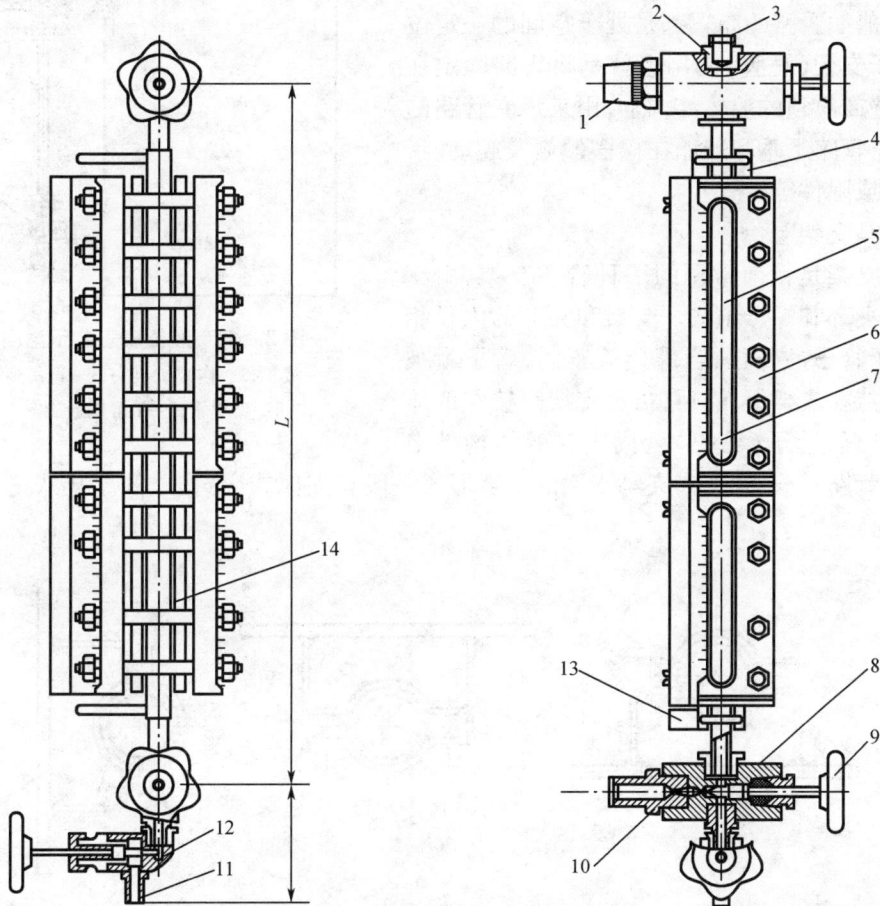

图 2-43　板式液位表结构示意图

1—通气接头；2—通气阀；3—泄气旋塞；4,13—压盖；5—玻璃板；6—压板；7—光栅；
8—通火阀；9—通水旋塞；10—通水接头；11—泄水管；12—泄水阀；14—垫片

表 2 - 14　板式液位表的规格与工作性能

测量范围/mm	最大工作压力/MPa	最大工作温度/℃
0 ~ 500		
0 ~ 800		
0 ~ 1 100	4.0	300 ~ 400
0 ~ 1 400		
0 ~ 1 700		

液位表一般应安装在便于观察和有照明的位置,且要保证上下垂直。图 2 - 44 为液位计安装示意图。

五、管子支架

由于船舶管路的布置都是处于空间的一定位置上,管子支架(马脚)的用途就是将管路固定在舱底、舱壁或舱顶的船体结构上,用来承受管路的重力,防止管路下垂和船舶在摇摆颠簸及震动时,损坏管路或附件等。

1.夹马支架

夹马支架是目前常用的一种管子支架,由支架、螺栓,夹环和螺母组成。支架和夹环的内径相同,略小于管子的外径,当螺栓旋紧后,管子就被紧紧地夹持在支架上,然后,再将支架焊接在船体结构上,这样,管子(管路)就固定在船体构件上了。根据管路的分布状态,夹马支架的安装形式一般有支撑式、悬挂式和壁挂式三种,如图 2 - 45 所示。

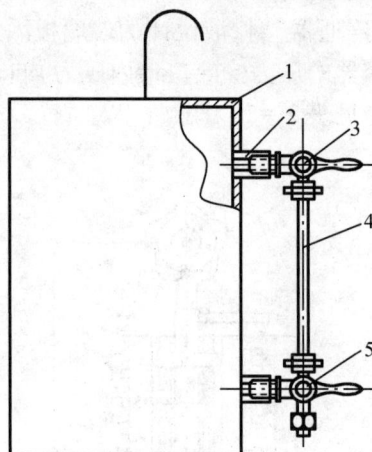

图 2 - 44　液位表安装示意图
1—液柜;2—内螺纹接头;3—直角旋塞;
4—玻璃管;5—T 形三通旋塞

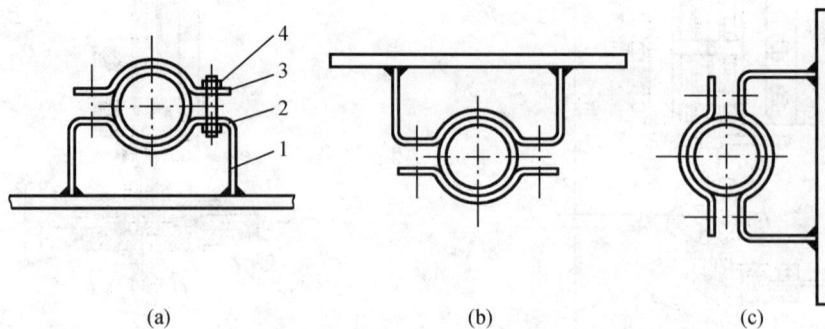

　(a)　　　　　　　　　(b)　　　　　　　　(c)

图 2 - 45　夹马支架及安装形式
(a)支撑式;(b)悬挂式;(c)壁挂式
1—支架;2—螺栓;3—夹环;4—螺母

　　夹马支架已标准化,其规格称呼同相应管子的公称通径。连接螺栓直径应与支架螺孔相配,其长度则要求螺栓旋紧后露出 1～2 牙。夹马支架的高度有一定的标准,但在安装时可根据实际需要进行接长或截短。

　　夹马支架在实际使用时,允许用角钢、管子或扁钢焊在夹环背部的中央,与另一只夹环组成独脚支架。由角钢或管子组成的独脚支架可用于任何方向的安装,而肩钢支架只适用于管路的垂直吊装。

　　对于管子间距较小的多根平行管子,可先截去夹马支架的一只"脚",中间用夹环连接起来,最后一只夹环再焊上原先截下的"脚"组成多联支架,多联支架的夹环也是用单只夹环拼接而成。此项工作必须保证支架和夹环的平整和螺孔的对中。

　　夹马支架的安装注意如下几点:

　　①管子支架必须严格按规定的装焊部位进行装焊,不能随心所欲地到处装焊。

　　②管子支架的间距(数量)和布置形式,以管路在安装和工作状态下,不出现明显变形和震动为原则。支架间距可参照表 2-15。

表 2-15　支架间距　　　　　单位:mm

公称通径	钢管	铜管	公称通径	钢管	铜管	公称通径	钢管	铜管
15	800	800	50	2 200	1 900	150	3 900	3 300
20	1 000	1 000	65	2 600	2 100	200	4 500	3 800
25	1 400	1 200	80	2 900	2 400	250	5 000	4 300
32	1 700	1 500	100	3 200	2700	300	5 500	4 700
40	2 000	1 700	125	3 600	3 000	350	6 000	5 000

　　③管子支架应采用包角双面焊,以防因震动而脱焊。

　　④管子与支架间视情况不同,可加装衬垫,目的是防震、减少热传导、改善硬摩擦和防止接触腐蚀等。一般管路不用衬垫,震动特别大的低温管路用橡皮衬垫,高温管路用石棉布或高温石棉橡胶板衬垫,低温或冷热多变的空调冷却管路采用硬木衬垫,铜及铜合金等软金属用青铅衬垫。连接螺栓也不宜旋得过紧。易受海水侵蚀的油船甲板输油管路等也采用青铅衬垫。

　　⑤用于露天甲板、水舱、水柜及冷藏库等处的支架和连接螺栓均需镀锌处理。

　　⑥震动剧烈及舱、柜内的支架连接螺栓均采用双螺母紧固。具体形式如图 2-46 所示。

　　2. U 形支架

　　U 形支架由夹环、支承角钢和螺母(略)组成,如图 2-46 所示。夹环实际上就是一根弯成 U 形的双头螺栓,支承角钢为热轧等边角钢,材料为普通碳素钢 A3。

　　U 形支架的 U 形螺栓和支承角钢的各部位尺寸见表 2-16。

· 51 ·

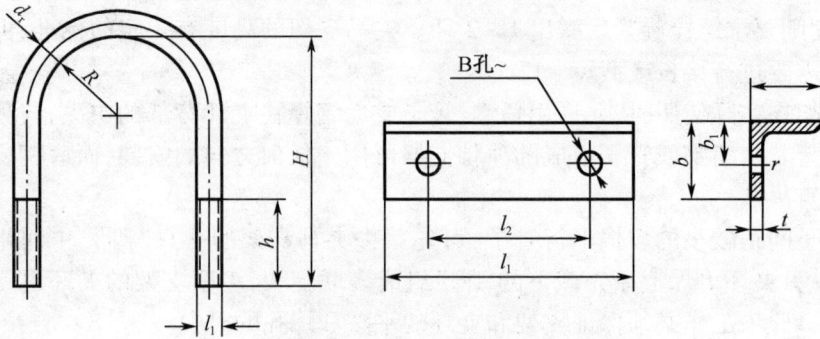

图 2 - 46 U 形支架

表 2 - 16 U 形螺栓和支承角钢的各部位尺寸   单位:mm

公称直径	管子外径	U 形螺栓						支承角钢					
		d_1	d_2	R	H	h	展开长度	b	b_1	t	l_1	l_2	d_2
15	22	10	M10	12	43	35	115	40	22	5	80	37	12
20	27	10	M10	15	48	35	128	40	22	5	85	43	12
25	32	10	M10	18	53	35	142	40	22	5	90	49	12
32	38	10	M10	21	59	35	157	40	22	5	100	56	12
40	48	10	M10	26	69	35	183	40	22	5	110	66	12
50	60	12	M12	32	87	40	229	50	30	6	125	80	14
65	76	12	M12	40	103	40	270	50	30	6	145	97	14
80	89	12	M12	46	116	40	303	50	30	6	155	108	14
100	114	16	M16	59	150	53	392	63	35	8	200	140	19
125	133	16	M16	69	169	53	441	63	35	8	220	160	19
150	159	16	M16	82	195	53	508	63	35	8	245	186	19
200	219	18	M18	113	260	58	677	75	40	10	325	253	24
250	273	18	M18	140	314	58	816	75	40	10	385	310	24
300	325	20	M20	166	370	63	960	90	50	10	445	364	28

注:l_1 可根据具体需要选取。

一只 DN32 的 U 形支架的制作和安装工艺如下:

①选取一根 $\phi10$ mm × 157 mm 的普通碳素钢 Q235 棒料,其两端用滚丝机轧制或车床车削出 M10 × 35 mm 的螺纹。

②将两端带有螺纹的棒料按弯曲半径 R(21 mm)冲压或弯曲成 U 形螺栓。

③取一根长 190 mm、宽 40 mm × 4 mm 的热轧等边角钢,在角钢上按 L_1(56 mm)和 b_1(22 mm)的尺寸画出其钻孔中心,然后钻出 2 只 $\phi12$ 的通孔。

④螺母直接选用 M10 的普通六角螺母。常用的紧固形式如图 2 - 47 所示。

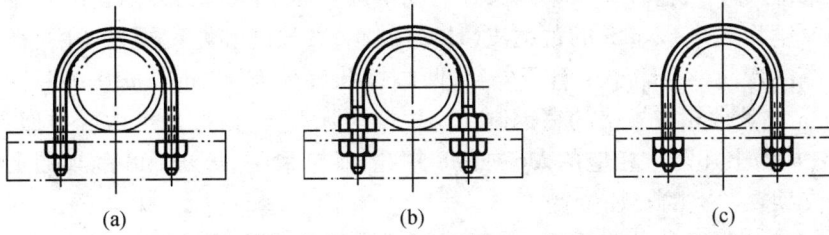

图 2-47　U 形支架紧固形式

（a）适用于一般管路的紧固；（b）适用于油舱蒸汽加热（温差较大）管路的紧固；
（c）适用于舱、柜内或震动较大的管路的紧固

　　⑤U 形支架安装时，可直接用支承角钢（长度视实际情况截取或接长）与船体构件焊接，也可做成其他形式，如图 2-48 所示。

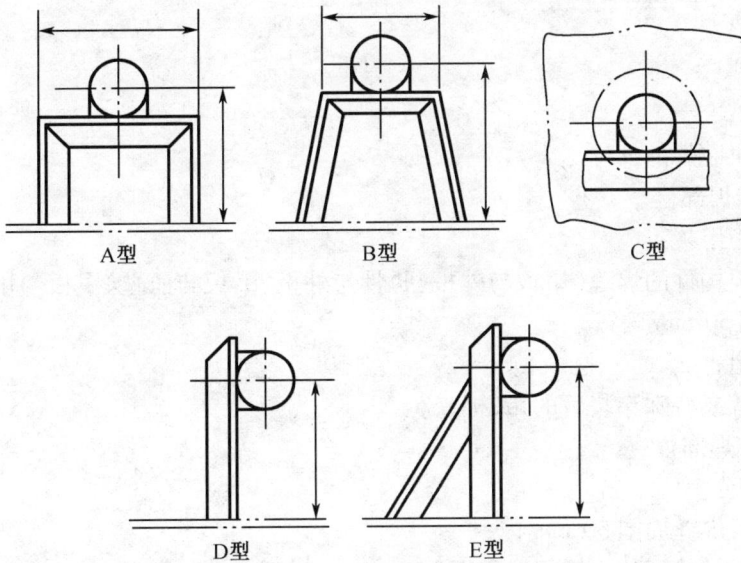

图 2-48　U 形支架安装形式

3. 多联支架

　　船舶柴油机的注油管或气动系统的传令管等，一般都采用小直径的紫铜管或不锈钢管，而且总是将多根管子平行地组成一束，此时，都使用多联支架，其结构如图 2-49 所示。

图 2-49　多联支架

1—夹环；2—衬板；3—半圆头螺钉

多联支架由夹环 1、衬板 2 和半圆头螺钉 3 组成。由于此种支架承受的管子重力较小，夹环一般用厚度为 1.5～2 mm 的黄铜皮（H62）制作，其长度和宽度视管子的直径和数量而定；首、尾两端的弯曲半径略小于管子外径，两端螺孔直径为 ϕ8 mm，ϕ10 mm。衬板可以用 20 mm×4 mm 或其他相应规格的扁钢制作。根据实际需要，衬板也可做成类似夹马支架的"双脚"支架；衬板上还须攻相应的 M6 或 M8 螺孔，螺钉采用 M6 或 M8 的半圆头螺钉。

4. 管子支架在船上的安装位置

管子支架的装焊部位非常重要，它既要保证支架能有效地发挥作用，又不能破坏船体结构和机电设备。为此，我们一定要掌握船上哪些部位允许装焊支架，又有哪些部位禁止装焊支架。

管子支架的布置原则：管子支架应尽量装焊在就近的纵桁、横梁、肋骨、肘板或扶强材等船体加强构件及其背面。

（1）通常装焊部位

①主、辅机底座的构架；

②花钢板格栅；

③路台支架；

④舱、柜壁；

⑤其他可供装焊的部位。

（2）不宜装焊部位

①船体强力甲板；

②船体主要构件的焊缝（甲板与外板、肋骨与外板、甲板与舱壁、甲板与甲板骨架、舱壁与扶强材）周围 50 mm 内；

③通风管道；

④经过镀锌或特殊涂装后的箱、柜壁。

（3）禁止装焊部位

①船体外板；

②强力甲板焊缝周围 50 mm 内；

③强力甲板与外板的连接焊缝周围 100 mm 内；

④各类机电设备的本体；

⑤管子的外表面。

六、垫片

1. 垫片的分类

垫片按功能分类有许多种，但直接与管路有关的只有两大类：一类是用于管路连接处起密封作用，防止工作介质泄漏的垫片，一般叫作密封垫片；另一类是用于管子与吊架之间的衬垫。

2. 密封垫片

随着新技术、新材料的不断出现，在过去的造船业大量使用的管路密封垫片、石棉橡胶片，由于其环保性差而被彻底淘汰了，取而代之的是密封性能更好、环保性能更优的多种新材料。下面介绍几种常用的管路密封垫片。

（1）柔性石墨金属复合垫

·特性：适用面宽，耐高压，耐高温。

· 材料:柔性石墨板 + 不锈钢板或镀锡钢板。

· 适用介质:蒸汽、海水、淡水、空气、烟气、惰性气体、油、各种溶剂、稀氢化酸。

· P_N < 6.4 MPa。

· 工作温度 t 为 – 200 ~ +600 ℃。

(2)高分子涂层复合垫

· 特性:无毒。

· 适用介质:饮用水、食品、药品。

· P_N < 0.6 MPa。

· 工作温度 t > 200 ℃。

(3)芳纶橡胶垫片

· 特性:适用于多介质,经济性好。

· 适用介质:燃油、滑油、蒸汽、海水、淡水、空气。

· P_N < 4.0 MPa。

· 工作温度 t 为 – 100 ~ 450 ℃。

(4)丁腈橡胶垫片(黑色)

· 特性:阻燃、耐油、酸、碱。

· 适用介质:海水、淡水、污水、消防、燃油、滑油、压缩空气。

· P_N < 3.0 MPa。

· 工作温度 t 为 – 30 ~ 110 ℃。

(5)硅橡胶(白色)

· 特性:无毒、耐高温。

· 适用介质:供水、饮水、制冷。

· P_N < 1.6 MPa。

· 工作温度 t 为 – 30 ~ 150 ℃。

(6)氟橡胶垫片(红色)

· 特性:耐高温、油、酸、碱,阻燃。

· 适用介质:高温燃油、滑油、动物油、植物油。

· P_N < 3.0 MPa。

· 工作温度 t 为 – 30 ~ 250 ℃。

七、通舱管件

通舱管件用于管子穿过船体的甲板、平台、隔舱壁等处的连接,以保证它们的水密和气密的要求。

1. 法兰连接钢通舱管件

通舱管件大多采用钢法兰连接,适用于公称压力低于 1.6 MPa 和工作温度低于 300 ℃ 的海水、淡水、油类、空气、蒸汽等管路。其结构形式有直通式和直角式两种,如图 2 - 50 所示。根据管系的需要可以做成双联式或多联式。

(1)直通式通舱管件

直通式通舱管件由法兰 1,4,钢管 2 和覆板 3 组成,如图 2 - 50(a)所示。钢管的材料与管系的管子材料相同,法兰一般采用搭焊钢法兰,覆板的材料和厚度应与开孔处的船体钢结构构件的材料、厚度相同,覆板内圆直径比管子外径大 1 ~ 2 mm,外圆直径比相应法兰外

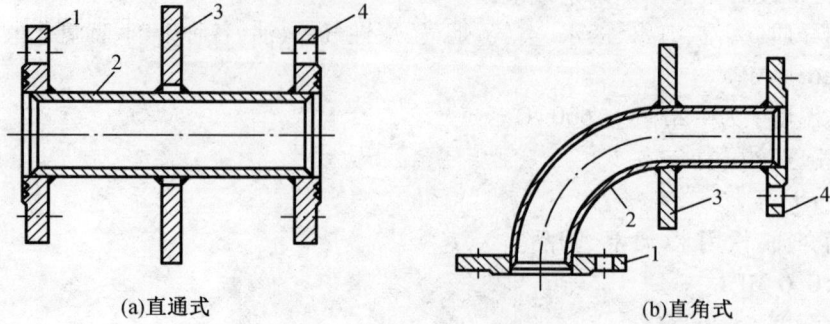

(a)直通式　　　　　　　　　　　　　　(b)直角式

图2-50　法兰连接钢通舱管件

1,4—法兰;2—钢管;3—覆板

(a)直通式;(b)直角式

径大 80 mm。直通式通舱管件的长度已标准化:DN20~DN50 的标准长度为 180 mm;DN65~DN150的标准长度为 210 mm。标准长度是指两法兰端面间的距离。根据管路的实际需要,标准长度允许加长,加长值一律为 100 mm。

制作一个公称压力为 1.6 MPa、公称通径为 65 mm、标准长度为 210 mm 的直通式法兰连接钢法兰通舱管件,其制作工艺步骤如下:

①先截取一段长 200 mm、外径 φ76 mm × 4 mm 的 10 号无缝钢管,配两只公称通径为 65 mm、公称压力为 1.6 MPa 的搭焊钢法兰,再取一块厚 10 mm、外径为 88 mm、内径为 78 mm 的覆板,其材料为普通碳素钢 Q235。

②用两块 V 形铁将管子搁好,再用水平尺检验其水平度,然后分别套入覆板、法兰。

③先点焊左端法兰。此项工作一定要保证法兰端面与管子轴线垂直并保持法兰端距 5 mm,采用"三点固定焊"固定法兰。

④再用"三点固定焊"固定右端法兰,同样保持 5 mm 端距。此时,既要保证法兰端面与管子轴线垂直,又要保证两端法兰螺孔在一条直线上,同时还要保证总长度为 210 mm。

⑤最后固定覆板,要使覆板的左面至左端法兰密封面的长度为 100 mm,并保证其平面与管子轴线垂直(即保证覆板平面与法兰平面互相平行)。活络覆板可不进行此项工作。

(2)直角式通舱管件

直角式通舱管件见图 2-50(b),其钢管 2 是一根直角弯管,其制作工艺步骤基本同直通式。制作关键:保证两个法兰端面互相垂直;覆板平面与一个法兰端面平行而与另一个法兰端面垂直。

安装通舱管件时,甲板、平台或隔舱壁上的开孔直径应比法兰外径大 2 mm 左右,定位焊接时,覆板中心和开孔圆心要保持同心。

2.螺纹连接通舱管件

当管子的公称通径较小时,一般用螺纹连接通舱管件(标形管节)来代替上述的法兰连接通舱管件。螺纹连接通舱管件一般采用碳素钢或铅黄铜制作,其结构形式如图 2-51所示。

碳素钢螺纹连接通舱管件适用于海水、淡水、油类、压缩空气和温度低于 400 ℃的蒸汽管路。公称通径为 6~25 mm 时,适用于公称压力低于 10 MPa 的管路;公称通径为 32 mm 时,适用于公称压力低于 4 MPa 的管路。铅黄铜管只用于海水、淡水管路。

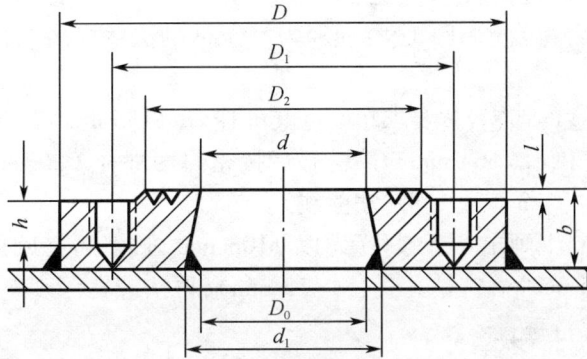

图 2 - 51　螺纹连接通舱管件

　　螺纹连接通舱管件常用直通式。单只管件安装时都是直接在舱壁上开孔,然后采用双面焊接。多联管件则先在覆板上排列、校正后,再按覆板的外形在舱壁上开孔,焊接。多联管件在覆板上排列时,各个管件的中心要保持适当间距,能自由地拆装多联管件中的任何一根管子。

八、座板

　　座板是用作固定管路附件、阀件或管子法兰的连接附件,其常用形式有法兰座板和内螺纹座板两种。

1. 法兰连接座板

法兰连接座板有单面座板和双面座板。

(1)法兰焊接单面座板

法兰焊接单面座板主要安装于舱、柜的顶部、侧壁和底部,作为该舱、柜的进出口。单面座板上可直接安装阀件、附件或管子。

法兰焊接单面座板适用于海水、淡水、油类、空气和300 ℃以下的蒸汽管路,其常用的公称通径为15 ~ 150 mm,公称压力≤1.6 MPa。单面座板的外形与相应的搭焊钢法兰相似,具体的结构形式如图 2 - 52 所示。

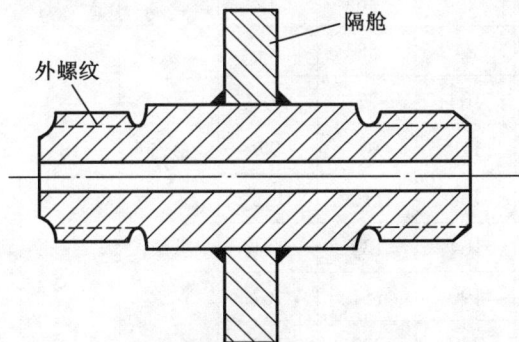

图 2 - 52　法兰焊接单面座板

法兰焊接单面座板的各部分尺寸见表 2 - 17。

制作一只公称压力为 1.6 MPa、公称通径为 50 mm 的法兰焊接单面座板,其制作和安装工艺步骤如下:

①先选择一块合适的坯料,按要求车削好其外径 D(ϕ135 mm)和厚度 b(23 mm),然后,再按内径 a(ϕ58 mm)和 a_1(ϕ64 mm)穿孔,最后按密封面外径 D_2(ϕ84 mm)的尺寸车削密封面,在密封面上车出 2~3 道密封槽(法兰线)。

②在车削好的坯料上画出 6 个螺孔(先以 ϕ103 mm 画圆,再在圆周上截取六等分的位置),按螺孔规格(M14 mm)确定钻孔直径(ϕ12 mm),再按螺孔深度 h(16 mm)的要求进行钻孔,钻孔时一定要保持垂直。

③按攻丝的操作工艺要求和步骤进行攻丝工作。此时特别要注意防止丝锥折断。

④按螺栓的直径和长度选择双头螺栓。安装双头螺栓时,应先在"短头"上涂厚白漆,然后用"纳子"或"双螺母"将其旋紧在单面座板上。安装后的双头螺栓要与座板平面垂直,如果不直可以将螺母套在螺栓上用手锤敲直。为了防止敲击时折断,双头螺栓安装前先要进行退火处理。

⑤在舱、柜上安装单面座板时,首先确定开孔中心的位置,然后将座板中心对准开孔中心,采用三点固定焊固定该座板,待座板的内、外圆与舱壁等焊妥后,再在舱壁上开孔(此项工作也可以先开孔后焊接)。在单面座板上直接安装阀件或附件时,单面座板在定位、焊接前,要先考虑阀件或附件的开启方向以方便开关。

表 2 -17　法兰焊接单面座板的各部分尺寸

公称通径 /mm	D /mm	D_1 /mm	D_2 /mm	内径		螺孔			b /mm	D_0 /mm
				d/mm	d_1/mm	d_2/mm	h/mm	数量/个		
15	85	60	40	20	26	M12	14	4	20	15
20	95	68	48	26	32					20
25	105	73	56	31	37					25
32	115	83	64	39	45	M14	18	6	23	32
40	125	93	74	46	52					40
50	125	103	84	58	64					50
65	155	123	104	72	78					65
80	170	138	118	91	97			8		80
100	190	158	138	110	116					100
125	215	183	164	135	141			10		125
150	240	208	190	161	167			12		150
200	295	264	247	222	228					210
250	365	327	306	276	282	M16	20	14	25	260
300	430	386	360	328	334	M20	24		31	310

（2）法兰焊接双面座板

法兰焊接双面座板一般用于管路穿过甲板、舱柜时,座板的两面分别连接阀件、附件或管子。

双面座板与单面座板相比,多了一个凸肩和双面安装双头螺栓。凸肩外径比相应法兰外径大 10～20 mm,凸肩厚度为 6～12 mm。其适用范围及其他结构尺寸基本与单面座板相同。

法兰焊接双面座板如图 2－53 所示。其制造和安装方法基本同单面座板,但在画螺孔位置时,必须使座板的上、下螺孔位置互相错开,千万不可重叠;甲板或舱壁上的开孔直径比座板直径大 2～3 mm。

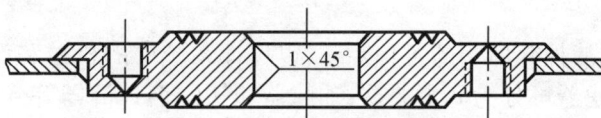

图 2－53　法兰焊接双面座板

2. 螺纹座板

螺纹座板实质上就是一段内螺纹接头直接焊在舱、柜壁上,作为外螺纹的阀件、附件和管子的连接之用。

螺纹座板的常用规格为 M27×1.5～M56×2 或 G3/8"～G1/2",适用于公称压力低于 0.8 MPa、工作温度低于 170 ℃的蒸汽管路及公称压力低于 1.6 MPa、工作温度低于 200 ℃的其他不可燃介质的管路。

九、船级社对管路附件的要求

1. 材料要求

（1）灰铸铁的阀件和附件,一般不用于Ⅰ级和Ⅱ级管路,但设计压力和设计温度分别不超过 1.3 MPa 和 220 ℃的蒸汽管路可以采用灰铸铁材料的阀件和附件。

（2）灰铸铁的阀件和附件,一般可用于Ⅲ级管系及油船货油舱内的货油管路和压载管路上,但不得用于下列用途:

①通过货油舱引向艏部压载舱的清洁压载管路上的阀;

②载运闪点低于或等于 60 ℃的货油油船露天甲板上货油管上的阀;

③介质温度超过 220 ℃的管路上的阀;

④遭受压力冲击、过大应力和震动的管路上的阀;

⑤舷旁阀和海水箱上的阀;

⑥安装在防撞舱壁上的阀;

⑦燃油舱外壁上受静压的阀。

（3）Ⅱ级和Ⅲ级管系中若使用铁素体球墨铸铁材料的阀和附件,该材料的最低伸长率在标距为 $5.65\sqrt{A}$ 时应不小于 12%（其中 A 为试样的横截面积）。

（4）虽然规范有某些规定,但在实际设计时对舷旁阀等阀件以采用钢质为宜,以防止此类阀件损坏而造成不安全因素。

（5）CO_2 瓶瓶头阀应由锻制青铜或其他适当材料制成。海水系统的阀件和附件,应由耐腐蚀材料制造。

2.对阀的其他要求

(1)阀的手轮应以顺时针方向转动为关闭,逆时针方向转动为开启。

(2)阀及旋塞应有标明主要参数的铭牌和指示开关的标志,一些阀还须有指示开度的装置。

(3)遥控阀应有手动操纵装置。

第三节　管　路　设　备

一、滤器

滤器的作用是过滤掉介质中的各种杂质,以保证系统中的机械和设备的正常工作。根据工作介质的不同,滤器可分为海水滤器、油滤器和气(汽)体滤器等。

1.海水滤器

海水滤器主要用在海水泵的吸入管路上,以防止海水中的杂质进入泵及系统内。

图2-53是一种最常用的海水滤器,它主要由箱体、箱盖、滤板(滤网)组成。其滤网的流通面积一般为管路的流通截面积的1.5~2倍。这种海水滤器的规格即公称通径为40~500 mm,耐压能力在0.1 MPa以下。

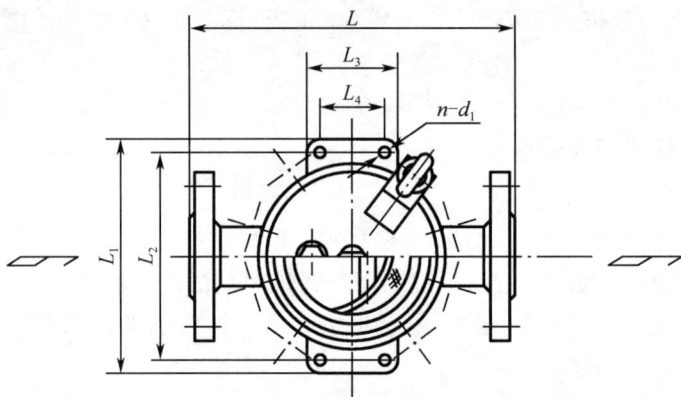

图2-53　海水滤器

对于潜艇上的海水系统的吸入滤器,其耐压能力如果也在0.1 MPa以下,那就满足不了使用要求了。因为潜艇处于深水状态时,每下潜10 m压力增加0.1 MPa,如果潜艇在距离水面100 m的深水位置,从艇外进入海水吸入管的海水本身就已具备1.0 MPa。所以,对于这种特殊场合使用的海水滤器,也必须具备一些满足使用要求的特殊性能。

海水滤器必须直立安装在便于清洗和检查之处。

2.油滤器

油滤器用来过滤滑油、燃油中的杂质,以保证主机的燃烧和润滑质量或其他动力机械的正常运行。

油滤器有粗、细两种,粗、细滤器的过滤能力主要是由滤器中的滤芯所决定的。

图2-54为圆筒形网式粗滤器,它的滤芯用一个圆柱形滑架附上金属网制成,油在滤器

中的流动状态如图中箭头所示。

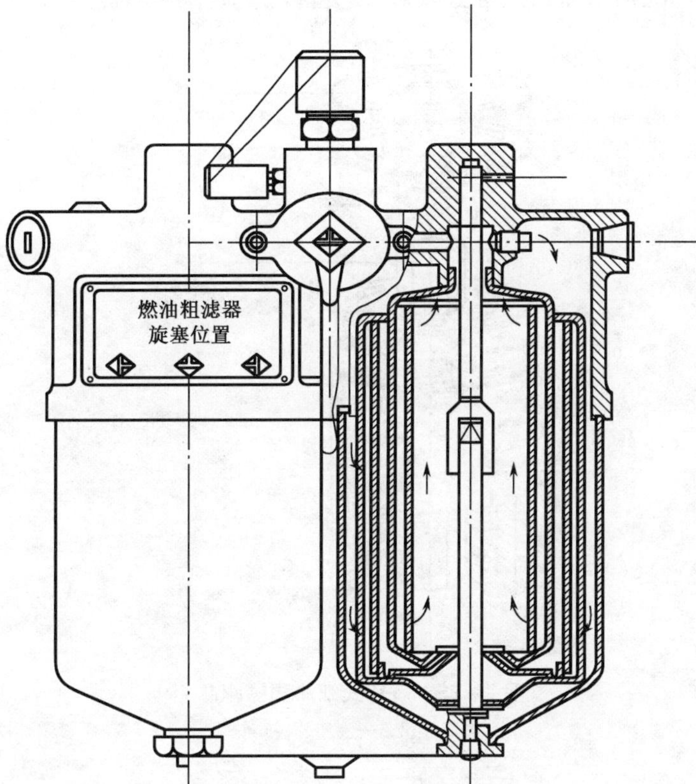

图 2 - 54　圆筒形网式粗滤器

缝隙式滤器比网式滤器完善些,既可作为粗滤器也可作为细滤器,它的滤芯如图 2 - 55 所示,通常是用薄金属片(或细金属丝)制成,其过滤精度取决于金属片 3 的厚度。金属片 3 越薄,说明滤芯缝隙越小,过滤精度或者说经过滤的油的清洁度越高;反之亦然。

3. 滑油自清滤器

动力机械的发展,对润滑设备提出了更高的要求,如果频繁打开滤器,灰尘杂质容易进入,既影响滤器使用的可靠性,又增加了管理人员的劳动强度。图 2 - 56 中的 HLZ - 40 - SS 型滑油自清滤器能消除以上缺陷。除此以外,它还能保持始终如一的过滤性能,对润滑油的品质控制是一种理想的过滤设备。

润滑油由进油总管经左右滤器底部入口,流经过滤元件,过滤出油中杂质,清洁的油在滤器上部排油口排出。过滤元件夹在经过加工并有孔槽的内外圆筒之间,组成一个整体。适于滤器应用的不锈钢网布由上下压圈夹紧在滤芯本体上,防止滑油从圆周方向泄漏。

当滤器工作一段时间后,在滤芯内壁的机械杂质聚集到一定数量,并影响到滑油的流动,使过滤能力降低,此时反映在滤器进出油总管的压差增加,当压差达到预定值上限时(一般应小于 0.08 MPa),压差发信 LCX 闭合,通过控制箱,使电机 D_1,D_2 带动滤芯旋转;二位三通先导电磁阀 D_F 动作,气动排污阀打开,压缩空气通过另一通道打开气动冲洗阀,0.5 ~ 0.7 MPa压缩空气开始冲洗滤芯和排污。当滤芯旋转一周以后,整个清洗过程结束。

如果冲洗后压差降到预定值以下,则清洗过程结束;如果压差未降到预定值以下,则重复上述过程,连续两次冲洗仍未降到预定值以下,则为清洗失败,本装置进行自动报警。

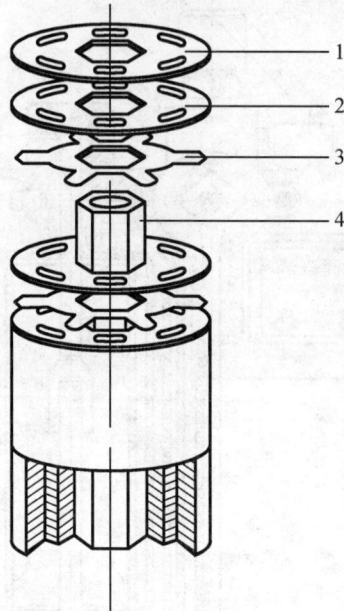

图 2 – 55　薄片式细油滤器滤芯

1—盖片;2,3—金属片;4—柱

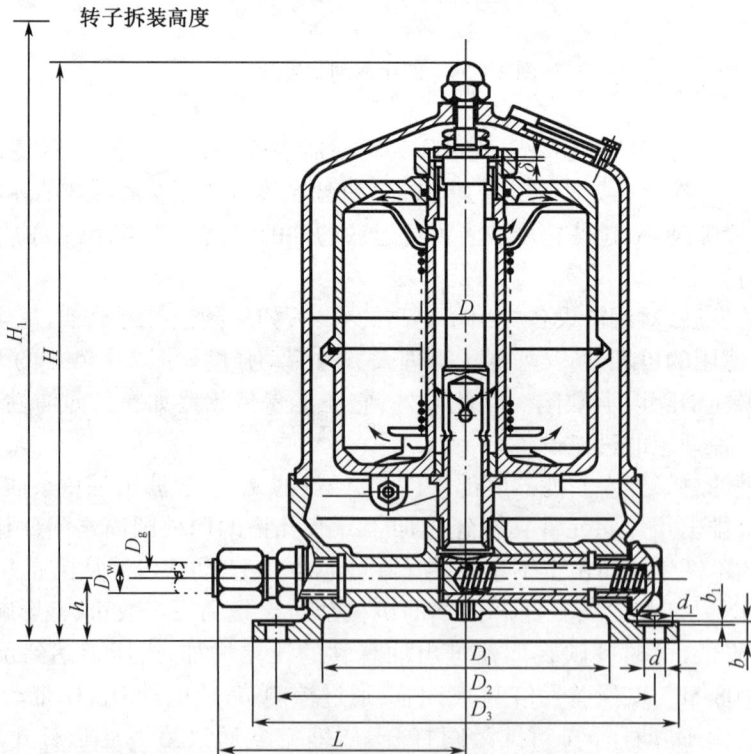

图 2 – 56　HLZ – 40 – SS 型滑油自清滤器

滑油自清滤器的主要优点是工作可靠,性能稳定,自动冲洗,使用维修方便,而且在清洗排污过程中,过滤器仍能正常工作。

4. 空气滤器

空气滤器的作用是滤出压缩空气中的杂质,以保证系统的正常工作。

图2－57为压缩空气滤器的结构示意图。压缩空气沿箭头方向进入滤器,杂质被滤网挡住,清洁的空气从滤器中排出。

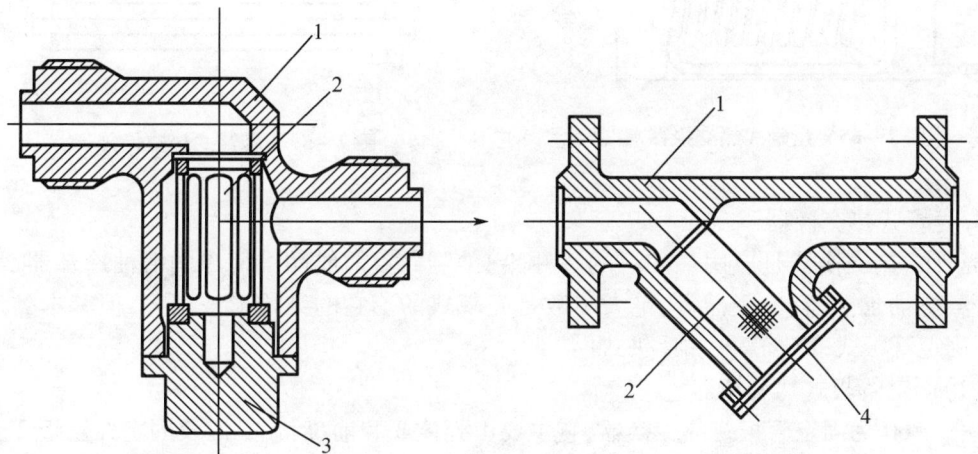

图2－57 压缩空气滤器
1—本体;2—滤网;3—螺塞;4—盖板

二、热交换器

热交换器是将热量从一种流体传递给另一种流体的传热设备。根据其用途可分为加热器(用蒸汽加热燃油、饮水等)和冷却器(用海水冷却淡水、滑油、空气、蒸汽等)两种;根据其结构形式,常用的有盘管式、套管式、壳管式、板式等。同一种形式的热交换器往往既可作为加热器使用也可作为冷却器使用。

1. 盘管式热交换器

图2－58为盘管式热交换器的结构示意图。为了降低燃油的黏度以便于驳运和使用,在油舱或油柜中装有加热盘管,管内用蒸汽对燃油进行加热。盘管式加热器也可装在茶桶内用以加热饮用水。

盘管式热交换器除用作加热器外,还可以用作冷却器。在某些船舶的推力轴系和中间轴承中,装有单独的润滑油池,油池中装有盘管,用冷却水(海水)流过盘管对滑油进行冷却。

盘管式热交换器的盘管材料采用紫铜管或无缝钢管,根据需要它可以水平放置也可以垂直放置。盘管式热交换器的优点是易于加工制造,成本低,但其传热效率低,外形尺寸大,一般用在传热量不大,使用要求不高的地方。

2. 套管式热交换器

套管式热交换器是在小圆管外套以大圆管而组成,一种流体从较细的管子内流过,另一种流体则从大、小管子之间的缝隙中流过。如图2－59所示,较多受热面时,可用多组套管结合。

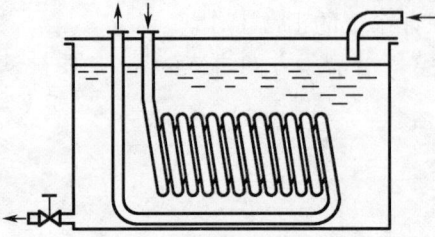

图 2-58 盘管式热交换器

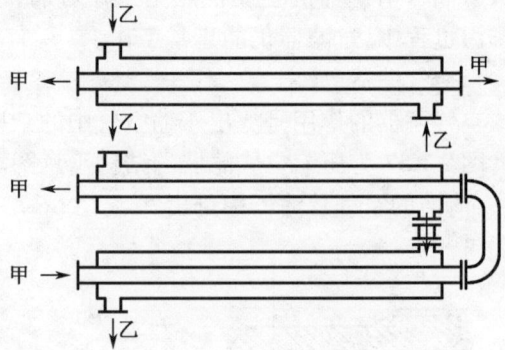

图 2-59 套管式热交换器

3.壳管式热交换器

壳管式热交换器是应用最广泛的一种热交换器,目前船舶上使用的滑油冷却器、淡水冷却器、燃油加热器、冷凝器等,绝大多数是壳管式的。它的结构形式很多,但基本类型有三种:固定管板式、U 形管式和浮头式。

(1)固定管板式热交换器

图 2-60 为固定管板式热交换器,它主要由壳体 3 和前、后盖 5 以及固定在管板 2 上的传热管 1 组成。

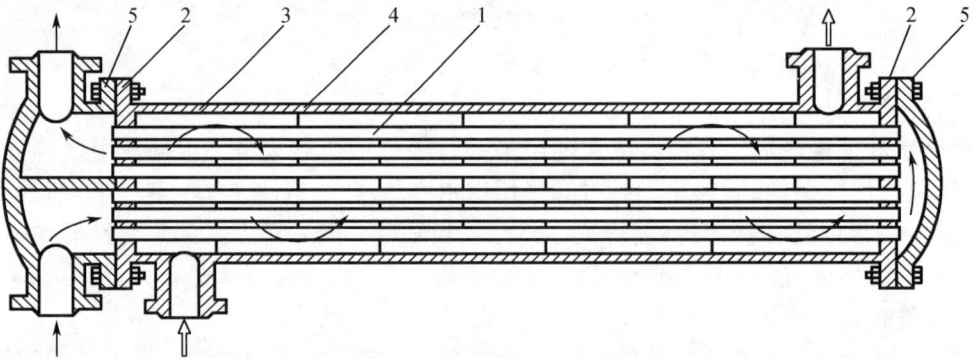

图 2-60　固定管板式热交换器

1—传热管;2—管板;3—壳体;4—隔板;5—端盖

进行热交换的两种流体,一种在传热管内流过,另一种在壳体内流过。为了增加流体在壳体内的流速和流量,在壳体内布置了多道横向隔板 4,两种流体的流动情况如图 2-60 所示。

固定管板式热交换器的特点是管束两端的管板都固定在壳体上,结构简单,易于制造,但由于它的管子、管板和壳体是刚性连接的,在两种流体有较大的温差时,壳体、管子和管板间由于膨胀不均,连接处可能发生泄漏,因此,它只能适用于温差较小的场合。另外,由于管束无法从壳体中抽出,管子外壁清洗比较困难。

固定管板式热交换器可用于船舶制冷装置的 F-12 冷凝器和蒸发器等。

（2）U 形管式热交换器

为了克服由于膨胀不均而造成泄漏的缺点，把直管改成 U 形，把两管口固定在同一块管板上，这样就形成了 U 形管式热交换器，如图 2-61 所示。

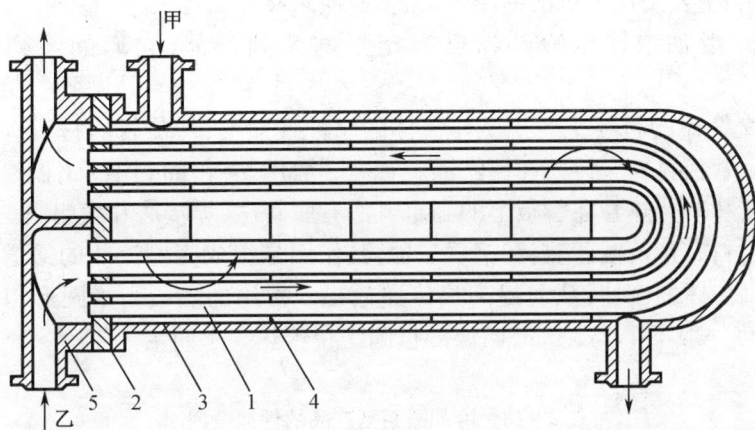

图 2-61 U 形管式热交换器
1—传热管；2—管板；3—壳体；4—隔板；5—端盖

它的特点是管子可以在壳体内自由膨胀，管束可以从壳体中抽出，便于清洗管子外壁；但是，管内壁的污垢不便于清洗。另外，U 形管是层层包围的，如果内层管子破损，则无法更换。U 形管式适用于温差大、管内流体较清洁的场合，如燃油加热器、喷油嘴淡水冷却器等。考虑到 U 形管的弯管处比较容易堵塞和冬天可能发生"冰炸"，可采用弯曲段在上方的倒立式和下斜式。如果管中液体在换热过程中有气体放出，应采用立式或上斜式。

（3）浮头式热交换器

浮头式是对固定管板式的改进，如图 2-62 所示。如果把传热管 1 的一端固定在一块较壳体内径略小的活动管板 6 上，当传热管束受热膨胀时，这块管板就可以沿壳体 3 轴向滑动，为了防止冷热流体间的相互泄漏，在活动管板的外周装有填料 7 并用压环 8 压紧。

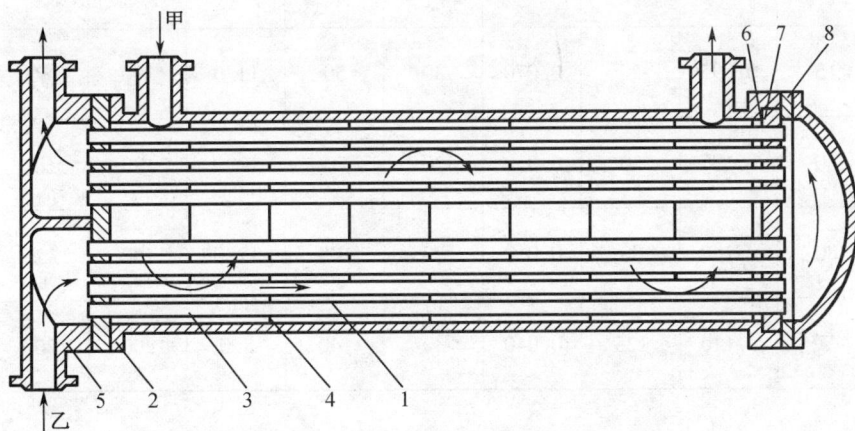

图 2-62 浮头式热交换器
1—传热管；2—固定管板；3—壳体；4—隔板；5—端盖；6—活动管板；7—填料；8—压环

浮头式和固定式比较,有以下两大优点:一是活动管板可以在壳体内滑动,减少了由于膨胀不均而产生泄漏的可能性;二是管束可以从壳体中抽出,便于清洗管子外壁。由于浮头式具有以上优点,对工作流体的适应性较好,能在较大的温差下可靠地工作,所以得到了较为广泛的应用,主要用作主机滑油冷却器、主机淡水冷却器等。

船用壳管式滑油或淡水冷却器已有定型的系列产品,它们的系列和性能数据见表2－18。

壳管式热交换器的材料主要视工作流体的腐蚀性而定,传热管的材料有紫铜、铝黄铜管和无缝钢管。管板材料有铸铁和锰铁铜。管壳一般用5～8 mm厚的钢板卷焊而成,也可用大直径钢管代替。传热管在管板上的固定方法有胀管法、焊接法和填锡法三种。

隔板常用材料有锰黄铜、塑料和钢质三种,其作用是组成壳侧流体的通道,可以增加流体的流程和提高流体的流速,从而提高热传递效果。常用的隔板为半圆形,其高度为壳管内径的3/4,厚度一般不小于3 mm,两块隔板间距视传热要求而定。

表2－18　冷却器系列产品的性能数据

名称	油从55 ℃冷却到46 ℃		淡水从65 ℃冷却到46 ℃		冷却水			接管通径		质量/kg
	油量/(m³/h)	油阻力/MPa	淡水量/(m³/h)	淡水阻力/MPa	进口温度/℃	消耗量/(m³/h)	流动阻力/Pa	冷却水进(出)口/mm	被冷却介质进(出)口/mm	
2.5 m²冷却器	2	0.025	3	0.020	30	8	6.5	50	32	84
5 m²冷却器	4	0.020	5	0.010	30	15	7.5	65	50	188
10 m²冷却器	10	0.140	10	0.055	30	25	6.0	80	65	330
20 m²冷却器	15	0.095	20	0.070	30	50	11.0	100	80	620
50 m²冷却器	50	0.130	50	0.050	30	70	12.0	125	100	1 180
80 m²冷却器	80	0.140	80	0.060	30	100	12.0	150	125	1 656
120 m²冷却器	125	0.110	125	0.040	30	140	8.0	200	200	2 460

4. 板式热交换器

板式热交换器是一种新型的热交换器。其外形形式较多,但基本结构大致相同,主要由固定端板,传热板,密封垫圈,上、下导向杆,活动端板和夹紧装置等组成。传热板和活动端板可沿着上、下导向杆向轴向滑动,利用夹紧装置可以很方便地装配或拆卸热交换器,如图 2-63 所示。

板式热交换器的传热板形式较多,常用的为水平波形板,板的四周开有圆孔,利用密封垫圈作为换热流体进出的通道。密封垫圈分左式和右式两种,左右交替地嵌入传热板的凹槽内,当传热板压紧时,密封垫片不仅起密封作用(整个换热器不外泄和两种流体不混流),而且不承担分配流体的任务,迫使流体按一定的走向(同侧圆孔)流动,如图 2-64 所示。

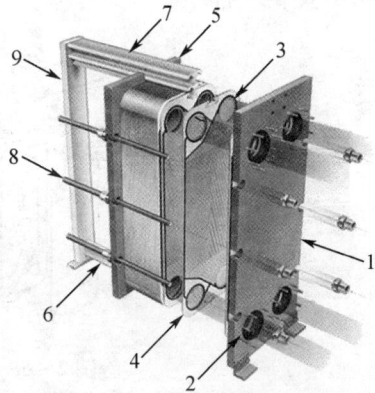

图 2-63　板式热交换器

1—固定端板;2—通道甲;3—通道乙;
4—波纹板;5—活动端板;6—下导向杆;
7—上导向杆;8—紧固螺栓;9—支架

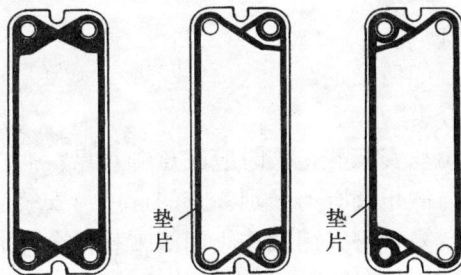

图 2-64　水平波形板

在图 2-65 中,甲、乙两种流体分别从固定端板和活动端板的接头进入热交换器内。甲流体一方面通过传热板的圆孔依次进入偶数夹层,另一方面则在偶数夹层内由下向上流动;乙流体则依次进入奇数夹层并由上向下流动。这样,在同一块传热板的前后两面同时分别进行两种流体的逆向流动,两种流体的换热过程就在传热板上完成。相邻传热板之间的距离一般为 2~6 mm。传热板通常用厚度 1 mm 的不锈钢冲压而成,部分产品由质量较好的钛合金制造。

板式热交换器的特点是传热效率高,清洗和维修方便。当需要改变传热面积时,可以很方便地用增减传热板的数量来达到。板式热交换器的另一个显著特点是能够进行多段操作,即在热交换器的板束中适当位置上安装一块中间隔板,中间隔板的作用是在适当位置提供流体的进、出口,使一台设备同时适应几种介质的热交换。这个特点对于船用热交换器有很大的实用意义:第一段作滑油冷却器,第二段则用作淡水冷却器,这样达到了设备紧凑、管系简单的目的。

板式热交换器的最大缺点是容易泄漏、承压能力低,最大压力为 2.5 MPa,但一般只能工作在 0.6 MPa 左右。

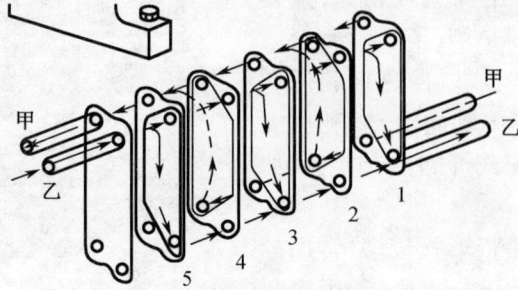

图 2−65　板式热交换器工作原理

习　　题

1. 常用的船用管材有哪几种,各自的特点及适用范围如何?

2. 管材的选用原则有哪些?

3. 介质在管内的流速如何确定?

4. 常用管材的管径、壁厚如何确定?

5. 何谓管路附件,如何分类?

6. 截止阀有何功用,选用和安装截止阀时应注意哪几点?

7. 止回阀有何功用,它与截止阀有何区别? 它的选用与安装应遵循哪些原则?

8. 截止止回阀有何功用,是否可以用截止止回阀来替代全部截止和止回阀呢?

9. 减压阀有何功用? 船上常用的减压阀有哪几种?

10. 蒸汽减压阀是如何实现减压的?

11. 闸阀与截止阀相比有哪些特点?

12. 何谓阀箱,常见的阀箱有哪几种?

13. 压力表阀有何功用?

14. 弹簧管式压力表是如何工作的?

15. 安装压力式指示温度计时应注意哪些问题?

16. 滤器有何功用,常见的滤器有哪几种?

17. 常用的法兰有哪几种,各自的特点及应用场合?

18. 螺纹接头有何特点,主要用在什么场合?

19. 焊接连接有何特点,主要用在什么场合?

20. 通舱管件有何功用,按结构可分为哪几类?

21. 常用的挠性接管有哪几种?

22. 支架的功用及种类有哪些?

23. 常用的管路密封垫片有哪几种?

24. 阀件的选用要点有哪些?

25. 对阀件的安装有哪些要求?

第三章　船舶管路系统原理

● 学习目标

知识目标：

1. 能简单叙述各船舶管路系统的功用和基本组成。

2. 能正确描述管路系统的工作原理。

3. 了解各管路系统的分类及主要特点。

4. 了解管路系统设计和布置的主要原则。

能力目标：

1. 能正确分析船舶管路系统的原理。

2. 能设计简单的单个管路系统。

3. 会进行一般的管路布置。

第一节　燃油管系

一、燃油的品种及性质

1. 燃油的品种

船用柴油机所使用的燃油基本上有三种：轻柴油、重柴油和燃料油（又称重油）。其中船用燃料油大都是重柴油与渣油的混合物，其混合比例视所需黏度而定。

（1）轻柴油

国家标准为 GB 252。牌号有 10 号、0 号、–10 号、–20 号、–35 号。国产轻柴油的牌号是表示其凝固点的上限温度（℃），即以上牌号柴油的凝固点温度分别不高于 10 ℃,0 ℃, –10 ℃，–20 ℃，–35 ℃。不同地区应按季节选用不同牌号，即不同凝固点的柴油。

（2）重柴油

国家标准为 GB 445。牌号有 RC3 – 10,RC3 – 20 和 RC3 – 30,牌号中后两位数字的含义与轻柴油相同。

（3）燃料油（重油）

各企业都有自己的燃料油标准,例如上海炼油厂的沪 Q/G03 – 006 – 82、锦西石油五厂的辽 Q199 – 79 等。重油的牌号有 20 号、60 号、100 号、200 号等,但也有油厂有自己的牌号,例如大连石油七厂的重油牌号为 1000 号和 1500 号。燃料油的质量要比柴油差,各种杂质、水分及含硫量等都比柴油高,但价格较低。

2. 燃油的性质

（1）十六烷值

十六烷值是评定燃油自燃性能的指标。燃油的十六烷值越高,其自燃性能越好。其含义是:取十六烷的十六烷值为100,取 α-甲萘的十六烷值为零,将十六烷与 α-甲萘组成不同容积比的混合油,将柴油与该混合油在标准的十六烷值试验机上进行对比试验,凡两者的着火性能相同时,称该混合油中含十六烷的百分比为该柴油的十六烷值。一般仅轻柴油才有十六烷值。

（2）密度

燃油的密度与它的化学成分和馏分有关。密度的单位为 kg/m^3。在轮机管理工程中,目前仍采用相对密度来代替密度。燃油的相对密度为20 ℃时的燃油质量与4 ℃时同体积水的质量之比。根据相对密度和油舱的舱容可以计算燃油的装载量。一般分油机只能净化相对密度小于0.98的燃油。

（3）黏度

黏度是液体内分子间摩擦的量度,即表示燃油流动时的内阻力。由于测量方法不同,黏度单位也不一样。

①动力黏度。动力黏度是两个相距1 cm,面积为 $1~cm^2$ 的液层,以1 cm/s的速度做相对运动时所产生的阻力数值,其单位为 Pa·s。

②运动黏度。运动黏度是动力黏度与同温度下液体密度的比值,单位为 m^2/s。ISO组织规定,自1977年开始采用50 ℃时的运动黏度作为燃油的国际通用黏度单位。

③恩氏黏度。恩氏黏度表示在测定温度下,200 mL的试验燃油从恩氏黏度计流出所需要的时间与20 ℃时同体积的蒸馏水从该黏度计流出所需时间的比值。它是无因次量,用 E_1 表示测定温度为 t ℃时的恩氏黏度。

燃油的黏度不仅与燃油品种有关,而且受压力和温度的影响很大,随压力的增大而增加,随温度的升高而降低。黏度大小关系到燃油输送、雾化和燃烧质量,影响分油机的分油性能,要对燃油黏度合理控制。

4.凝点、浊点和倾点

它们是表明燃油低温流动性和泵送性的重要指标。燃油冷却到停止流动时的最高温度称为凝点。在凝点之间燃油开始析出晶体石蜡,变得混浊时的温度称为浊点。国外常用倾点表示燃油尚能够保持流动性的最低温度。一般燃油的倾点高于凝点2.7 ℃,浊点高于凝点8.5 ℃。燃油的使用温度至少应高于浊点3~5 ℃,以防使用中析蜡,堵塞滤器,使供油中断。

5.机械杂质和水分

燃油中所含不溶于汽油或苯的固体颗粒或沉淀物的质量分数称为机械杂质,燃油中的水分以体积分数表示。机械杂质和水分来源于燃油的运输和储存过程。燃油中的机械杂质会加剧喷油设备的磨损和堵塞喷油器孔;水分会降低燃油的热值,并会破坏正常发火。

6.热值

1 kg燃油完全燃烧时所放出的热量称为燃油的热值或发热值。其中不计入燃烧产物中水蒸气的汽化潜热量称为低热值,用 H_u 表示。我国标定燃油消耗率计算时,重油的基准低热值 $H_u = 4.2 \times 10^4$ kJ/kg,轻油的基准低热值 $H_u = 4.27 \times 10^4$ kJ/kg。ISO规定的标准为 $H_u = 42~707$ kJ/kg。

7.闪点

闪点即燃油气与空气的混合气同火焰接触而闪火的最低温度。重质燃油的闪点高于轻质燃油。船用燃油的闪点应不低于65 ℃。从防爆、防火的观点出发,具有在低于燃油闪点 17 ℃的环境温度下倾倒燃油或敞开燃油容器才比较安全。

二、燃油管系的功用、组成和基本工作原理

1.功用

燃油管系向船舶柴油机和燃油锅炉供应足够数量的合格燃油,以确保船舶的营运需要。

2.组成

(1)注入

注入就是加油。如图 3-1 所示,燃油自船舶主甲板两舷所设的注入头(注入阀)1 或 2,以注入管 4 和阀 5 至阀箱 6,再经注入管 7 注入各燃油舱。注入头应设在便于加油和排除污油的地方,并要加盖,以防水及杂质进入油舱。注入头应不高于甲板平面,以免影响交通。为方便加油,每船应设两个注入头。

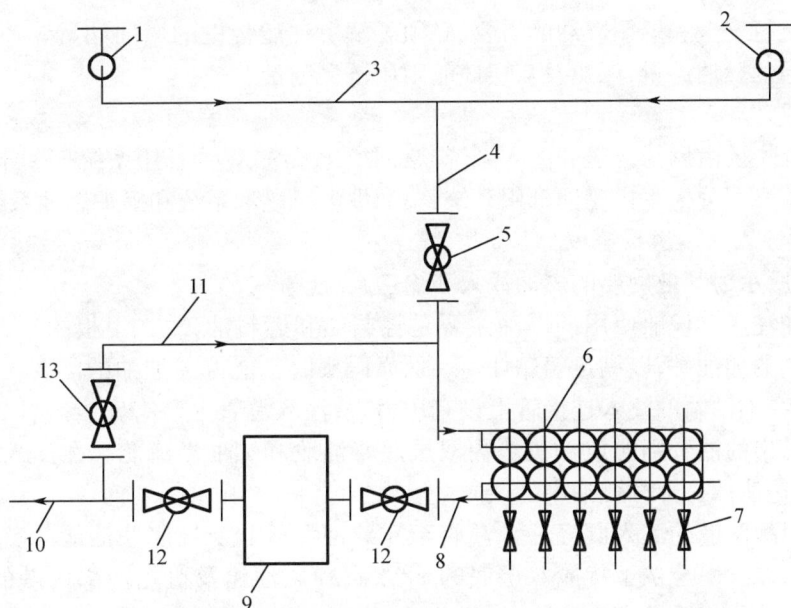

图 3-1 燃油的注入和调驳

1—左舷注入阀;2—右舷注入阀;3—连通管;4—注入管;5—截止阀;6—双排六联调驳阀箱;

7—通至各油箱的注入管;8—泵的吸入管;9—驳运泵;10—泵的输出管;11—驳运管;12,13—截止阀

(2)储存

为充分利用船舶的容积,燃油一般储存在双层底舱或左右舷深舱(也称边舱)中,其储量主要根据燃油设备的耗油量和船舶的续航力而定。

(3)驳运

一般设置齿轮泵(小型船舶多用手摇泵)完成燃油驳运任务,例如给用完油的舱柜补油,出于平衡考虑将油调驳等。图 3-1 中,开阀 12 和 13,关阀 5,打开阀箱 6 相应的进、出油阀,启动驳运泵 9,即可进行相应两油舱间的调驳。关阀 13,开阀 12 及阀箱 6 的某一出油阀,启动泵 9,便可将该油舱的油经管 10 注入某一油柜。

·71·

（4）净化

通常采用沉淀、过滤和机械分离的办法除去燃油中的机械杂质和水分,从而保证燃油的质量。燃用轻柴油的小型船舶一般用滤器除去燃油中的杂质。大、中型船舶因燃用重油或重柴油,往往同时采用上述三种方法。燃用重油的船舶一般设置沉淀柜,将燃油注入沉淀柜中,由于杂质和水分的密度比油大,故沉于柜底。分油机是进行机械分离的设备,能除掉燃油中的水分和细小的颗粒。对重油进行分离时,要对重油加热,降低其黏度。若设置两台分油机,则可串联使用以提高分油质量,亦可并联加快分离速度。

（5）供油

将日用油柜的燃油供给主机、辅机和燃油锅炉使用即供油。小型船舶常用抬高日用油柜高度的办法,依靠油的重力供油。大、中型船舶常用齿轮泵或螺杆泵,靠供油泵供油。多机推进的船舶动力装置,各主机应设独立的日用油柜。

（6）测量

为保证航行安全和船舶燃油的需要,必须了解燃油舱柜里的燃油储量。一般用液位指示器显示油柜的燃油储量,深舱及双层底舱则用链尺测量。

3.工作原理

燃油系统主要由燃油输送和注入系统、燃油净化系统、燃油日用系统3大部分组成。而燃油日用系统又可分为主机燃油日用系统、柴油发电机燃油系统和锅炉燃油系统等。

（1）燃油注入和输送系统

图3-2所示为某散货船的燃油注入和输送系统。

①燃油的注入。该船使用的燃油主要是轻柴油和燃料油,故在甲板的左、右舷均设有轻柴油和燃油的加油站,以满足船舶任何一舷靠码头时都能方便加油的需要。由于采用压力注入法,故在加油站的注入连接管上设有压力表,注入总管上装有安全阀,以防止管路超压。安全阀溢出的油分别泄放到机舱内双层底柴油舱和燃油溢流舱。在注入阀之前还设有滤器,可以过滤掉一部分燃油中的杂质。

柴油由甲板两舷的注入阀经注入总管至左柴油深舱和双层底柴油舱。燃油由两舷的注入阀经注入总管引至位于货舱双层底的1#,2#,3#燃油舱及机舱前部两舷的燃油深舱。燃油深舱的注入阀也设置在加油站内,可在甲板上直接控制加油过程。燃油的加油总管还与输送泵吸口相连,因而既可以使用供油船的供油泵进行注入,在应急情况下也可以用船舶上自己的输送泵抽吸油驳上的燃油供到各油舱。

②燃油的输送。本系统设有柴油输送泵15和燃油输送泵14各1台,进出口连通,可以互相备用。连通管上设有隔离阀和双孔法兰,平时为常闭状态。故一般情况下,两台泵通过各自的管路负责柴油和燃油的输送任务,只在应急情况下才会通过连通管路作为各自的备用泵。燃油输送泵功能:一是燃油深舱与双层底燃油舱之间的驳运,或完成双层底燃油舱各舱之间的驳运;二是将各燃油储存舱内的燃油通过注入总管从甲板排出;三是将燃油输送至燃油沉淀舱,经沉淀和分油机分离后排至燃油日用油柜,再供给各用油设备。燃油沉淀柜上设有4只液位开关,其中有两只(高位停泵 HsP、低位开泵 LsT)控制输送泵的自动启停,使燃油沉淀柜的注入实现自动控制;另外两只为高液位 HLA 报警和低液位 LIA 报警。油柜内还设有加热盘管,柜上设有温度计和高温报警传感器(图中未标出)。沉淀柜与日用柜间设有内置式溢流管,只允许燃油从日用柜溢流至沉淀柜。为了防止倒流,沉淀柜上设置的溢流管要低于内置式溢流管的最高点。另外燃油输送泵还能将燃油泄放柜和溢流舱

内的燃油抽出,排至指定的油舱或甲板。

　　柴油输送泵功能与燃油输送泵相似,可以将柴油输送至应急发电机柴油柜、锅炉柴油柜、废油柜、柴油沉淀柜,以及通过注入总管从甲板排出。应急发电机柴油柜是为应急发电机提供燃料的油柜;废油柜内的废油在焚烧炉里焚烧掉,但必须达到一定的含油量才能焚烧,故在必要时必须注入适量的柴油;而锅炉柴油柜为锅炉提供燃料。当锅炉燃烧的主要是燃油时,此柴油柜用于锅炉点火。柴油沉淀柜内的柴油经沉淀和分离后引至柴油日用柜,然后供主机、柴油发电机及锅炉等使用。与燃油沉淀柜一样,柴油沉淀柜上也设有四只液位开关、温度计、高温报警传感器和内置式溢流管,作用也相同。

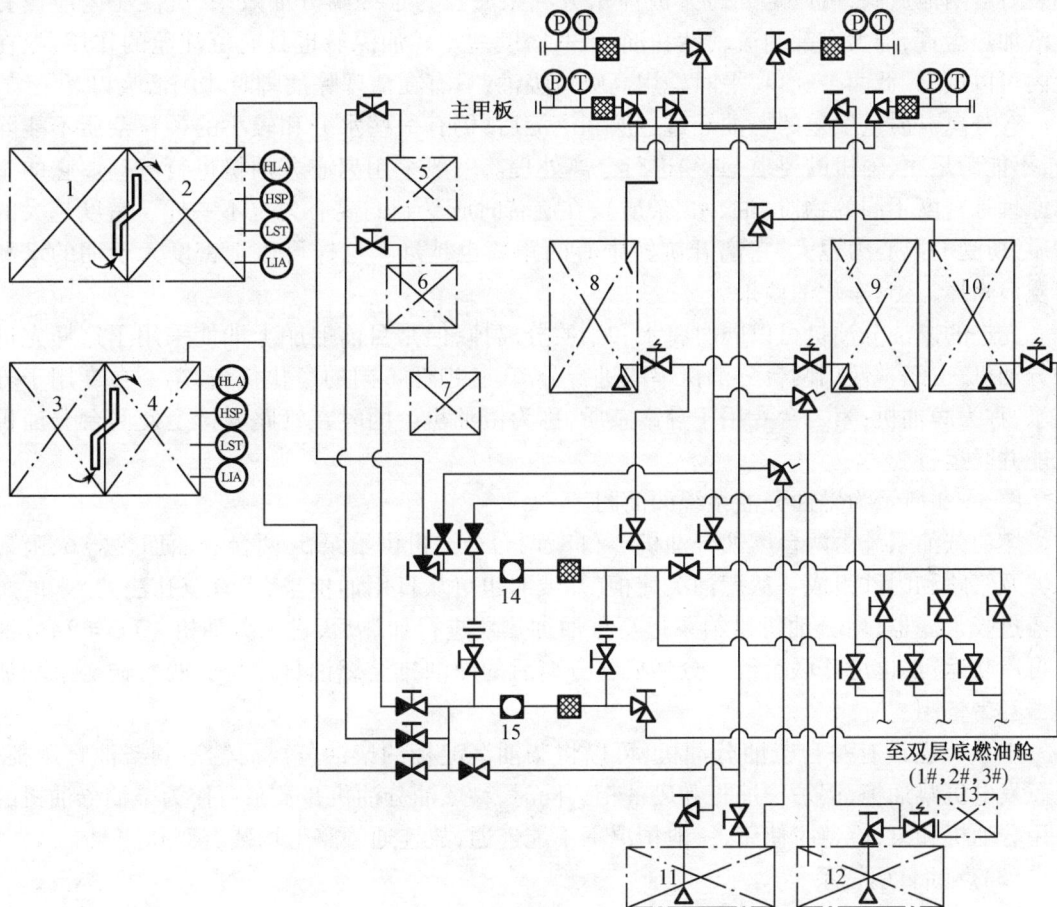

图3-2　燃油输送和注入系统

1—燃油日用柜;2—燃油沉淀柜;3—柴油日用柜;4—柴油沉淀柜;5—锅炉柴油柜;6—废油柜;
7—应急发电机柴油柜;8—燃油深舱(右);9—燃油深舱(左);10—柴油深舱(左);11—双层底柴油舱;
12—燃油溢流舱;13—燃油泄放柜;14—燃油输送泵;15—柴油输送泵

　　(2)燃油净化系统

　　由于燃油中具有一定的水分和机械杂质,在使用时必须采取一系列的净化处理,减少这些有害物质的含量,以使其达到用油设备的使用要求。燃料油的净化处理一般包括三个方面,即过滤、沉淀和分离。

　　①过滤。利用设置在注入口、泵吸入口、油箱出口和设备进口处的滤器将燃油中的颗

粒状杂质过滤掉。燃油在滤器中过滤的速度与过滤面积、滤器前后的压差、燃油的黏度及滤器滤芯的材料有关。过滤面积越大、燃油黏度越低、滤芯的孔径越大,则过滤阻力越小,速度越快。重要的滤器前后装有压力表或双针压力表,可以根据滤器前后的压力差来判断滤器情况。若压力降超过正常值,则表示滤器已经变脏而堵塞,需要立即进行清洗;若无压力降或压力降过小,则表示滤器的滤网破损或滤芯装配不当,应立即拆卸检查。

②沉淀。沉淀是燃油净化的另一种方法。船上设置的沉淀柜就是利用水和杂质的密度都比油大的特性,将水分和杂质从油中分离出来的。沉淀的时间越长,沉淀的效果也越好。一般要求沉淀的时间不少于 24 h。为了去除沉淀下来的水分和杂质,沉淀柜的最低处都装有自闭泄放阀,可以定期打开放泄水分和杂质。为了提高分油效果,沉淀舱内应设有蒸汽加热盘管,加大燃油的流动性和油、水的密度差。燃油深舱也具有沉淀舱的作用,故在舱内可以设高、低两个吸口,平时均用高吸口吸油,只有在清理除油脚时才用低吸口。

③分离。质量较差的燃油经过过滤和沉淀后,仍有一些水分和较小的颗粒杂质不能除去,不能满足主、辅机的要求,必须进行分离处理。一般采用离心分油机进行分离。它的工作原理是密度不同的物质(油、水、杂质),在旋转时所受到的离心力也不一样。密度越大的物质,所受的离心力也大,它离开旋转中心的距离也越远。这样可以把密度大于油的水和杂质清除掉,达到净化的效果。

先进的燃油分油机可以同时将水和杂质分离掉,但是目前船舶上即使采用了这样先进的分油机,也经常使用两台分油机串联进行分离,各担任不同的净化任务:第一台专用于分离水,称为净油机;第二台专用于分离杂质,称为澄油机。同时在管路安排上使两台分油机也能并联运行。

图 3-3 所示为燃油分油系统的简图。

燃油分油系统由两台燃油分油机 7 和 8、两台分油机供给泵 5、两台分油加热器 6、吸入滤器及管路和附件组成。从燃油沉淀柜(需要时也可从日用油柜来,设有双孔法兰)来的燃油经过吸入滤器,由分油机供给泵送至分油加热器进行加热后,进入分油机。1#与 2#分油机可串联运行,也可并联运行。分油机将分离后的净油排至燃油日用柜。两台输送泵和加热器互为备用。

本系统还设有一台柴油分油机,可以将柴油沉淀柜的柴油分离后输送到柴油日用柜、应急发电机柴油柜、锅炉柴油柜和废油柜。同时,2#燃油分油机 8 及泵可作为柴油分油机的备用分油机和泵,应急时使用,一般情况下不能连通,故连通管路上均装有双孔法兰。

(3)燃油日用管系

图 3-4 所示为采用 B&W 低速大功率柴油机作为船舶主机的燃油日用管系系统图。从燃油日用油柜 2 或柴油日用油柜 1 来的燃油或柴油经过三通燃、柴油转换阀 3(假设现位于使用燃油的位置)、燃油通过双联细滤器、燃油供给泵 4、流量计 6、燃油循环泵 7、雾化加热器 8、燃油自清滤器 9、黏度计 10 进入主机 11。

主机燃油供给泵设有两台,互为备用。在泵的排出端装有定压阀 5,由排出压力控制它的开闭及开启度。当排出压力高于正常工作压力(一般为 0.4 MPa)时,定压阀被打开至某一位置,将部分压力油溢出至油泵吸入端,以维持设定的工作压力。主机燃油循环泵也有两台,也互为备用。它的进口压力为 0.4 MPa,而出口压力为 1.0 MPa。循环泵的排量往往大于主机正常耗油量的几倍,以保证主机正常供油。多余的油一般通过回油管回到主机燃油回油筒 12 后再接至循环泵的吸入口,也可以通过三通旋塞直接回到燃油日用油柜,不能

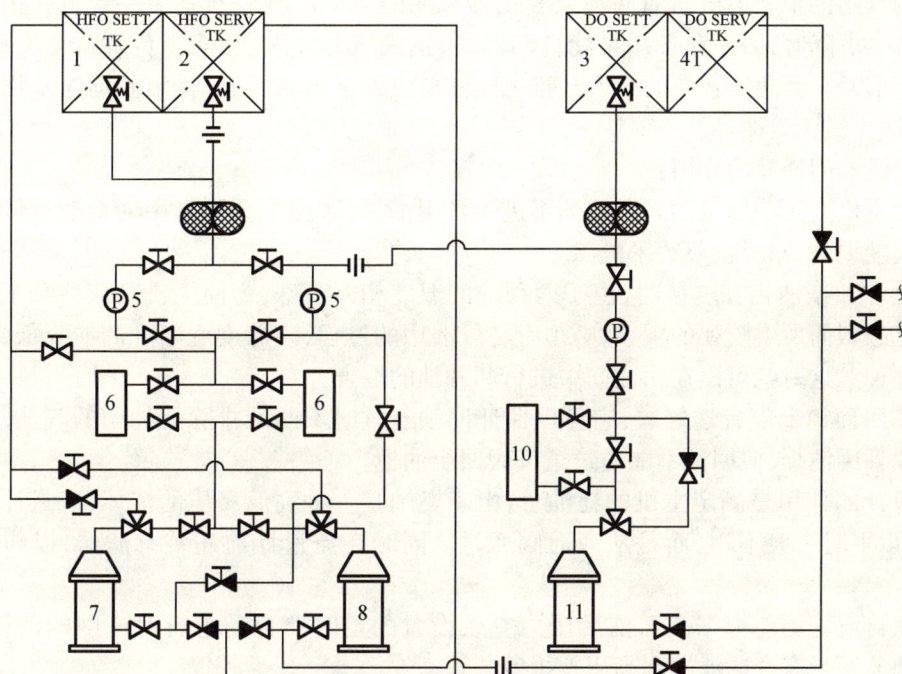

图 3 - 3　燃油分油系统

1—燃油沉淀柜；2—燃油日用柜；3—柴油沉淀柜；4—柴油日用柜；5—燃油分油机供给泵；6—燃油分油机加热器；
7—1#燃油分油机；8—2#燃油分油机；9—柴油分油机供给泵；10—柴油分油加热器；11—柴油分油机

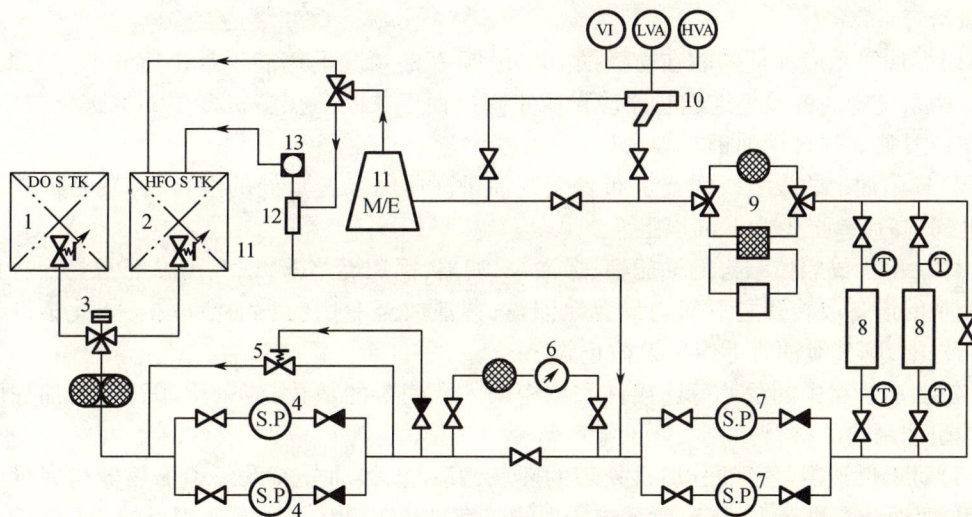

图 3 - 4　主机燃油日用管系系统

1—柴油日用柜；2—燃油日用柜；3—三通燃、柴油转换阀；4—燃油供给泵；5—定压阀；6—流量计；7—燃油循环泵；
8—雾化加热器；9—燃油自清滤器；10—黏度计；11—主机；12—回油筒；13—自动除气阀

回至柴油日用油柜。主机燃油循环泵和供给泵均能自动启、停,当其中一台泵在正常运行中出现压力下降时,另一台备用泵能自动启动,达到压力要求后,前一台泵自动停止,同时发出报警信号。因此4台泵的吸入和排出阀件均应处于开启状态,排出阀均应采用截止止回阀,以防止做无效循环。

主机燃油回油筒的作用:

①使主机高压喷油泵的高温回油不进入日用油柜,这样不会因日用油柜散热量太多而使机舱温度提高,同时也节约了能源。

②燃油和柴油相互转换时,由于两种油的温度相差悬殊,为使主机高压油泵不至于因温度变化激烈而发生咬死的现象,必须有一段混用的过程,使温度逐渐升高或降低,逐步替换燃油品种。这时就可以在回油筒中进行两种油的混合。

③在回油筒上设有透气阀,它可以保证回油经过时不断地排除燃油中的气体,气体应回至燃油日用油柜,但回油不能通过透气阀回至油柜。

流量计的作用是测定主机的耗油量,由于燃油是一种高温高压的流体,流量计很容易损坏,所以平时一般不用,而是从旁通阀通过。同时在流量计前还装有滤器,以防流量计损坏。

燃油自清滤器能根据滤器前后压力差或设置的定时器自动进行对滤网的清洗工作。此自动滤器还带有旁通滤器和高压差报警装置。

三、燃油管系原理设计

燃油管系的原理设计主要依据其动力装置的技术指标、燃油品种和需用量,同时考虑动力装置的工作可靠性、使用经济性、安装的可靠性及系统配置的合理性来进行设计。

燃油管系的原理设计主要分为三个方面:燃油的注入、驳运管系;燃油的净化管系;燃油的供给管系。

(1)燃油管系应保证船舶在横摇摆10°、纵倾7°的情况下仍能正常供应燃油。为此,布置在管路系统中的各舱柜连通管路应设截止阀以便于关断。在多机多桨的推进装置中,各主机应设置独立的日用油柜。

(2)日用油柜的设置一般要求布置于柴油机高压油泵进口处的上方,特别是依靠重力供油时,其高度差至少为1 m以上。

(3)在不构成船体结构的油舱柜、燃油泵、滤器、锅炉燃烧器,以及需要经常打开进行清洗和调整的设备或装置之下部均设置泄油盘,并泄放至专用的污油泄放柜,如此柜设于双层底结构中,则其泄油管上应装设截止阀。

(4)燃油管路中的法兰等连接件和舱柜的入孔门盖的垫片,应采用非石棉耐油橡胶板或其他耐油耐热的材料。

(5)对于燃油需经过油分离机处理的船舶,其设置的油分离设备和加热器均应设主用和备用,即油分离机至少两套,而系统的功能应满足备用、串、并联等使用目的。

(6)锅炉燃烧装置、燃油沉淀柜、日用柜的设置位置必须有良好的通风并易于出入。

(7)所有独立驱动的燃油驳运泵、供给泵、分油机等其动力供应除能就地操作外,必须能在其所在舱室的外面易于到达的部位设置应急切断操纵装置。

(8)燃油供给泵应设置备用泵,其系统结构应能满足供给的要求使用,在多台主机情况下,备用泵可以共用一台或备有一台能便于安装连接的备用泵。

(9)喷油器冷却泵备用数量可同燃油供给泵一样的要求。(见上述第(8)条)

（10）燃油管路布置必须与其他管路隔绝，不得布置在高温处、电气设备处、通过水舱和起居处，若必须经过这些地方，需要采取防火和防水的有效措施。

（11）对重油（燃料油）的加热，使用蒸汽压力不大于 0.68 MPa 的饱和蒸汽较为适当，以预防燃油结炭。

（12）燃油管系应设回油舱。小型船舶为了减少设备，往往将回油管路接至喷油泵进口处，大型船舶燃油管路有轻柴油、重柴油两套管路和两种燃油，为了使两种燃油有混合和撤换处，必须设置燃油集合筒。

（13）燃油供给管路上至少应设置两台滤器和一台双联滤器，其系统布置结构应能满足当一台滤器停用或清洗时，另一台滤器能正常不中断地供给燃油。多台主机或辅机共用一个供油总管时可仅在总管上设两台滤器或一台双联滤器，也可在每台柴油机单独供油管路上设置一台滤器。

（14）燃油的驳油泵必须设有备用泵，也可共用其他合适的泵接至其管路系统作为备用。

（15）对于工作泵，为防止压力超过系统的设计压力，必须装设安全阀，其旁流油也应回流到吸入端。设备及附件的选用应能有效地使泵的排出压力限制在系统的设计压力之下，压力安全阀的选用应安全可靠，起跳压力范围要选择合适，性能良好，安装和调试时应安全达标。

（16）在系统中应设置阀或旋塞使得泵的出口管路旁通，并切断泵与管路连接，以便于泵的保养维修。

（17）燃油管系布置时不得进入淡水舱和其他不宜装油的舱柜。管路必须与其他管路隔离，如必须与压载管系连接时，则管路中须设置盲通两用法兰或其他隔离措施。

（18）凡通过双层底舱中的吸油管，须逐根管路设置阀或旋塞，且其阀（包括其他燃油管路的阀）均应能在花钢板上易于达到的部位设置操纵机构。

（19）燃油的压力管路在布置时应尽可能远离热表面和电气设备，至少其任意一个可拆卸部位的接头、法兰应与热表面和电气设备保持一段安全距离；如无法避免时应使该管路段处于有良好照明和易于观察的部位。接头、法兰等易于漏油处用有卸放装置的设备使接头法兰予以遮蔽。

（20）设备与管路间有相对运动或震动幅度较大时可选用短软管连接。软管应可靠安全，有合格和经认可的管端附件，并逐根进行压力试验，其试验压力不小于最大许可工作压力的 1.5 倍，其材料结构中至少有一层金属丝编织物、橡胶等非金属材质，应能满足耐油和耐热等系统的有关参数的要求。

（21）燃油管系中凡压力超过 0.18 MPa 的燃油加热部件，应尽可能设置在不隐蔽部位，并应有良好的照明，以便于查视。

（22）设置于双层底以上的各储存油舱柜、沉淀舱柜和日用舱柜的每一根供油管路均须在舱柜壁上直接装设阀或旋塞。其阀件除能就地关闭外，还须能在该舱柜处所以外的易于接近和安全的部位进行遥控关闭。

（23）深油舱的注入管如不设置在舱顶部位连接时，则在舱柜壁上应装设止回阀或设置速闭阀。

（24）燃油的舱柜不得直接位于锅炉等高温热表面设备的上方，或应采取预防措施，以防止任何油类在泵、滤器或加热器及连接接头处的泄漏直接与热表面接触。

(25)沉淀舱柜或不设沉淀舱柜时的其他储油舱、柜应设有放水的设施。放水也应有专用管路,放水阀或旋塞应为自闭式的,污油水泄放到专用舱柜。

(26)燃油的注入管路应是独立的,可以设专用注入站或注入口。注入管应伸入舱柜,并尽可能达到或接近底部。设置注入站时其站室应与其他处所隔离,并应有有效的排水和通风设施,注入站的布置应是可靠和安全的,并在两舷设置。

(27)注入管路上应有防止超压的设备,如设置安全阀旁通等,其溢油应能排入溢油舱。

(28)燃油舱柜设置于机舱、泵舱等重要处所内时,不得盛装闪点低于 60 ℃(闭杯试验)的燃油。

(29)燃油加热用的蒸汽应为饱和蒸汽,其压力应不大于 0.68 MPa;舱柜中燃油加热的最高温度应比燃油的闪点低 10 ℃。

(30)加热用蒸汽管路的凝水、热水回水排至专用凝水观察柜内,且应有良好的照明。凝水柜的布置应易于看清凝水、回水中是否混入燃油。

(31)加热器的燃油侧应装设安全阀,其开启(起跳)压力调整到高于供油泵安全阀的开启压力(或供油泵的最大输出压力)。安全阀的溢油应排到溢油舱或其他安全部位。

(32)所有加热的燃油舱柜和加热器应设置有指示油温的设施。大型船舶为提高机舱自动化性能,也应设有温度自动化项目,如高温、低温报警,温度指示及控制等。

(33)采用电加热时,应保证通电工作时其加热部件全部浸入油液之中,器件的表面温度不能超过 220 ℃。当油位降低到设定高度位置时应能自动切断电流停止工作。

(34)燃油、压载交替使用时,应设有防止含油压载水污染海洋的设备。一般 4 000 t 以上的船舶不在燃油舱内装压载水。如若用来交替使用时则其设置的沉淀舱和日用油柜的容量应能足够供全船正常航行 12 h。

(35)锅炉燃烧及厨房用燃油炉灶,其系统设计应考虑消防、安全措施、火灾报警和控制设施。

(36)所有燃油管系中的油舱柜均应设置空气(透气)管。空气管应从舱柜的顶端(最高处)引出,并远离注入管路。当舱柜仅设一根空气管时,不能兼作注入管;所有空气管均不得兼作测量管。空气管的布置还应考虑在任一舱柜破舱浸水后不致使海水通过空气管进入位于其他水密舱室中的舱柜。燃油舱的空气管的终端应引至干舷甲板以上的露天部位,且其管端应装设有耐腐蚀的便于更换的金属防火网,其网结构的通流面积也不得少于空气管横截流通面积。空气管的有效截面积应是注入管的 1.25 倍以上,且管内径不得小于 50 mm。如果同时有溢流管,则空气管的截面积为注入管的 1.2 倍即可。空气管的壁厚也按相应标准选用。

(37)对所有由泵灌装的油舱柜及空气管截面积小于注入管的 1.25 倍时均应设置溢流管,并设置足够容积的溢流舱柜。溢流管应装设良好的照明和观察器,观察器的设置位置应便于观察和能停止驳运泵工作的操作杆处,也可在舱柜设置报警和自动控制装置。溢流管的截面积也应为注入管横截面积的 1.25 倍。溢流管的布置也应能满足在任一舱柜破舱浸水后,不致使海水通过溢流管而进入其他水密舱室中的舱柜。

(38)燃油舱柜也应设置测量管,测量管一般应引至开敞甲板上随时可以到达的安全部位。测量管应尽量靠近抽吸口。测量管也可用其他测量装置代替。测量管端应装有可靠的关闭装置,测量管下端开口处应设置一定厚度的防击板。

(39)燃油舱柜上也可设置有上、下自闭阀的液位计,只有在液位计上端高于舱柜最高液位面时,上端自闭阀可省略。所有测量管的内径不得小于 32 mm,对 0 ℃以下的舱室,其测量管的内径则不得小于 65 mm。

(40)燃油舱柜的吸油管最下端,设置吸入口,应有防撞击火花的措施,如吸入口下端面上焊铜层等。

第二节　滑油系统

一、滑油品质与选用

1. 滑油的主要性能

润滑油又称机油,在动力机械中,起着润滑摩擦表面、减少摩擦阻力、减小磨损、冷却、清洗、防锈、减震、气密等重要作用。

润滑油的主要性能如下:

(1)黏度

黏度的大小直接关系到润滑油的流动性及在摩擦表面间所形成的油膜的厚度,以及能否使间隙得到良好密封的重要性能。

(2)抗乳化度

这种性能是表明滑油与水不相调和的性能。

(3)抗氧化安定性和热氧化安定性

滑油在使用和储存过程中,不可避免地会与空气中的氧相接触,在一定条件下会发生氧化反应,而产生一些氧化产物,如酸类、胶质等。

(4)总酸值

滑油在炼制过程中会残留一定的酸值,但在使用和长期储存中受到氧化,也会生成有机酸。滑油中的酸值是表示中和 1 g 滑油中的酸所需氢氧化钾的毫克数,即 mgKOH/g。

(5)总碱值

用于柴油机的清净分散型润滑油中(能把一些微小的固体颗粒从润滑的机件上清洗下来并使之悬浮在油中),由于加入了碱性添加剂,因此一般都具有不同大小的碱性。总碱值是测定滑油中有效添加剂成分的一个指标,它还表示滑油的清净性及中和性的能力大小。清净分散剂主要有高碱性石油磺酸钡、烷基酚钡或钙、丁二酰亚胺等。

(6)闪点

滑油蒸气与周围的空气所组成的混合气,当火焰接近时就引起闪火,此时的温度称为闪点。闪点是鉴定滑油挥发性成分和产生火灾危险程度的指标。使用中的滑油闪点的变化可以说明它被燃油污染的程度。即使有少量燃油的漏入,也将大大降低曲轴箱润滑油的闪点。

(7)残炭

滑油在高温作用下会直接裂化,产生炭渣,滑油在氧化时所生成的胶质等在高温下也会分解而生成炭。滑油的炭化会加剧部件的磨损,引起气口的堵塞,气阀卡死等故障。

2. 滑油的选用

常用国产曲轴箱油有 HC－8,HC－11 和 HC－14 柴油机滑油,HC－11 和汽轮机油 HU－30用于废气涡轮增压器,救生艇及应急柴油发电机用 HQ－8D 滑油。常用国产气缸油如兰州炼油厂产的兰 – 40。

选用滑油时应考虑下述因素：

(1)运转部件速度较高时,摩擦产生的热量多,滑油黏度要低些;

(2)滑油的流动性与环境温度有关,在南方水域航行的船舶所用滑油的黏度要高些,北方则应低些;

(3)黏度高的滑油凝聚力大,不易被挤出,摩擦偶件单位摩擦面积上所受的压力大,所用滑油的黏度要大些;

(4)承受载荷而常出现半干摩擦的场所应选用黏度较大的滑油,以保证在运转过程中形成连续的油膜;

(5)摩擦偶件的配合间隙大者或摩擦表面粗糙者,应选用黏度大的滑油。

船舶柴油机动力装置一般这样选用滑油:大型低速十字头式柴油机的曲轴箱、轴承、传动齿轮、推力轴承、减速齿轮用 HC – 11,中、高速筒形活塞式柴油机的曲轴箱、气缸用 HHC – 11,HC – 14。十字头式柴油机用气缸油润滑缸套和活塞。汽轮机油用于汽轮机、废气涡轮增压器和液压调速器等。

二、滑油管系的功用、组成与种类

1. 功用

滑油管系给柴油机、增压器等各运动零件的摩擦表面输送一定数量的清洁滑油,保持运动件间的液体摩擦,减少零件的磨损和摩擦功的消耗;清洗摩擦表面,带走摩擦下来的金属细末及其他微粒,带走摩擦热,冷却摩擦表面;滑油在活塞环与气缸间加强密封作用;防止表面锈蚀作用;另外,具有一定压力的润滑油可用来冷却某些受热部件(如活塞等)以及轴系传动、操纵控制(如正倒车控制)等。

2. 组成

滑油管路一般由滑油储存舱(柜)、滑油循环柜、净化设备(滤器、分油机)及滑油冷却器等组成。

3. 种类

滑油管系中通常根据柴油机的结构形式可分为湿底壳式和干底壳式两种。

(1)湿式油底壳润滑系统

这类润滑系统没有专门的润滑油箱,油底壳起着循环油柜的作用。由滑油泵直接从油底壳中把滑油输送到各摩擦表面,所有经过润滑后的滑油全部流回油底壳中。这类润滑系统比较简单,但润滑油与漏到曲轴箱中的燃气接触机会增多,使滑油变质;在强化柴油机中,油底壳中的滑油会形成很多泡沫,滑油泵吸入泡沫就不能保证良好的润滑和工作的可靠性;在船舶摇摆较大时,滑油泵有时吸不上油,影响到润滑油供给的连续性;另外,清洗和检查油底壳很不方便。因此,这种润滑系统在小型柴油机中应用得比较普遍,在中大型柴油机中很少采用。图 3 – 5 是 135 系列柴油机的湿式油底壳润滑系统。

油泵在油底壳中经滤网将滑油吸入泵至滑油滤器,一路经离心式细滤器 6 过滤后流回油底壳中;另一路经缝隙式粗滤器 9 过滤后到水冷式滑油冷却器或风冷式滑油冷却器 10。滑油从冷却器出来经过传动机构的盖板中的油道再分成两路:一路经曲轴内油道分别通到各挡曲柄销轴颈;另一路经过凸轮轴及轴颈后分别进入气缸盖内油道润滑配气机构零件,一小部分润滑油经盖板上的喷嘴 12 喷到各传动齿轮上。气缸套和活塞间的润滑是靠连杆大端轴承流出的润滑油借助离心力的作用飞溅到气缸壁上。从油环刮下的滑油溅入连杆

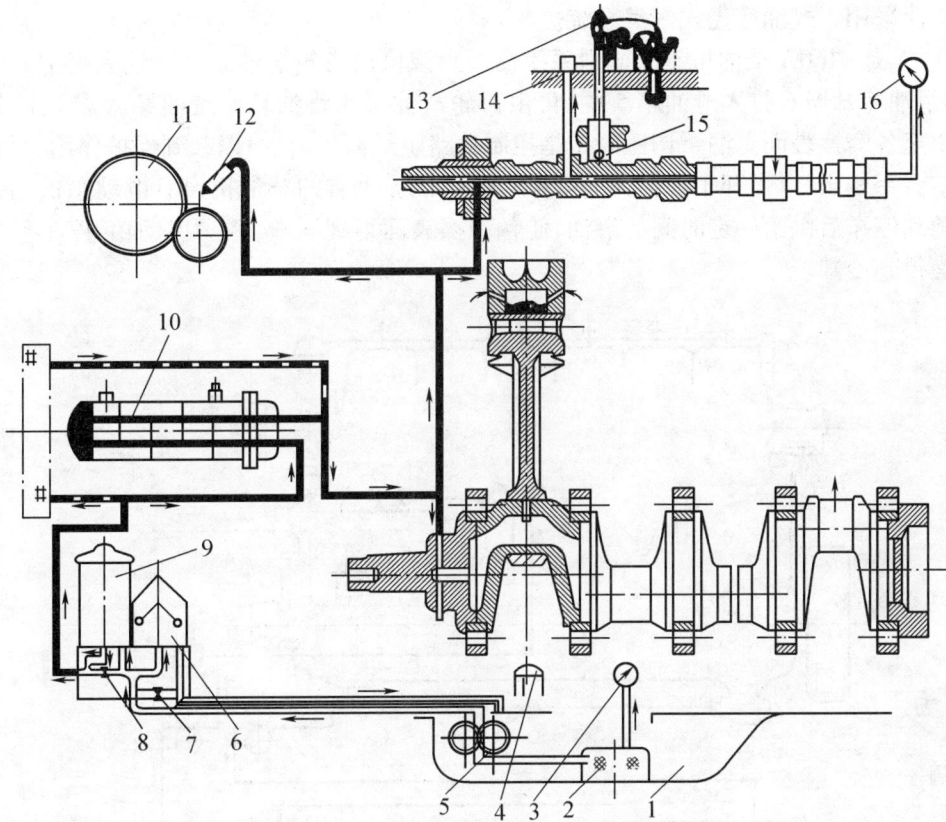

图 3 – 5   135 系列柴油机的湿式润滑系统

1—油阀壳;2—粗滤网;3—油温表;4—曲轴箱呼吸器;5—滑油泵;6—离心式细滤器;7—调压阀;8—旁通阀;
9—粗滤油;10—滑油冷却器;11—传动齿轮;12—喷嘴;13—摇臂;14—气缸盖;15—顶杆套筒;16—油压表

小端上的两个油孔内来润滑活塞销和连杆小端轴瓦(有的柴油机滑油是经过连杆中心油孔至小端)。曲轴的主轴承是靠曲轴箱内油雾和飞溅的滑油来润滑的。凸轮工作表面是靠顶杆套筒 15 上的两个油孔流出的滑油和飞溅的滑油来润滑。

滑油滤器的底座中设有调压阀 7 和旁通阀 8。调压阀 7 是用来调节滑油最高压力,当滑油黏度太高或油路堵塞而造成油压超过调定最高值时,调压阀 7 被顶开,使部分滑油流回油底壳中,以保护润滑系统设备不致因受高压而损坏。旁通阀 8 是在粗滤器太脏而堵塞时自动打开,使滑油旁通到冷却器,以保证柴油机正常润滑。旁通阀开启压力要低于调压阀开启压力。

细滤器与粗滤器并联的好处是:不会使润滑油路阻力增加太多,又能保证部分滑油得到细滤;当粗滤器堵塞时,旁通的滑油仍能保持一定清洁,保证柴油机继续工作。

(2)干式油底壳(或曲轴箱)式润滑系统

这种形式的润滑系统设有专门的滑油箱储存滑油,由油底壳或机座收集的滑油经抽油泵不断地抽出并送至滑油箱;再由压油泵把滑油箱中的滑油送到各摩擦表面。这样减少了滑油与燃气的接触机会,防止滑油变质;曲轴箱的容积和高度可以减小;滑油积集于单独的循环油箱中,保证船舶倾斜时不会中断供油,同时便于滑油的检查和更换,放出滑油中的气泡;对于大型柴油机来说,便于工作人员进入曲轴箱内拆装或检查零部件。在船舶大型柴油机中广泛采用干式油底壳式润滑系统。

图3-6是6160A柴油机干式润滑系统简图。该机由齿轮滑油泵8将油底壳中的滑油抽出,经滑油冷却器6打入滑油箱5中,再由齿轮滑油泵4将油箱中滑油经滤器1、冷却器7、油道送至各摩擦表面。油泵调压阀3是控制油路中最高压力的,以起到保护作用。另外,该机还装有手摇泵,以供开车前预先向摩擦表面供油。也有的柴油机设有电动预供油泵保证开车前和停车后供给一定时间的滑油,使各摩擦表面得到润滑,减少启动功,停车后能使摩擦表面得到冷却。

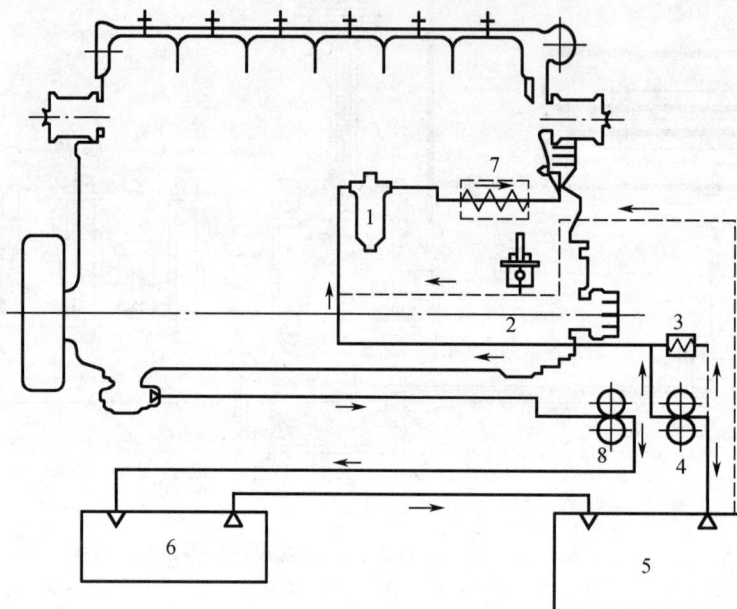

图3-6　6160A柴油机干式润滑系统
1—过滤网;2—手摇泵;3—调压阀;4,8—齿轮滑油泵;5—滑油箱;6,7—滑油冷却器;8—滑油泵

大型低速柴油机一般都采用干式油底壳式润滑系统,但大多数的大型低速柴油机的气缸润滑和其他的循环润滑系统是分开的,气缸润滑采用单独的高压注油润滑。

4.工作原理

大型船舶上滑油系统一般由滑油输送和分油系统、主机滑油系统和尾管滑油系统组成。图3-7所示为某船舶的滑油输送和分油系统图。实际上该系统完成了滑油的注入、储存、驳运、计量和净化等功能。

(1)滑油输送和分油系统

①滑油的注入和储存

由于不同设备所使用的滑油不尽相同,所以各种滑油在甲板上均有专用的注入口。一般来说,有主机滑油、柴油发电机滑油和空压机滑油等。

主机和柴油发电机滑油从各自的注入口进入,经甲板注入总管进入滑油储存柜1和发电机滑油储存柜3。储存柜大都设置在机舱的上层空间,使滑油能依靠重力流至主机滑油循环舱、艉管滑油泄放柜及其他小型油柜(如滑油零用油柜等,图中未画出)。如果储存柜设置在双层舱内,则必须依靠滑油输送泵驳运。

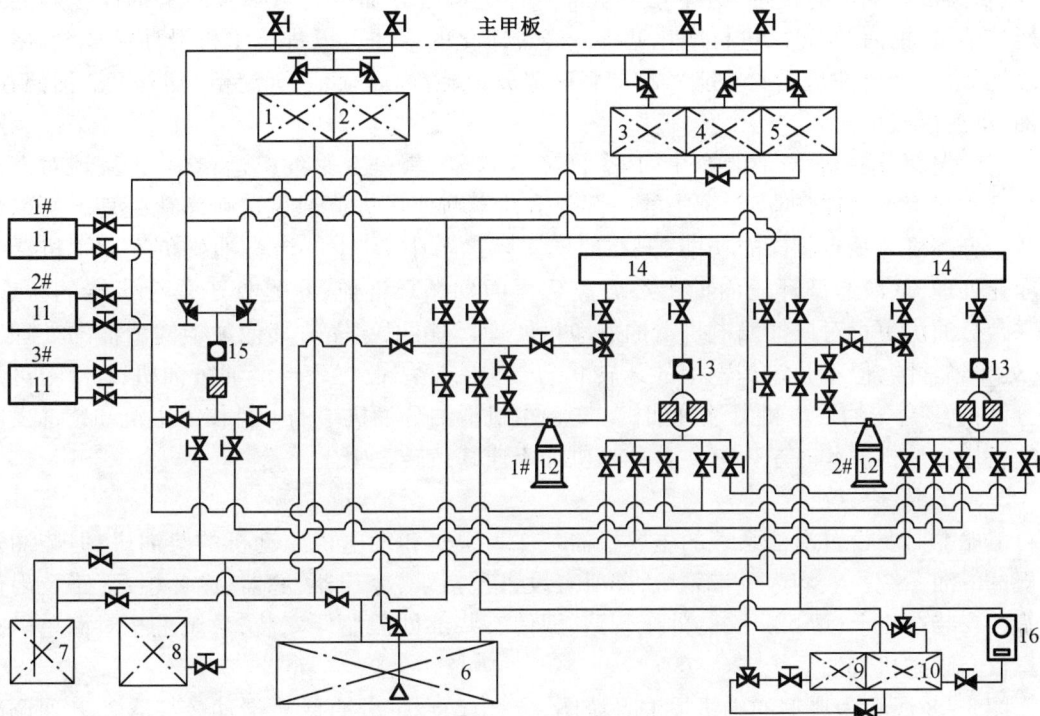

图 3 - 7　滑油输送和分油系统

1—滑油储存柜;2—滑油沉淀柜;3—发电机滑油储存柜;4—发电机滑油净油柜;5—发电机滑油沉淀柜;
6—主机滑油循环舱;7—艉管滑油泄放柜;8—滑油泄放柜;9—1#填料函滑油泄放柜;10—2#填料函滑油泄放柜;
11—柴油发电机;12—滑油分油机;13—滑油分油机供给泵;14—分油加热器;15—滑油输送条泵;16—CJC滤器

　　大型船舶的主机滑油循环柜均设在主机下方的双层底内,四周和底板下方都设有隔离空舱,目的是将滑油循环舱与燃油舱及淡水舱隔开,同时,下方的空舱可以在外板发生破损时保持油舱完整,提高船舶的安全性。主机滑油循环舱内肋板上开有不同位置的导向孔,避免主机回油直接被油泵吸入,引导滑油在舱内流过较长的距离,便于杂质的沉淀及起到一定的冷却作用,且使滑油中的空气分离出来,通过透气管排出。

　　②滑油的驳运

　　本系统设有一台滑油输送泵,设有四路吸总管。一路抽吸主机滑油循环柜内的滑油;一路抽吸柴油发电机油底壳或循环柜内的滑油;一路抽吸柴油发电机滑储存柜和净油柜的滑油;一路抽吸各种泄柜内的滑油。输送泵排出的滑油分别送至滑油储存柜、滑油沉淀柜和发电机滑油储存柜、发电机滑油净油柜、发电机滑油沉淀柜或排出至甲板。从滑油储存柜或净油柜至循环油舱(柜)的滑油均依靠重力流入。

　　③滑油的净化

　　与燃油不同的是滑油是循环使用的,所以滑油在完成对摩擦部件的润滑作用后,一方面滑油的温度有了提高,另一方面,滑油在润滑过程中,增添了部件磨损而产生的金属屑粒,又可能渗入了水分,与空气接触发生了氧化反应等,因而油质的不断变坏是必然的趋势。所以必须对变质滑油采取相应措施使之能延长使用寿命。

　　与燃油系统相同,滑油的净化由过滤、沉淀和分油三部分组成。本系统设有两台滑油分油机,两台分油机的管路、功能几乎全部一样。每台分油机均可抽吸除滑油储存舱之外的所有油舱、柜内的滑油,进行净化处理。经过净化的滑油可以排至主机滑油循环舱、尾管滑油泄放柜(2#分油机无此功能)、2#填料函泄放柜、滑油储存柜/沉淀柜、发电机滑油储存/净油/沉淀柜和甲板。

对于大部分船舶,滑油的净化均采用平行分离法,就是在柴油机运转中,连续地对滑油进行分离和澄清处理,即将系统中的一部分滑油不断地送进分油机进行净化处理。所以尽管两台分油机几乎有相同的功能,但在船舶实际运行中,其中一台分油机负责对主机滑油的净化处理,从滑油循环舱内抽出经分离后再回到循环油舱,它是处于连续运转的状态。另一台分油机负责对柴油发电机滑油的净化处理,但可以穿插对其他油柜内滑油的处理工作,处于经常的,但不一定是连续的运转状态。也有船舶设有 3 台滑油分油机,2 台主机滑油分油机、1 台柴油发电机滑油分油机。2 台主机滑油分油机中的 1 台作为主机和柴油发电机的备用分油机。此时至少有 2 台分油机处于连续运转之中。

2. 主机滑油系统

船舶上需要设置滑油系统的主要机器是作为主机和发电机原动机的柴油机,但柴油发电机的滑油系统一般均为机带系统,即所有设备包括泵、冷却器、滤器、循环柜、管路及附件等都已安装在机上,船厂只安装外接管路,即使有些部件需船厂安装,系统也相对简单。故这里仅介绍主机滑油系统。

图 3-8 所示为典型的主机滑油系统图。它由两台主滑油泵 1、滑油冷却器 2、三通调温阀 3、自动反冲滤器 4、主机 5、两台排气阀液压执行机构滑油泵 6 和主机滑油循环柜 7 组成。凡设有两台泵的,其中均有一台为备用。主滑油泵 1 可以是螺杆泵,也可以是深井泵(离心泵)。如果是螺杆泵,则应在泵之前设置粗滤器。图 3-8 所示为深井泵,故没有设置专门的滤器。它自循环油舱中抽出滑油,输送到滑油冷却器,经过三通调温阀、自动反冲滤器后进入主机对运动部件进行润滑。

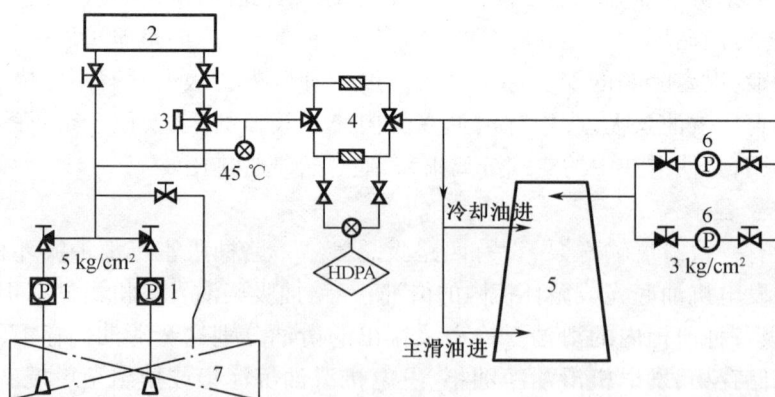

图 3-8 主机滑油系统图

1—主滑油泵;2—滑油冷却器;3—三通调温阀;4—自动反冲滤器;5—主机;
6—排气阀液压执行机构滑油泵;7—主机滑油循环柜

　　滑油冷却器的进出口之间的三通调温阀控制滑油的进机温度,一般要求滑油进机温度控制在 45 ℃左右。当油温超过设定温度时,三通调温阀关小或完全关闭,增加通过滑油冷却器的滑油量,使油温下降;当油温低于设定温度时,三通调温阀开大,使旁通的滑油量增加,导致油温上升,最后保证油温稳定在设定的温度。

　　自动反冲滤器的作用与燃油系统的滤器相同,带有高压差报警(HDPA)。当进出口压差超过额定值时,发出报警,此时必须检查滤器的工作状态是否正常,反冲功能是否起作用,以保证主机的正常运转。

　　此系统还设有两台排气阀液压执行机构滑油泵,其作用是升高进入执行机构的滑油压力。也有设置十字头滑油增压泵(SULZER 苏尔寿柴油机)或凸轮轴滑油增压泵的例子,作用是一样的。按厂家的要求进行设置。在滑油进主机前一般还设有滑油低压、滑油高温报警装置,以防止润滑油中断或压力过低而引起活动部件失油而损坏。油压低于一定值或油温高于一定值时柴油机会自动降速或停车。

　　滑油系统除了对柴油机进行润滑外,有时还要对中间轴承、推力轴承等进行润滑。艉管滑油系统也是一个独立的滑油系统,它的作用是润滑艉轴轴承、降低轴承温度,同时保证艉轴的密封,防止海水进入艉轴轴承引起腐蚀,甚至造成机舱进水的严重后果。

三、滑油管系原理设计

　　滑油管系主要是对柴油机主、辅机进行润滑和冷却服务,所以其系统设计主要针对柴油机来考虑,通常都是依据船舶的总体性能,主、辅机特性参数及其有关要求来进行设计。

　　1. 对滑油泵的要求

　　(1)滑油泵有输送和供给等多种用途。输送泵一般常用齿轮泵,供给泵较多使用螺杆泵,也可选用齿轮泵,螺杆泵的排出压力较高,但由于其精度较高,所以对滑油的清洁度要求较严。

　　(2)对于主机的滑油供给泵应设置两台,其中一台备用,且至少有一台应为独立动力驱动。备用泵应为独立动力驱动的泵,如为多台主机时,备用泵可共用一台,如每台主机各自带有滑油泵,则设置一台安装拆卸方便的备用泵即可。

　　(3)滑油泵的容量及其管路结构的设计,应能当任一台滑油泵停止工作,另一台泵能满足主机最大功率运行时对滑油的需要量。

　　(4)对于多台辅机共用一台滑油泵时也须设一台备用泵。

　　2. 对管系及其附件的要求

　　(1)滑油管路应与其他管路分开。

　　(2)滑油管系中应有滤器,设置在泵的吸入口前面,滤器的容量和结构及其连接的管路应当保证在不停机和不减少对主机、辅机供应充足的过滤油的状态下能进行内部清洗。滤器的前后有压力表,从而显示滤器是否畅通或阻塞。对高速运动机械供油的滤器及高精度设备如螺杆泵所用的滤器,一般应设磁性滤器。

　　(3)如果滑油泵的工作压力可能超过管系的设计压力值,则应在泵的排出端设置安全阀,由安全阀排出的回油应流回至泵的吸入端。压力安全阀应能有效地使泵的排出压力限制在管系的设计压力内。所以设计和安装调试都要保证安全阀启动压力的正确性。

　　(4)滑油管系中当其压力下降而将要影响正常运行时,应有声、光信号报警设备,以便及时采取措施,保证系统有正常工作压力。

　　(5)对于多台主机和多台辅机的滑油系统,其从油底壳引至滑油循环舱柜的泄油管路应独立,以避免与曲轴箱造成串通。

(6)滑油管路也应避免设置在高温热表面上方和配电板等电气设备的上方。

3.滑油舱柜布置

(1)滑油舱柜与燃滑舱、淡水舱柜等相邻时应以隔离空舱隔开,其油管也不得通过淡水舱柜,同样,淡水、饮水管不得从油柜通过。在不可避免时可设置通舱套管,且管壁加厚,并不得有可拆接头,以保证滑油的质量。

(2)滑油循环舱的容量应容纳循环于全系统中的全部滑油。该舱进油管应伸入至最低工作液面以下的一定深度,其管口应远离出管口。滑油循环舱如延伸到船舶结构的外底板时,则在油底壳循环舱的泄油管路上装设截止阀,以防止外板破损时进水,该阀应能在花钢板以上易于接近的地点进行关闭,这里通常采用小轴传动甲板操纵装置予以实施,如CB 397~CB 405等一系列标准都可选用。如有隔离空舱与外底板隔开的结构时,此截止阀也可免设。

(3)滑油管系必须设置储存柜和污油柜,其容量一般应大于滑油循环舱柜。

(4)滑油舱柜应与燃油舱柜一样设置注入、测量、透气和溢流管,设置液位计,设置遥控关闭装置,设置必需的加热设备和管路。

4.其他要求

滑油管系的注入管、溢流管及测量管,其设计要求尺寸及布置可按燃油管系中的要求设计。

关于振动设备或因船体变形而引起的管系破坏的部位,其管路连接也可参考燃油管系采用软管连接,并配备必需的备品。

第三节 压缩空气管系

一、压缩空气管系的功用和组成

1.功用

压缩空气管系是利用空气压缩机将大气压缩至一定的压力,并储存在空气瓶中以备用。被压缩的空气具有一定的压力,所以成为一种具有做功能力的工质。由于压缩空气有其独特的技术性能,较安全可靠,所以普遍地在船舶和舰艇中用作一些机械设备的能源及工质,压缩空气具有较好的可压缩性,便于储存和输送,没有起火危险,且空气来源方便,取之不尽,所以在船舶上被广泛使用,例如:

(1)柴油机的启动。

(2)柴油机的换向。

(3)柴油机及其他机械的操作。

(4)气胎离合器的离合操纵。

(5)海底门和排水集合井的冲洗和吹除,如积垢或被污染杂物阻塞时用。

(6)压力柜的压力源。如海、淡水压力水柜及液压系统的压力油柜中,充以一定压力的空气后,即可使水和油有一定的压力而供其系统使用。

(7)气动仪表、气动阀件的操纵。如气动快关阀的开闭,由压缩空气做功来启闭阀。

(8)灭火剂的驱动喷射。如灭火系统中二氟一氯一烷灭火剂,即由压缩空气为动力源,喷射灭火。

（9）军用舰艇上用作吹除、冲洗鱼雷发射管，驱动鱼雷发射。

（10）潜艇的上浮下潜操作。如利用潜艇上空气瓶中的压缩空气向压载水舱充气后，将其水排出，产生浮力使艇上浮，反之下潜。

（11）气动自动控制和自动控制机械、仪器的操纵。

（12）其他杂用，如汽笛吹鸣、气动脱钩装置、风动工具等做动力源和工质。

2.组成

压缩空气管系是由空气压缩机、减压阀、气水分离器、空气瓶等设备及各种规格的管路和阀件等附件组成。

3.工作原理

压缩空气管系通常由压缩空气系统和控制空气系统两部分组成。

（1）压缩空气系统

图3－9所示为压缩空气系统原理图。它由两台主空压机1、日用空压机2、应急空压机3、压力开关4、气水分离器5和9、日用空气瓶6、应急空气瓶7、主空气瓶8、两组3.0 MPa→0.7 MPa的减压阀组10、0.7 MPa→0.4 MPa的减压阀组11等组成。

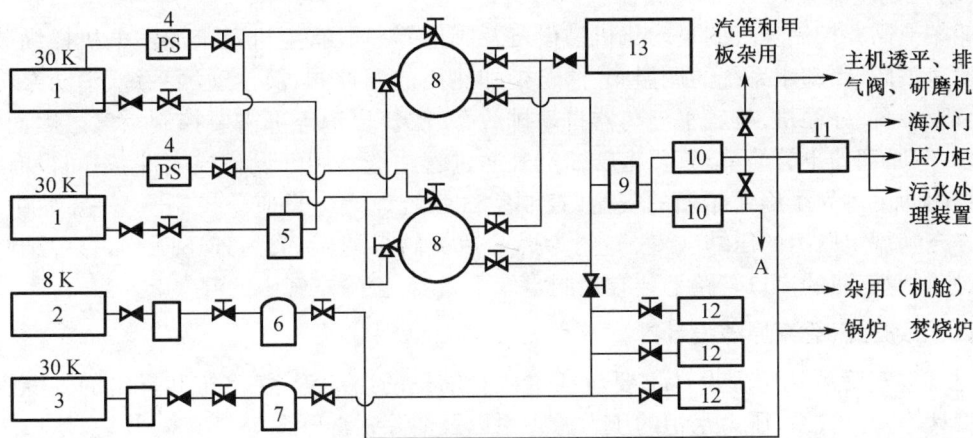

图3－9　压缩空气系统原理图

1—主空压机；2—日用空压机；3—应急空压机；4—压力开关；5,9—气水分离器；6—日用空气瓶；7—应急空气瓶；8—主空气瓶；10—3.0 MPa→0.7 MPa减压阀组；11—0.7 MPa→0.4 MPa减压阀组；12—柴油发电机；13—主机

两台主空压机可以单独也可并联工作，它们所产生的3.0 MPa压缩空气经止回阀和截止阀、气水分离器进入主空气瓶。主空压机的启、停是自动控制的，它是根据主空气瓶内压缩空气的压力高低，利用压力开关（压力继电器）来实现的，一般两台空压机的自动启、停的压力是有差别的，目的是使压力达到低值时，只启动一台空压机，而另一台空压机只有在空气耗量大于一台空压机的排量时才启动。而在两台空压机均运转的情况下，也让一台先停止，然后再停另一台。气水分离器的作用是分离掉一部分空气在压缩过程中产生的水分，水分在分离器中达到一定高度时，它会自动泄放掉。

主空气瓶内的空气主要供主机和柴油发电机启动用，也可供其他杂用。供其他杂用时，需经过减压后才能使用，故在管路上设有两组3.0 MPa→0.7 MPa减压阀组10，一组为机舱及甲板上的各用气设备提供压缩空气，另一组为控制空气系统提供气源（即图3－9中箭头 A 所示）。而海水门、压力柜等设备,其所需的压缩空气压力一般为 0.4 MPa,所以要经过两级减压,0.7 MPa→0.4 MPa 减压阀组 11 的作用就是为其提供 0.4 MPa 的压缩空气。

日用空压机提供日用空气,所以其设计压力为 0.8 MPa,但工作压力为 0.7 MPa,空压机后也设有气水分离器、日用空气瓶 6 等。

应急空压机主要是在特殊情况下为柴油发电机提供启动空气。当船舶第一次使用时,或发生死船状态(即船上无电、无气)时,首先要实现供电,使柴油发电机启动起来,才能启动各种机械设备。因而应急空压机如是电动的,则必须由应急发电机供电(应急发电机能手动启动或由应急电瓶供电启动);如果是柴油机带动的,则必须配置能手动启动的柴油机。为此还设有专门的应急空气瓶,供柴油发电机启动用,平时也可由主空气瓶为它充气。

两台空压机出口处一般都要装止回阀,以免当其中有一台空压机运转时,高压空气倒流入另一台停止运转的空压机内使其损坏。有的空压机的压缩空气出口管上还装有高压软管,防止因空压机运转时产生的震动造成管子震裂。

空气瓶出口也要装止回阀,以免一只空气瓶中的压缩空气快用完而转换到使用另一只压缩空气充足的空气瓶时,压缩空气倒流入另一只空气压力不足的空气瓶中,影响使用。此外,空气瓶上还设有安全阀或安全膜片、压力表和放水阀等。

(2) 控制空气系统

船舶上需要控制空气的自动化机械设备及阀件等一般有主机及柴油发电机操纵装置、燃油舱速关阀、冷却水系统的调温阀、油舱柜加热用的温控阀、液位遥测系统、消防泵/总用泵的自吸装置、分油机、舱底水分离器自动排放系统、焚烧炉等都需要控制空气。因而管路十分多,但原理却十分简单,只要将压缩空气通过管路送到用气设备或阀件,中间设有必要的截止阀即可。为了确保船舶的安全,控制空气系统设有一只应急控制空气瓶,瓶中平时应始终充满规定压力的压缩空气,专门为燃油速关阀系统供气;另外还设有一只控制空气瓶,在控制空气瓶的出口管路上装有控制空气干燥器,去除空气中的湿气。

二、压缩空气管系原理设计

压缩空气管系的原理设计主要包括主机和辅机的启动管系、汽笛和雾笛的气源管系、风动工具等杂用管系、压力水柜的压力源管系以及清除吹洗管系等。

以 35 000 t 级船舶为例,其压缩空气管系设置两台主空压机组、一台辅空压机组,其排气压力均为 3.0 MPa,排气量分别为 118 m^3/h 和 84 m^3/h;两只容量为 4 m^3 的主机启动空气瓶,一只容量为 0.25 m^3 的辅机启动空气瓶,一只容量为 0.4 m^3 的汽笛气瓶,一只容量为 0.4 m^3 的控制管路气瓶;还设置了各种空气滤器、减压阀组、气水分离器等设备和相应的管路和阀件,如截止阀、止回阀、安全阀和压力表等。两台主空压机能自行启停,且互为备用,辅空压机也能自行启停。三台主空压机的管路连接能满足并联工作或单机工作,可任意向主、副空气瓶内充气。通常在航行状态下则用辅空压机进行补气;备车、进出港等机动操纵等耗气量较大的运行状态下则用主空压机补气;在应急工况时,也由辅空压机补气,且其通过应急电站供给电源和辅海水泵供给冷却水。

在空压机的吸入口均设置空气滤器,也有由空压机自带滤器,以过滤进气,避免杂物进入而出现运行故障;由空压机排除的高压空气应先进入气水分离器,经过处理分离所含水份之后再注入各空气瓶储存备用;主、副空气瓶的充气压力为 3.0 MPa,其他空气瓶的气源来自主空气瓶,由于其他用途的空气压力均低于主机启动压力,故在系统中通常设置减压阀,将压力减至所需的压力后注入相应的气瓶中备用。

系统中还设置了从空压机直通主机进气的管路,以便直接向主机供给压缩空气。

系统中设置了五组减压阀装置,每个减压阀前都设置了空气滤器,以清洁进入杂用气瓶的压缩空气。减压后的分支管路有以下几种:

(1)由 3.0 MPa 减压至 1.0 MPa,作汽笛、雾笛气源用,并充入汽笛空气瓶;

(2)由 3.0 MPa 减压至 0.8 MPa,作主、辅机的自动控制和调节气源用,并注入控制气瓶;

(3)由 3.0 MPa 减压至 0.7 MPa,作机舱吹洗和甲板部位的杂用气源,并注入杂用气瓶;

(4)由 3.0 MPa 减压至 0.7 MPa,作油舱、柜快关阀控制操纵气源,并注入快关阀气瓶;

(5)由 3.0 MPa 减压至 0.3 MPa,作为各压力柜压力源用和海底门吹洗等杂用,并注入杂用气瓶。

各类气瓶均设置压力表以监察气瓶的压力,并设置放泄阀,以便必要时放泄气中的积水和余气,放泄管路直通舱底。

进入主、辅机的安全控制和机舱自动化设施的空气管路中,设置一台空气除湿器,以去除水分,确保控制仪器的工作安全可靠。

下列处所均通有压缩空气管路,并设置相应规格的阀件:

(1)主机启动空气进口;

(2)辅机启动空气进口;

(3)淡水压力柜进口;

(4)卫生水压力柜进口;

(5)饮水压力柜进口;

(6)主机空冷器清洗进口;

(7)左舷高位海底门冲洗;

(8)右舷海底门冲洗;

(9)应急消防泵舱海底门冲洗口;

(10)机舱自动化控制空气进口;

(11)主机控制系统和空气弹簧空气进口;

(12)锅炉吹除进口;

(13)污水处理装置空气进口;

(14)主机 CO_2 灭火吹洗管;

(15)机修间吹洗管;

(16)喷油器试验台用气口;

(17)厨房油炉灶用气口;

(18)雷达桅上汽笛进气口;

(19)艉部撇缆枪用气口;

(20)艏部杂用气瓶进口;

(21)CO_2 站吹除管口;

(22)主甲板杂用气管口;

(23)快关阀气瓶进口;

(24)机舱上、下底各层平台等处所的备用气管口。

第四节 冷却管系

一、冷却管系的功用与组成

1. 功用

船舶柴油机动力装置工作时,有许多机械设备要散发出大量的热量。例如在柴油机中,燃油燃烧时所放出的热量有 25%～35% 要从气缸、活塞等部件散出。为保证受热部件温度不致过高而影响正常工作,或者不致因受热负荷过大而损坏,必须及时有效地散发这些热量。通常是使一定量的液体连续流经受热部件进行冷却,把这些热量携带至被冷却的机械设备以外。船舶柴油机动力装置中需要散热冷却的机械设备有:

(1)主、辅柴油机,包括气缸、活塞、喷油器、增压器等;

(2)主、辅柴油机的滑油冷却器、淡水冷却器等热交换器;

(3)轴系中的齿轮箱、轴承、艉轴管等;

(4)空气压缩机、冷凝器等设备。

冷却管路的功用就是对上述需要散热的设备供以足够的淡水、江水、海水或冷却油,进行冷却,以保证其在一定温度范围内可靠地工作。

2. 组成

冷却管系的基本组成设备有:冷却水管、滑油冷却器、淡水冷却器等热交换器,工作水箱、膨胀水箱、相应的管路和阀件等附件,调节和控制用的仪器仪表,如温度调节阀、自动控制仪器设备等。

二、冷却管系的类型及组成

冷却管系按冷却介质不同(指冷却柴油机气缸、气缸盖的冷却介质)可分为空气冷却(风冷)、水冷却、油冷却三种类型。目前船用柴油机几乎都采用水冷却气缸和气缸盖;而活塞、喷油器等有采用水冷的,也有采用油冷的;增压空气是采用水冷的。

按冷却液的循环形式可分为开式循环冷却系统和闭式循环冷却系统两种类型。

1. 开式循环冷却系统

开式循环冷却系统是直接利用舷外水(海水或河水)冷却各受热部件,然后再排至舷外。

图 3－10 是开式循环冷却系统的简图。由柴油机带动的水泵将舷外水经海底阀、滤器、管道吸入,经三通阀可全部或部分(旁路一部分)进入滑油冷却器冷却滑油后再进入柴油机冷却进水总管,分别进入各气缸冷却水套、气缸盖冷却水腔,最后汇集到出水总管,经节温器排出舷外或部分再参与冷却循环。节温器起冷却水温调节作用,如果出水温度低于规定值,它可允许部分出水再流入泵入口处参与再循环,这样可减少冷却热损失,提高热效率。

开式冷却管系的优点在于其设备和管路均较简单,维修方便,其冷却介质为舷外水,因舷外水取之不竭,用之不尽,所以使用方便,经济性好,不必专设冷却储存舱柜,而可做到随用随取。但开式管系有如下严重的缺点:

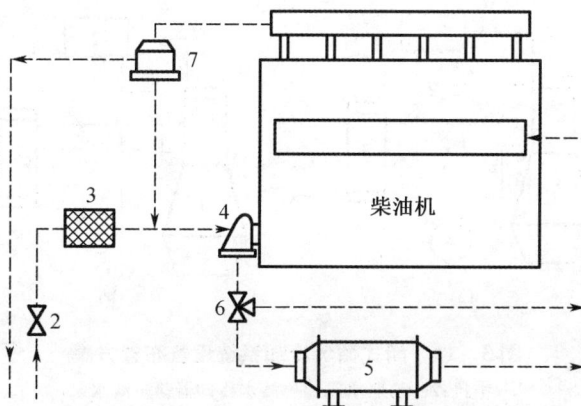

图 3 - 10　开式循环冷却系统

1—通海阀;2—进水阀;3—过滤器;5—冷却水泵;18—机油冷却器;
20—三通阀;23—调节器

(1)舷外水的水质差。舷外水是江河湖海中的水,往往都含有各种泥沙、杂物,在码头、港口等还常常含有油污。这些物质随舷外水一起吸入,因此有可能堵塞管路、设备及阀门等附件,也因杂物附着于冷却表面而降低冷却传热效率,介质水和杂物中的各种氯化物盐、碱等物质还与金属壁产生腐蚀作用和积垢,这都会影响传热效果或损坏管道和设备。试验表明,海水在冷却过程中温度升高,如果达到 50 ~ 55 ℃,则会引起海水的大量析盐,这些盐会使管壁和设备冷却腔内积垢严重,破坏传热和损坏设备。对于柴油机来说,其气缸头、气缸壁,在工作时温度是很高的,海水很易达到上述温度范围以上。

(2)舷外水的温度变化较大。舷外水由于受气温、季节和航行区域的影响,其温度变化的幅度范围很大。上面讲到过,柴油机中进入的冷却的温度是有一定要求的,太高不行,太低也不行,所以柴油机的设计经过计算和试验都规定了其冷却液的最佳温度范围。过低的水,由于气缸壁的内外温差悬殊,而致应力过大造成缸裂,又因散热过多而使柴油机工作效率降低。因此直接用舷外水为介质的开式管系的使用就很受限制,通常只在一些小型和简陋的船舶上使用,或者在一些辅机设备中使用,如热交换器、排气管、艉轴管、空压机上的冷却等。

2.闭式循环冷却系统

为了克服开式循环冷却系统的缺点,在闭式循环冷却系统中用经过处理的淡水冷却柴油机受热部件,并在冷却系统内形成封闭循环线路。做封闭循环的冷却淡水再由一个开式循环的舷外水(海水或河水)通过淡水冷却器进行冷却。陆用柴油发电机组和车用柴油机的封闭循环冷却水是由柴油机带动的风扇来冷却的。

图 3 - 11 是船用柴油机闭式循环淡水系统设备的两种布置方案。图 3 - 11(a)是将淡水泵的出口与柴油机直接相连,这样水泵出水压力没有像图 3 - 11(b)那样在淡水冷却器内有压力损失,防止冷却淡水在气缸冷却水腔内汽化,保证柴油机可靠冷却。但如果淡水冷却器内有泄漏时,由于淡水经冷却水腔的压力损失后,在淡水冷却器内的压力较低,容易使海水漏入封闭循环的淡水中。从这一点来看,图 3 - 11(b)的布置方案是有利的。

图 3 - 12 是一台柴油机的闭式循环冷却系统简图。

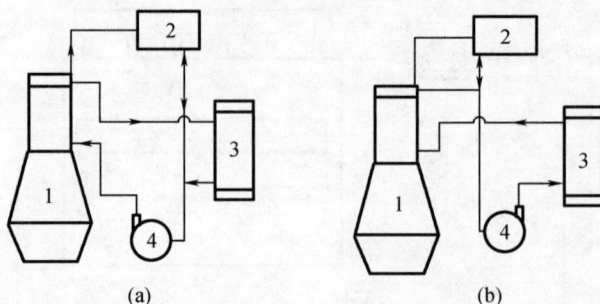

图 3-11　闭式循环冷却系统设备布置方案

1—主机；2—膨胀水箱；3—淡水冷却器；4—淡水泵

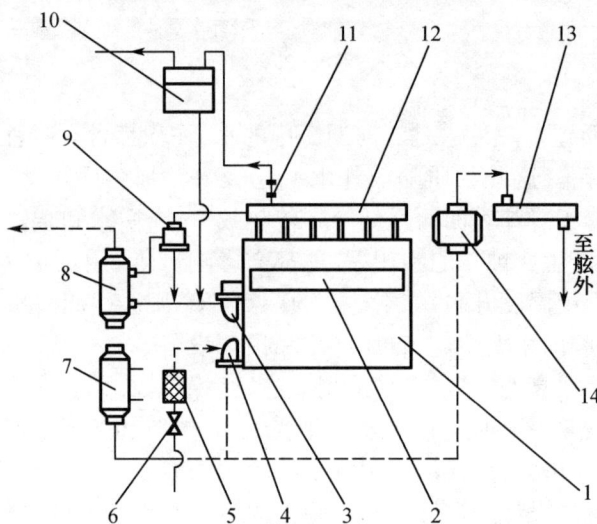

图 3-12　闭式循环冷却系统简图

1—主机；2—进水总管；3—淡水泵；4—海水泵；5—滤器；6—通海阀；
7—滑油冷却器；8—淡水冷却器；9—节温器；10—膨胀水箱；
11—放气阀；12—出水总管；13—排烟管；14—空冷器

　　淡水泵将循环冷却淡水直接压入柴油机的进水总管,冷却各缸的气缸套、气缸盖,然后汇集在出水总管,再经节温器控制通过淡水冷却器的水量,至淡水泵入口处。节温器根据出水温度的高低能自动调节进入淡水冷却器的水量,从而达到控制冷却淡水的合适温度。为了使闭式循环系统内的空气或水蒸气顺利地排出,不断补充系统中因蒸发或泄漏而损失的冷却淡水,在较高位置设有膨胀水箱。平时箱中水位保持在2/3处,水位太高不利于气体及时排出。在闭式循环的淡水系统中,设有放气和放水旋塞。放气旋塞一般设置在高处的气缸盖出水管上；放水旋塞设在最低位置,以备柴油机长期停车时放掉系统中的冷却水,以防严冬季节冻裂柴油机机件和管道。在出水管处还设有温度计和因某种原因引起冷却水温度突然升高而超出规定值时的自动报警器。为了防止工作在低于 0 ℃ 条件下的柴油机在短期停机时冷却水结冰,在冷却水中加入防冻剂。常用的防冻剂有:酒精、乙二醇、氯化钙、氯化镁、矽化钠等。加入量可通过实验方法确定。为了防止冷却淡水积垢和腐蚀作用,在冷却淡水中往往加入添加剂。目前使用的添加剂有重铬酸钾(按质量加 1.0% ~ 1.2%)和 NL 乳化防蚀油(按质量加 1.0% ~2.0%)。

海水由海水泵经过通海阀、滤器吸入,一路压至滑油冷却器、淡水冷却器后排到舷外,另一路到增压空气冷却器(有的柴油机还流经排气管夹层)后排到舷外。

闭式冷却管系的优点:

(1)循环在冷却机械(柴油机等)内的水是清洁的淡水,所以腐蚀性差,水垢产生较少,从而避免了管路、阀件等设备堵塞的现象,提高了系统工作的可靠性。

(2)淡水不会像海洋那样在温度 >50 ℃时产生析盐现象,所以一是能维持较良好的传热效果,二是进入柴油机的水温也不受限制,通常可达到65 ~85 ℃;在某些船舶中高的可达95 ~110 ℃;这样使气缸壁、盖等高温部件表面与冷却水之间的温差就缩小,热应力就会相对小,有利于机械设备使用寿命的提高,同时也提高了系统热效率。

(3)在需要暖机时若关上舷外水,使闭式系统中淡水自行循环而不冷却,这样很快就能达到暖机目的,有时也有在膨胀水箱中接入蒸汽管路,以加热淡水后再循环,这样就能加快暖缸作用,缩短启动时间。

淡水在柴油机的进、出口温度反映了柴油机的冷却状况。从避免柴油机部件过热的观点看,似乎淡水出口温度低些好,但出口温度过低则表示柴油机热损失太大,降低热效率,且气缸壁等部件温差太大,使热应力增大,容易破裂、磨损、腐蚀。但如果出口温度过高,则显示了冷却效果不好,气缸壁等部件因表面温度太高,而使缸内滑油易蒸发和变质,破坏滑油油膜,同样也加剧气缸内阻水橡胶密封圈磨损、加速老化等破坏结果。所以淡水在柴油机的进、出口温度都应合理地控制。

闭式冷却管理由于具有上述特点,所以常被应用在要求较高的大中型柴油机的气缸、活塞、喷油器、增压器等重要设备的冷却。

三、冷却管系设计时的一般要求

1. 冷却水泵的要求

(1)对于柴油机动力装置,主冷却水泵必须设两台,其中一台备用,而备用泵必须是独立动力驱动。若多台主机则可共用一台独立动力的备用泵。小型船舶可用其他用途水泵代替备用泵,但其排量应满足各种设计用途的需要。

(2)对辅机冷却系统中多台辅机共用一台冷却水泵时,也应设备用泵。

(3)主、辅机均采用淡水冷却时,如海水管系有应急的连接设置时,则淡水泵可不设用泵。

2. 管路及附件的要求

(1)柴油机的冷却管系的布置,应能有效地调节冷却水的进口温度,以控制其进水温度在柴油机要求的范围内,使机组正常工作。

(2)闭式管系应设置膨胀水箱,并应设高温报警、水位的低位报警,以免动力装置工作失常。

(3)冷却水泵的出口端应设置安全阀,以避免泵出水的压力超过管系的设计工作压力。安全阀的泄水排至舱底,安装位置应在花钢板以上易于见到的部位,阀的排水应易于观察。

(4)海水管系应连接不少于两个舷外海水吸口,并分布于两舷。其管路的布置应能满足任一台水泵均可自任一海水吸口吸入海水。

(5)海水冷却中的所有装置均应有防蚀措施。

（6）海水进水管路中应设置滤器,且管路的设计应满足滤器清洗时不致使冷却水的供应中断。

（7）如采用多台主机的动力装置,其闭式冷却管系则应每台主机有各自独立的闭式管路。

（8）开式与闭式冷却管路之间,有时设置相通管路,中间设置隔离阀,以便于一旦闭式冷却系统发生故障时,可临时采用直接冷却方法,从开式管系中引入冷却水进行冷却。

（9）通海阀及舱底水的应急吸口的截止止回阀,其操纵手轮应高于花钢板以上至少460 mm,对于小型船舶,因布置有困难时可另行考虑。

（10）海水系统的海底阀箱应设置透气管、蒸汽管和压缩空气吹除洗管,以便海底门被堵塞或结冰时能及时清除。海底门通海部位设置格栅或孔板,其栅间距孔径应不大于15 mm,其有效流通面积应不小于阀流通面积的 2~3 倍,特殊航区的需要还可适当增加。

（11）主机的淡水冷却管系应设加热装置或与辅机淡水冷却管路连通。

3. 其他设施和要求

其他设施和要求可按建造规范等相应的规定设计。

关于系统中的管路应尽可能短,且以小让大,以海水管较淡水管为短等原则进行设计考虑。

第五节　舱底水管系

一、功用与要求

舱底水管系的功用是抽除舱底积水。造成舱底内积水的原因有:

（1）机舱内冷却管系的海、淡水漏泄;燃、滑油管系的燃、滑油漏泄;蒸汽管系凝水漏泄及机械设备的泄放。

（2）海水由船体不严密处渗入和雨水、甲板冲洗水的漏入。

（3）军用船舶某些专用舱的降温及浸水后的积水。

（4）船体破损后的大量排水。

舱底水不仅对船体有腐蚀作用,而且在货舱内会因浸湿货物造成货损,机舱底积水还会影响操作,当舱底水太多时甚至要影响船舶稳性和航行的安全。所以定期地将舱底水排除是十分必要的。

图 3-13 为某散货船舱底水系统图示意图。图中机舱部分设置了 3 只污水井,一只位于机舱的后部,两只位于机舱前部的左右舷;在主机下部一般设有凹坑,根据情况可以设置污水井,也可以不设;机舱尾部双层底内还设有舱底水舱。货舱内每一舱的后部左右舷也均设有两只污水井;艏部锚链舱内也设有污水井。舱底水吸入管末端都设有吸入口。

在常规船舶的舱底水吸入处,污水井内或舱底水舱内均设有自动高位报警装置,以便及时开阀和用泵排除舱底水。满足规范无人机舱要求的船舶往往还装有阀门遥控系统和舱底水自动排放设施。

系统中还设有专门的舱底水泵和兼用的舱底总用泵、消防总用泵,为防止含油污水排至海水中,机舱内设有舱底水油水分离器或处理设施。

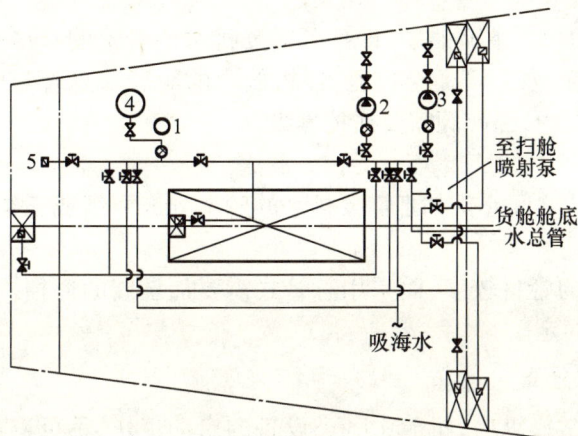

图 3 – 13　舱底水系统示意图

1—舱底水泵；2—消防总用泵；3—舱底总用泵；4—舱底水油水分离器；
5—舱底水吸入口；6—舱底水舱

舱底水泵或总用泵均可吸取各污水井内的污水。一般在每一路舱底水管的两端都设有截止止回阀或止回吸入口，以防止舱底水的倒流。

航行时，通过机舱舱底泵吸入的含油污水必须排至舱底水舱；当船舶靠码头时，可以再将舱底水排至岸上专门的舱底水接收装置。如要排到舷外，则通过舱底油水分离器分离后，其含油量小于 15 mg/L 时才可排出。货舱污水井内的舱底水或机舱内洁净不含油的舱底水可以通过总用泵抽吸并直接排舷外。

船舶除在正常航行的状态下，要及时排除货舱、机舱内，特别是机舱内的舱底水。为了保证有效地排除舱底水，对舱底水管系有如下要求：

（1）应能保证船舶在正浮或向任何一舷倾斜不超过5°时，都能排干舱底内积水。

（2）舱底水管系不允许舷外海水或任何水舱中的水经过该管系进入舱内，即在舱底水管系中，水的流动是单方向的，即"只出不进"。所以管系中的分配阀箱、舱底水总管和直通舱底水泵支管上的阀门等均应为截止止回阀，以防各舱底水互相沟通。

（3）舱底水泵、压载水泵、消防水泵等若相互接通时，管系的布置应保证各泵能同时工作而不互相妨碍。

（4）舱底水通常积在舱的底部，吸口位置甚低，故舱底水泵应为自吸式泵。

对于航行于沿海港口和国际航线的船舶，还应特别考虑舱底水除油的要求。因为机舱舱底水中含有油分，如果燃油舱兼作压载水舱，压载水中含油量就更高，特别是油舱压载水中的含油舱底水大量排入海水中，使海水污染，影响海中生物生长和危及沿海各国的环境，为此，船舶排放的舱底水所允许的含油量标准必须达到国际标准才能进行排放。

二、管路布置方式

舱底水管路布置有三种方式：

1. 支管式

对各需要排水的舱室，从每个吸口引出支管通过截止止回阀或截止止回阀箱，经舱底水总管接至舱底泵。

2. 总管式

适用于设有管隧的大、中型船舶,即从各需要排水的舱室的吸口引出支管通过截止止回阀接至管隧中的总管,该总管通至机舱,经机舱内的舱底水总管与舱底泵相连接。由于总管式的阀布置在管隧内,因此阀需要遥控操纵。

3. 混合式

介于上述两种方式之间。例如把需要排水的舱室分成两组或三组,由两根或三根分总管与舱底泵相连接。

采用支管式耗用的管材较多,而采用总管式需要加设阀的遥控操纵系统,具体采用何种方式由船舶的类型而定。

三、舱底水的油污分离

在船舶运行的日常操纵中,机舱中各类设备的启动工作,不可避免地会有大量的含油污水积聚舱底,另外油舱装载压载水,油舱柜漏泄或破损泄出油等现象均可能使舱底水的含油量超标,从而违反国际有关公约。国际防污染公约中规定了船舶排水中的含油量不得超过 10 mg/L,因此船舶设计必须设置污水分离器等污水处理装置。

污水处理的方法有 2 种:

(1)利用油与水的密度差采用上浮分离法。

(2)利用污水分离器进行的分离法。

船用污水分离器即采用油水密度差分离法的装置。常用的污水分离器有德国的 TURBULO 型分离器和 VICOR12 型分离器,国产的有 Y9CZ 型和 C8F 型污水分离器。分离器分别有 $0.5 \sim 5$ m³/h 的各种规格,排放标准均能达到小于 10 mg/L。

分离器的基本原理是通过过滤、凝聚、吸附、转折及分离各过程,使油分从污水中分离出来。

下面介绍一种我国自己设计制造的采用金属网油滴聚合分离形式的组合装置。图 3 - 14 为该形式的 0.5 m³/h 排量的油污水处理装置结构原理图。

这种装置设有一个公共基座,有两个圆柱筒体,一个电动柱塞泵,一个电气控制箱。装置的主要技术性能参数如下:

泵形式:电动柱塞泵　　　　　处理能力:0.5 m³/h

排油方式:自动和手动　　　　加热方式:蒸汽或电加热

工作压力:19.6 N/cm²　　　　出口压力:12.74 N/cm²

进水管直径:25 mm　　　　　出水管直径:25 mm

排水管直径:25 mm

该装置的工作原理:含油污水从切向进入第一级组分离筒体上部,产生旋转流,由于油、水密度差,因此水中粗大油滴首先上浮分离;经粗分离后的水继续下降,进入金属网油滴聚合装置,此时水中微细的油滴聚合成较大颗粒而与水分离开,网状油滴聚合装置是一个多孔的圆柱体,内部有无数曲折细小的通道,油污水流过时,比聚合装置上小孔直径大的油滴被截住并黏附于金属丝网上,由于油的黏度比水大,故不会被水冲走,黏附的油滴则成为更小油滴的聚合中心,使水流中细小油粒不断向聚合中心聚合,随着分离过程不断进行,油滴会越来越大,粗大油滴就会因浮力而沿着金属网上浮,直至溢出。金属网上油滴的聚集会在网上形成油膜,金属网就会成为一种亲油疏水的材料,使水易流走,油被黏附。从第一筒体下部流出的水进入第二圆筒,被进一步处理,第二圆筒中其金属网孔径更小,这样同

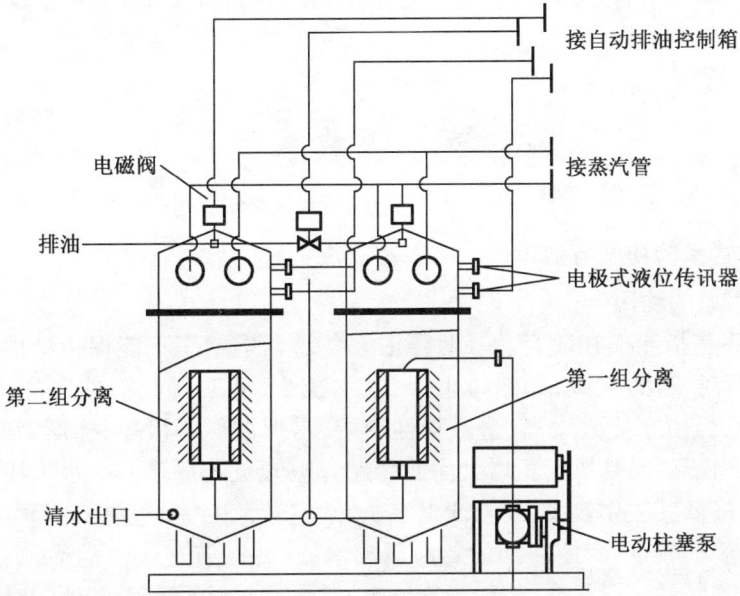

图3-14 油污水处理装置结构原理图

第一级一样的原理,更细小的油点被聚合分离出来,最后油点与水被一起压出并随着其密度之差使油水分离,清水从第二级分离筒下部流出,并符合含油量小于10 mg/L的要求。装置采用自动排油机理,聚集筒上部的油达到一定量时,电磁阀动作,即开始排油,至一定位置时电磁阀动作使排油停止。在分离过程中筒内设加热盘管,使含油污水加热,温度高时油水的密度差加大,使油水分离快,水的黏度随温度上升而降低,使浮水中的油滴上升的阻力减小。一般分离时加热至40~60 ℃最适宜,且不宜超过70 ℃,因此时会因油的黏度下降太大而使油滴在流动过程中被撞碎,从而影响油滴凝聚而降低分离效果。

油污水处理,不仅用于舱底水的处理,或油舱兼作压载水舱时的水处理,还有用在生活污水处理,如来自病室、厕所等处的污水。一般生活污水采用ST-4型生活污水处理装置,它们的排放还应满足细菌(如大肠杆菌)等微生物的含量规定,它们的设计是另成一系统,本书只简略介绍一下,关于排放、处理等要求可根据"防污染公约"中的规定,读者或设计人员自行阅读各类资料即可。

四、舱底水系统的原理设计

以某大型船舶为例,系统在机舱内设置两台舱底泵:一台活塞式,一台离心式。另设一台喷射泵,管路与总用泵相连,以便在必要时以总用泵抽吸舱底水。

两台舱底泵并联,也可各自独立工作,并分别连接至污水分离器;设置六组截止止回阀箱,分别以支管接至各舱所设的污水井;阀箱是其他各组阀箱的总阀箱,并接通泵的吸入口,经过污水处理器再通过舷侧阀排出舷外;关于锚链舱、泵舱和舵机舱同样也设置吸入口和管路连至就近阀箱,或设置一台手摇泵和管路将舱底水抽出排至舷外或排至临近的污水井。

对于机舱除上述舱底水管路外,还应设置应急舱底水管路。由于机舱是全船的心脏部位,一旦发生事故,舱内进水则会使其他各种设备被迫停止工作,设置应急系统并分别有吸口和管路接通主海水泵和总用泵,一旦发生事故可立即排除舱底水,保证动力装置及各设备正常运行。

第六节 压载水管系

一、压载水管系的功用与要求

1.压载水管的功用

压载水管系是指船舶在航行、装卸、停泊等各种营运状态下能保持稳性的一种重要系统。船舶在航行时,若为空载,则船体上浮,吃水减少,从航行经济性考虑,吃水少则阻力小,可提高航速,但由于重心太高,造成稳性变差,易形成船舶横摇,摇摆周期短,人员就会感觉不舒服,又由于船舶受风面积增大而使船舶有被倾覆的危险。吃水太浅还会使螺旋桨和舵露出水面,降低其工作效率,还会产生水击、桨空转及船体严重振动等危害。对于艉机型船舶,则由于艉部较重,而使艏部的船底露出水面,此时若遭浪击的话,则很容易破坏船舶平衡,因此在不同的航行状态、船舶载货情况及航行海域位置下,必须随时调整船舶吃水的深浅,以避免上述危险现象的出现,船舶压载系统的设置就是为了保证船舶在航行、出入港口、货物装卸等各种工况以及装货量多少等情况下都有一定的吃水深度、一定的重心高度和稳性平衡状态,也即通过随时调整各压载水舱的压载和排水使船达到平衡和恰当的排水量。总而言之,压载水系统就是对压载舱注入或排出压载水,以达到:

(1)保持恰当的排水量、吃水深度和船体的纵、横向平衡;

(2)维持一定的稳性高度;

(3)减少船体过大的弯曲力矩和免受过大剪切力;

(4)减轻船体因压载不当引起的船体震动。

船体结构中有艏尖舱、艉尖舱、双层底舱、边舱、顶边舱及深舱等,它们均可作为压载水舱用,有些又作为燃油储藏舱用,但必要时也可注入压载水作为压载舱。艏尖舱和艉尖舱对调整船舶纵倾最为有效,且艏尖舱因位于船首的艏隔舱壁之前,该处最易被撞,故被作为压载水舱用。由于货船中以双层底等作为压载舱在空载情况下压载量是远远不够的,故有时将货舱也兼作压载舱用,顶边舱也常用来压载。表3-1为压载水量与载重量的关系比值,可供参考。

表3-1 压载水量与载重量的比值

船种类	主尺寸(长×宽×型深)/m	载重量/t	压载水量/t	压载水占载重量比例/%
散装货船	165×22.9×14.7	23 000	18 110	79
	216×31.09×17.53	55 000	26 866	48
	241×40.8×20.35	107 000	49 128	45
干货船	145×21.8×13.25	12 500	7 192	58
	134×19.8×12.3	13 435	8 355	62

表 3 - 1(续)

船种类	主尺寸(长×宽×型深)/m	载重量/t	压载水量/t	压载水占载重量比例/%
油船	211×31.5×15.6	51 600	26 400	51
	252×38.0×21.8	103 500	44 848	43
	310×46.4×23.6	210 600	123 414	58
矿砂船	170×26.0×13.15	27 000	22 674	82
	210×32.2×17.8	56 474	40 912	72
	225×35.3×18.5	74 200	45 487	61

2. 压载水系统管路设计的一般要求

除了与舱底水管系设计相仿的一些要求外,压载水管系还有其独特的一些要求。

(1)当压载水舱的长度超过 35 m 时,一般应在舱的前后端均设置吸口。

(2)压载水管不得通过饮水舱、锅炉水舱、滑油舱,其管系不得与机舱、干货舱等中的舱底水管和油舱管子相接通。

(3)当油舱、水舱或干货舱兼作压载水舱时,则压载管系应设置盲板或隔离阀,并避免发生含油压载水排放,造成污染。

(4)压载水泵实行遥控时则应在操纵部位设置运转指示装置。

(5)通常压载水在管路内流动不是单向的,有注入和排出。因此系统内不得用止回阀,一般多采用截止阀箱。

(6)同舱底水一样,管系多布置于管隧内,以防水管泄漏,使污水进入货舱。

(7)穿过防撞舱壁时,管路应在甲板以上设置能启闭的截止阀。

(8)压载水管系的布置,吸口的布置应满足正常运行条件下的正浮和倾斜位置能排、注压载水,各压载水舱能互相调驳。

二、压载水系统的布置方式

压载水管系有以下几种布置方式:

1. 支管式

压载水集合管设于机舱前壁或后壁,集合管和压载水泵间用总管相连,集合管和各压载水舱间用支管相连。这种形式便于管理,且各舱均可独立排水和注水,但管路较长,可用于普通货船的双层底、深舱、舷侧顶边舱等。图 3 - 15 为支管式压载系统。

2. 总管式

对于作压载用的双层底舱、深舱,可在船长方向敷设总管,由总管向各舱上出支管,在支管上安装吸口和遥控阀。油船、散装货船、矿砂船等大型船舶常用这种形式。

图 3 - 16、图 3 - 17 为总管式压载系统。

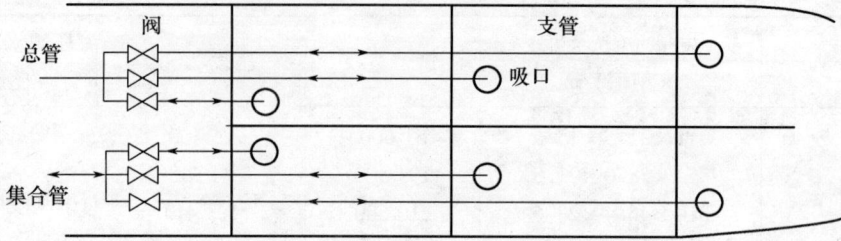

图 3-15　支管式压载系统

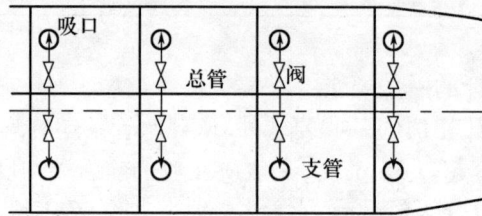

图 3-16　单总管式压载系统

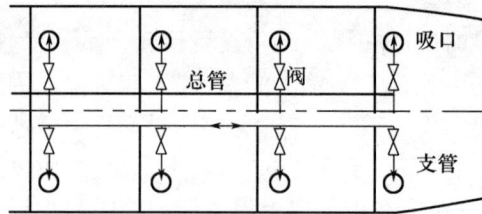

图 3-17　双总管式压载系统

3. 管隧式

为避免隔舱开孔和便于维修,在双层底内设管隧,在管隧内敷设压载水总管或支管。这种形式为矿砂船和散装船等所采用。

三、压载水管系原理设计

以某大型船舶为例,系统中设置了 NO1-6 边压载水舱,艏、艉压载水舱。NO1-6 边压载水舱设置两台大排量压载水泵,双层底中的燃油储存舱也可兼作压载水舱用。

系统中各压载水舱均设置吸入口,由管路接至阀箱,通过压载水泵,并接入海水总管,再由海水总管接通舷外。

系统还与总用泵和舱底应急排出管相连接,以便于压载、舱底、消防各系统互为备用。两台压载水泵,通常一台备用,也可两台并联工作,以加速压载水的排注。

系统中设置了排水集合井,以便可利用自流将上部的压载水流入集合井,也可排注入下部的压载水舱。流入集合井的压载水则用泵排出舷外。

接燃油舱的总管上平时用盲板或截止阀隔断,必要时接通使油舱兼作压载水舱。

第七节　消防水管系

一、消防水管系的功用与种类

船舶上发生火灾是十分危险的,特别是客船、油船,火灾不仅会给人员产生威胁,使货物遭受损失,严重时更会船毁人亡。因此,船舶上的防火和灭火工作十分重要,船舶建造规范专门有一章对船舶消防做出详细明确的规定和要求:没有消防设施的船舶不得建造、不得使用。船舶上设置消防系统对预防和消除船上的火灾事故起着巨大的作用。

1. 引起船舶火灾的原因

火灾原因是多方面的,常见有下列几种:

(1)由于电气线路的绝缘不良或短路引起火灾;

(2)由于油气积聚过多;

(3)由于油料、油漆、木材和纸张等易燃品的保管不慎;

(4)军用舰艇上武器弹药的保管不当。

2. 火灾发生的三要素

(1)具有可燃烧的物质,如油气、燃油、木材等;

(2)达到燃烧点的温度或有引燃物,如电气线路短路起火,烟头或火柴点火等,而致使可燃物达到燃烧点的温度;

(3)燃烧所必需的助燃物质,如氧气、空气等。

3. 船舶上的消防种类

(1)水消防;

(2)蒸汽消防;

(3)泡沫消防;

(4)二氧化碳(CO_2)消防;

(5)卤化烃消防,等等。

二、各种消防措施的灭火原理及适用范围

1. 水消防管系

(1)要求

水消防的基本原理是利用强大的水流喷注到着火区,从而使燃烧物被冷却降温,水遇热后的蒸发能吸热也使火区降温,蒸发的水汽使火区周围的空气中氧的浓度稀释,使燃烧缺氧也能达到灭火的目的。水消防是船舶上应用最广泛的,其消防水为舷外的海水或江河水,取之方便。其缺点是灭火范围有一定限制,而在船上较多见的是油火灾、电气引发的火灾等,海水是含 Na 等金属离子的介质,有导电作用,会使电气火灾产生不利的后果。

为了可靠而有效地灭火,对水消防管系提出如下要求:

①所有消防水泵应为独立机械传动,通常采用离心泵,卫生水泵、压载水泵或总用水泵如符合消防水泵的有关要求,均可作消防水泵用。100 总吨以下的货船,消防水泵可由主机带动。对消防水泵的配置要求见表 3 - 2。

表 3-2　对消防水泵的配置要求

船舶类型		台数	容量	压头
客船	小于 500 总吨	至少一台	排量应不少于 25 m³/h	小于 1 000 总吨船舶的每一台消防泵应能在船舶最高位置的消火栓上至少维持两股射程各不小于 12 m 的水柱
	大于和等于 1 000 总吨,但小于 4 000 总吨	2	总排量应不少于该船所需全部舱底泵计算排量的 2/3	当两台消防水泵同时工作并通过规定水枪由任何相邻消火栓输出要求水量时,在所有的消火栓上应维持的压力不小于 2.8 at
	大于和等于 4 000 总吨	3		同上,但不小于 3.2 at
货船	小于 1 000 总吨	至少一台	排量应不少于 25 m³/h	船上每台消防泵应能在船舶最高位置的消火栓上至少维持两股射程各不小于 12 m 的水柱
	大于和等于 1 000 总吨,但小于 6 000 总吨	2	总排量应不少于该船所需全部舱底泵计算排量的 2/3,但不必大于 180 m³/h	当两台消防水泵同时工作,并通过规定水枪由任何相邻消火栓输出要求水量时,在所有的消火栓上应维持的压力不小于 2.6 at
	大于 6 000 总吨	2		同上,但不小于 2.8 at

②各消防水泵(应急水消防泵除外)的排量最好采用相同的。如各水泵排量不同,则最小一台水泵的排量不应小于所需消防水泵总排量的 80% 除以消防水泵台数,且至少应满足两股射程不小于 12 m 的水柱要求,其排量不足部分应由较大排量的水泵补偿。

③对大于和等于 1 000 总吨的船舶,应至少备有一只国际通岸接头,并便于由船舶的任何一舷连接,以便在船舶失火时,相互救援灭火。

④消火栓的布置和数量,应至少能将两股不是同一消火栓所出的水柱射至船上人员经常到达的任何部位。消火栓位置应便于连接消防水带和进行有效的灭火。

(2)水消防原理

图 3-18 为货船水消防管系原理图。

货船上消防主要用于机舱、平台甲板、主甲板、上甲板、起居甲板、艇甲板及驾驶甲板灭火用,同时也用作冲洗甲板及锚链用。

图 3-18 机舱中设有两台消防水泵(兼压载用,图中只绘出一台),它们经各自海底总管吸入阀箱吸水后打出,经排出阀箱、消防总管及支管,将消防水供至分设在各层甲板的消火栓上,火灾发生时消防水带与消火栓相接。同时消防水还供甲板及锚链冲洗。

消防水带通常以帆布或其他认可材料制成,每根水带附有一支水枪和必要的接头,其长度不大于 20 m。

在上甲板还设有国际通岸接头两只。

考虑到机舱内的失火,在机舱外轴隧内设应急消防水泵一台,它具有独立的海底门进行吸水,其排出管接至消防总管。应急消防水泵可由电动机或小型柴油机驱动,电动机驱动器用电来自应急电源。

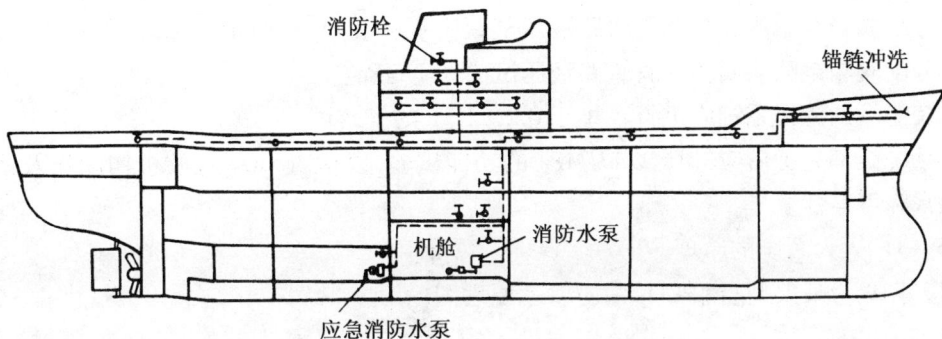

图 3 - 18　货船水消防管系原理图

2. CO_2 消防管系

（1）CO_2 消防管系的设计要求

管系的管子应采用无缝细管，并按计算结果或规范标准中规定的壁厚选用管子；一般来说总管管径不小于 20 mm，支管管径不小于 15 mm。

（2）CO_2 的储备量一般按被保护处所的范围大小设计计算，可按如下要求：

①装货处所：按货舱总容积的 30% 的 CO_2 自由气体量。

②机器处所（机舱）：按机舱总容积的 40% 的 CO_2 自由气体量。

③油船货油泵舱：按货油泵舱总容积的 45% 的 CO_2 自由气体量。

④滚装船围屏装货处所：按装货处所总容积的 45% 的 CO_2 自由气体量。

上述自由气体体积按每千克等于 0.56 m^2 计算。

（3）CO_2 灭火剂的储备要求

①CO_2 灭火剂应储藏于无缝钢瓶内，钢瓶应置于专用的站室内，该站室只能存放容器和系统有关的部件及设备。

②CO_2 钢瓶的水压试验压力为 24.5 MPa，装船钢瓶应具有合格证件。

③CO_2 站室内通风良好，并保持温度不低于 0 ℃ 和不超过 45 ℃。

④大型船舶由于 CO_2 量较大，钢瓶较多，此时可分组，对每组的瓶数不得超过 12 瓶。

⑤CO_2 气瓶的瓶头阀应有安全膜片，瓶头阀按气瓶要求试验，安全膜片应能满足在压力达到（18.6 ± 1）MPa 时自行破裂。破裂后释放的 CO_2 应由管路引至站室外开敞甲板处的大气中。

（4）管路及系统的要求

①每个 CO_2 钢瓶从瓶头阀接近至集合管，支管上应装设止回阀。

②集合管至分配箱的总管上应装有压力表，指示范围为 0 ~ 24.5 MPa。

③CO_2 管路不得通过起居处所，避免通过服务处所，不可避免时，则在该处所的管路不得有可拆接头。

④在机舱、油泵舱等重要保护处所应有足够的喷嘴数量和管内径，以保证该处所需 CO_2 量的 85% 能在 2 min 内喷出。

⑤总管和分配阀箱上应装设压缩空气吹洗管的接头。

（5）管路及系统的试验要求

①分配阀箱至瓶头阀的总管管路液压试验应不小于 11.8 MPa。

②分配阀箱至喷头间的支管管路液压试验为 1 MPa。

③装船后的管路系统应进行不小于 0.69 MPa 的气密试验。

④系统全部完工后应进行 2.47 MPa 的功能试验,以检查 CO_2 施放机构动作及系统工作的正常和可靠性。

（6）CO_2 灭火系统的原理

图 3－19 为某大型船舶 CO_2 消防管系原理图。

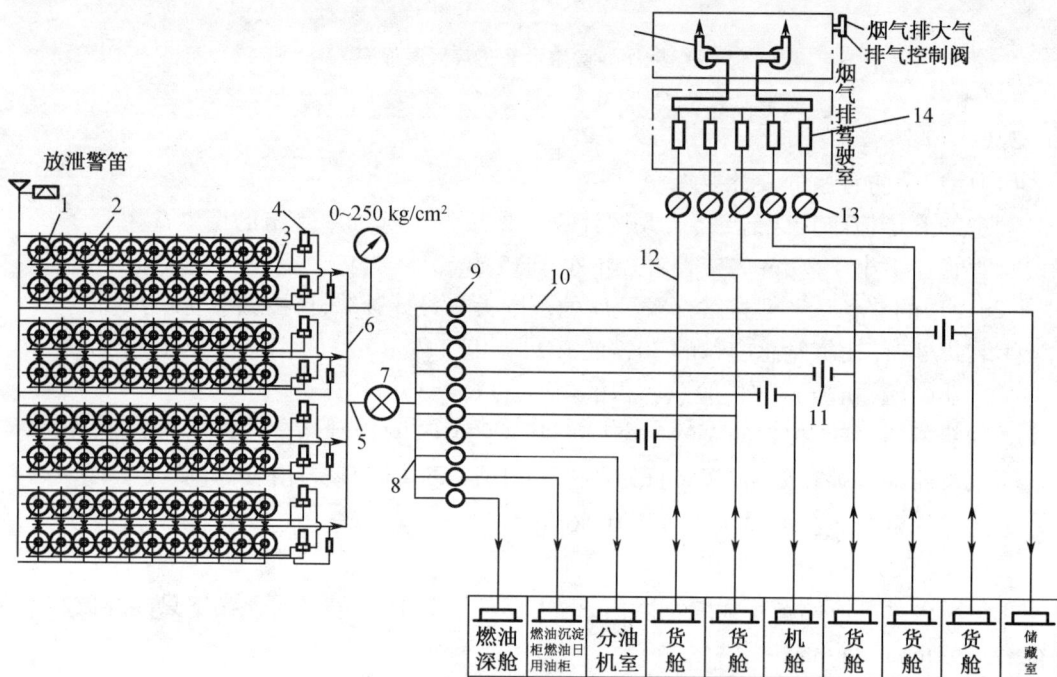

图 3－19　二氧化碳消防系统

1—CO_2;2—瓶头阀;3—拉杆装置;4—启动气缸;5—CO_2 总管;6—竖形止回阀;7—截止阀;8—分配管;
9—快开阀;10—CO_2 支管;11—吸烟口;12—吸烟管;13—定压止回阀;14—隔离膜片;15—自动烟雾报警器

系统中在主甲板上设置了 CO_2 灭火站室,站内按计算布置了 CO_2 储存钢瓶 10 个,每个容量为 40 L,每个钢瓶上装有瓶头阀,通过操纵拉杆装置可将瓶头阀开启;拉杆装置通过启动气缸由每组的两只气瓶的高压 CO_2 带动,这两只 CO_2 气瓶由手动开启;在有些船舶上,气缸的驱动是由压缩空气来启动的。有的船上不设气缸机构,而是设计一套手动拉杆和钢索传递使瓶头阀开启。当 CO_2 气瓶开启后,CO_2 立即进入总管 5,再通过截止阀进入分配总管,然后经过快开阀和各路支管,到达被保护处所:机舱、货舱、油舱柜等部位。

每处钢瓶的出口管上装设竖形止回阀,是为了防止钢瓶组开启时,较满的钢瓶中气体倒流入不太满的钢瓶。管路还设置了 0 ~ 25.0 MPa 的压力表,以显示 CO_2 的压力情况。一般压力在 12.0 ~ 15.0 MPa 时,CO_2 即呈液态而储于钢瓶中,灭火时开启瓶头阀,释放时的 CO_2 其压力急骤下降,并由液体转化为气体,注入被保护处所,此时使火区温度得到下降,并由于 CO_2 比空气密度大,一方面空气浓度被 CO_2 充入而降低,一方面 CO_2 覆盖着火区,使其与空气隔绝,从而迅速灭火。气瓶组和管路中设置了泄放管,是用来当钢瓶中压力超过预定值时放泄 CO_2 至舱外大气中,这是起保护作用的设施,一般放泄管口带有警笛,泄放时能发出声音警告,以引起人们注意。通常的超压原因为:充气过多而超压;环境温度变化,因温度升高而致压力升高。

为了能及早发现各保护处所产生火警,系统中设置了一套烟气自动报警装置;在各处所设置了吸烟口。火灾发生,烟气即进入吸烟口,并沿吸烟管通至驾驶室的自动烟雾报警器,由此发出各种灯光、声响信号。烟管上还装有定压止回阀,作为防止烟气倒流和 CO_2 施放时自动关闭烟路。吸烟管大都采用 20 mm 以上的管子。由于 CO_2 管与烟气管是相连通的,故管路上设置了隔离膜片,以防止烟气进入 CO_2 管路。系统中设置了两台抽风机是集烟气用的,两台交换使用,排烟可直接放入大气或进入设有气味控制装置的驾驶室,气味控制装置与烟气控制器有同样的效果。在有些船上用三路阀代替隔离膜片,这样就只需转换阀的方向即可实现上述目的。CO_2 管路接至被保护处所时,通常接一喷口,并由此喷口向保护处所施放,喷口结构好坏对施放灭火效果很有关系,所以都专门设计配置,布置时一般置于舱室上部,并根据 CO_2 气体比空气密度大的特点,而将喷口朝下。图 3 - 20 为 CO_2 喷口形式之一的结构简图。

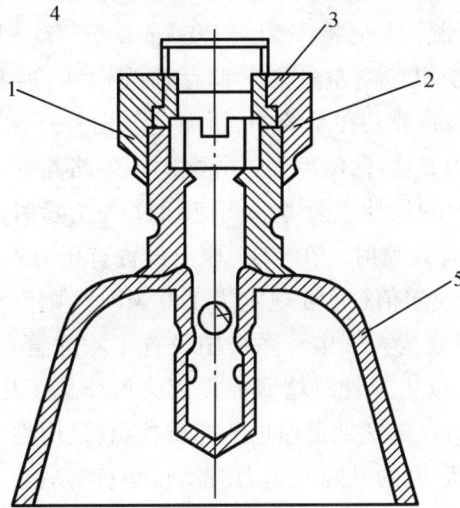

图 3 - 20　CO_2 喷口形式之一

1—本体;2—膜片;3—螺塞;4—平肩接头;5—喷口罩

3.1211 消防管系

1211 消防系统近年来在船舶上广泛使用,不少种类船舶的消防设置是水消防和 1211 消防的组合。这是因为 1211 这种新型灭火剂问世以来,由于其灭火效果好,对金属腐蚀性小、毒性小,且易于加压而无须像 CO_2 那样加高压即可液态化,存于钢瓶,所以常常取代

CO_2灭火和CCl4灭火。由于它只需用较高些压力的压缩空气即可驱动和施放,这在船上较易实现,故方便系统设计和船上安装施工。

(1)1211消防系统原理

图3-21为某货船的1211灭火系统站室布置原理图。

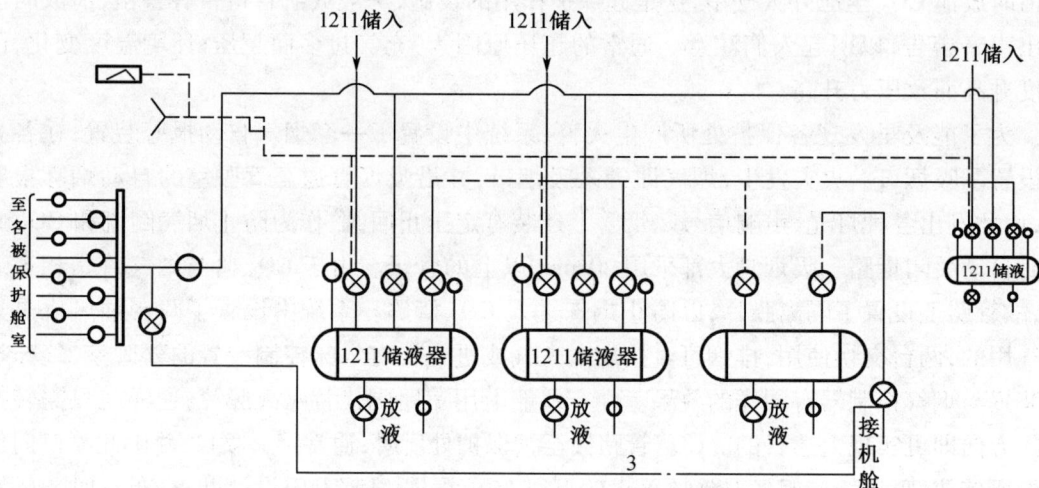

图3-21　1211灭火系统站室布置原理图

　　1211站室通常设置于甲板上,并要求有良好的通风,然后以管路连接,并接至各部位。在站室中布置了三个储存器,其充装率为1.20 kg/L,还有一只压缩空气瓶,气瓶存储3.0 MPa的压缩空气,来源于机舱主空气瓶。储存器为钢瓶,通常以整个钢瓶连接成为一组,每船都有几组,集中操作施放。在系统中,压缩空气由管路从气瓶接至1211储气瓶,从而驱动1211灭火剂进入1211总管,然后经过分配阀至各路支管,由支管连接至各被保护处所。压缩空气的容量和压力的设计主要考虑能使1211完全喷射,且喷射终止后空气瓶压力不低于0.7 MPa,以保证能有效喷射。在1211瓶上设置有压力表、安全阀,以确保气瓶及其处所的安全,如若压力超过规定值(通常规定为1.0 MPa),则安全装置中的安全膜片被顶开,1211灭火剂则从泄放管放至大气中。系统中设置了吹除管系,使用压缩空气定期地对1211管路和喷嘴进行吹洗,以免因管路堵塞而使用失效。除了压缩空气,还常用氮气经压缩后储于气瓶内作为驱动剂。氮气是更理想的介质,因其是惰性气体,不能助燃,在1211灭火剂中的溶解度最低,且随温度的升降其压力波动较小;但是氮气来源不便,必须于岸上充装入钢瓶后装船备用,而压缩空气却随时可取。以往也使用过用CO_2作为驱动介质,但由于CO_2易溶于1211剂,影响施放喷射效果,故近年来较少使用。

　　管路系统的布置和设计与CO_2消防管系大致相同,仅是压缩级有较大差异,读者可参阅CO_2消防管系来考虑。

　　1211灭火效果的好坏也与其喷射口即喷嘴的选择有关,所以设计时还应合理地选择喷嘴形式。图3-21为1211喷嘴的一种常见形式。

　　由图可见喷嘴由本体、压盖和雾化器3部分组成,雾化器上有几个螺旋形通槽,1211剂在一定压力下通过螺旋槽时就能螺旋形地前进而引成良好的雾化状态,喷射到灭火部位。

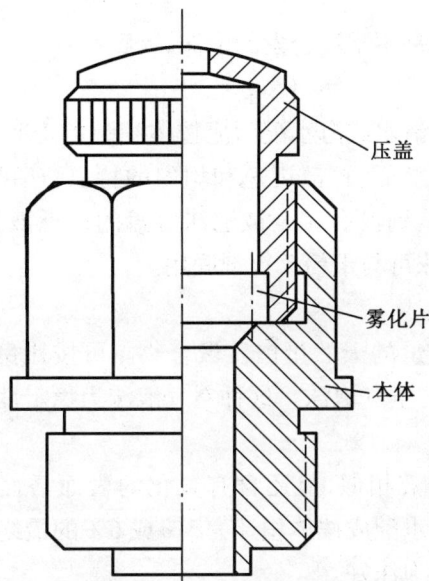

压盖

雾化片

本体

图 3－22　1211 喷嘴

（2）卤化烃灭火系统设计和布置的规定和要求

①卤化烃灭火剂的盛装容器应为钢质气瓶,气瓶应易于充装,1211 的充装率为 1.2 kg/L;气瓶应设置安全装置,能自动释放超压气体,并从管路引至舱外大气中。

②1211 剂容量按机舱容积的 5.5% 计算,其比容按 0.14 m³/kg 计算。

③驱动介质应满足驱动 1211 剂终了不低于 0.7 MPa 的压力（对于 1301 剂为 1.47 MPa）。卤化烃的管路、容器与集合管或分配总管应采用钢质无缝管或不锈钢管,其他管段可用钢管;凡通过服务处的管路不得有可拆卸接头,并尽可能不穿过居住处所和冷藏货舱。

④灭火管路上,在适当地方布置压缩空气接头,以便定期以压缩空气吹洗管路和喷嘴。

⑤灭火管路和喷嘴应能有效地输送和分配卤化烃灭火剂,并能在 20 s 内将所需用量的灭火剂以液态输送至被保护区。

⑥施放阀的操纵,无论采用什么机构或装置,或是否遥控,均应能在阀旁进行人工就地操作。

⑦喷嘴应采用耐腐蚀材料制造。

⑧卤化烃站室应尽量远离被保护处所,并适当地隔热和有良好通风,通常在甲板上围固成站。

⑨容器钢瓶、管路及附件应在车间进行液压强度试验,压力为工作压力的 1.5 倍;船上安装后进行 0.7 MPa 的气密性试验;船上全系统安装完毕后应进行系统功能试验。

4. 泡沫灭火系统

泡沫灭火是以一种泡沫液和海水相混合而产生泡沫,覆盖在燃烧物表面形成连续的黏稠而耐热的隔层,从而隔绝空气并冷却,阻止燃烧。

(1)泡沫类型

船用泡沫灭火系统中都是用水混合发的泡沫,大致有:

①水成膜泡沫灭火剂

这种灭火剂可按比例用清水或海水配制成按体积计的1%,3%或6%最终浓度的空气泡沫。这种空气泡沫具有黏度低、扩散迅速和均匀的特点,还可以在其下方形成一层溶液的连续水膜,注水膜还能扩展到没有完全被泡沫覆盖的可燃液体表面,并在遇到机械性破坏之后能自行封合,这种泡沫可与干粉灭火剂联用。

②蛋白泡沫灭火剂

这种灭火剂含有高分子量的天然蛋白质聚合物。可按比例用清水或海水配制成按体积计的3%或6%最终浓度的空气泡沫。这种空气泡沫为稳定性、耐热性良好的黏稠泡沫。

③氟蛋白泡沫灭火剂

这种灭火剂与蛋白泡沫液相似,但还含有氟化的表面活性剂,灭油类火灾非常有效。氟蛋白泡沫液可用清水或海水配成按体积计为3%或6%的最终浓度空气泡沫,它与干粉灭火剂的相容性比常规蛋白型泡沫好。

④水成膜氟蛋白泡沫灭火剂

这种灭火剂具有水成膜泡沫灭火剂和氟蛋白泡沫灭火剂的优点。可用清水或海水配成按体积计为3%或6%最终浓度的空气泡沫。该种泡沫具有扩散迅速且易于发泡,可与干粉灭火剂配用。

⑤抗溶泡沫灭火剂

这种灭火剂适用于扑灭水溶性、水混合性等会对普通泡沫液产生破裂和丧失效能的可燃液体,如醇酮、酯、胺和酐,用于瓷漆、清漆和稀释剂等的灭火。

⑥中倍数和高倍数泡沫灭火剂

泡沫液与水和空气混合产生最终的空气泡沫体积与混合剂泡沫液体积之比称为发泡倍数,按发泡倍数可分为:

低倍数泡沫——发泡倍数低于20:1;

中倍数泡沫——发泡倍数为(20~200):1;

高倍数泡沫——发泡倍数为(200~1 000):1。

中倍数或高倍数泡沫适用于有限空间的火灾。向有限空间里输入这种潮湿的泡沫,用其体积置换蒸汽、热气,阻止空气进入并起冷却作用。不适用于开敞场所,因其质量非常轻,易被风吹散。

(2)泡沫灭火系统原理

①对高倍泡沫灭火系统的要求

(a)该系统应能通过喷射口迅速喷出的泡沫量,足以使最大一个被保护处所每分钟至少铺盖1 mm的厚度。泡沫液的准备,应足够产生泡沫量5倍于最大一个被保护处所的高度。

(b)泡沫发生器的风机,应设有当供水发生故障时自动停止运转的装置,泡沫倍数应不超过1 000:1。

(c)输送泡沫的管道、泡沫发生器的空气进口以及泡沫产生装置的数量,应使之能有足够的泡沫产生和适当分配,并设有当喷射泡沫时允许空气自被保护处所逸出的措施。机舱的水平面积超过 400 m² 时,应至少设两只泡沫发生器。

高倍泡沫灭火系统原理见图 3-23。

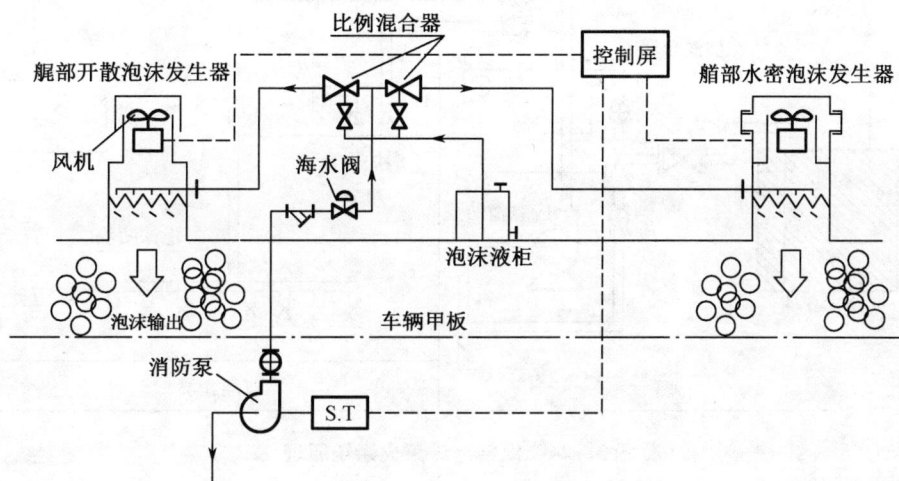

图 3-23　高倍泡沫灭火系统原理

②高倍泡沫灭火系统的适用场所

(a)除特殊处所外的用于载运油箱中备有自用燃料的机动车辆的装备处所。

(b)1 000 GT 及以上的客船装货处所。

(c)可以进行密封的流通装货处所。

③低倍泡沫灭火系统原理

如在机器处所内除符合公约、规范所要求的固定灭火系统的要求外,还可设置固定的低倍泡沫灭火系统,则该系统应能在不超过 5 min 的时间内通过固定的喷口喷出的泡沫量足以覆盖燃油所能散布的最大单个面积 150 mm 厚度。该系统所产生的泡沫应能适宜于扑灭油火灾,应设有固定灭火系统的管路和控制阀或旋塞有效地分配泡沫至适当喷口的设施,并应设有固定式喷射器将泡沫有效地喷射至被保护处所内的其他主要火灾危险处。泡沫倍数应不超过 12∶1。低倍泡沫系统应用于机舱的系统原理图见图 3-24。

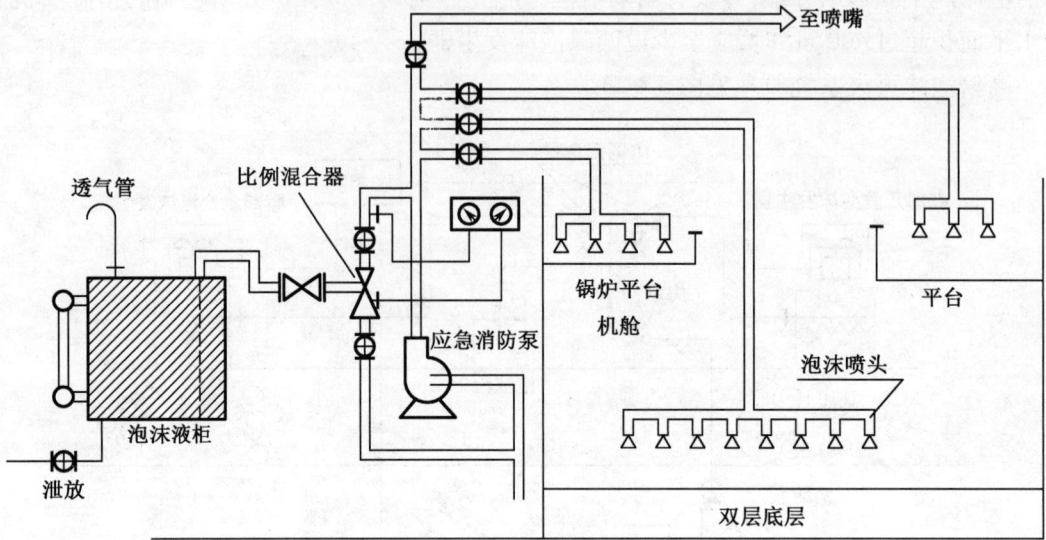

图 3 – 24 低倍泡沫灭火系统原理

第八节 生活用水管系

一、生活用水管系功用及组成

生活用水管系的功用是保证船员和旅客日常生活用水,如饮用水、洗涤水(清水或舷外水)和热水的供应。特别在客船上,生活水的需求是大量的,生活水管系起着更重要的作用。

生活用水管系由饮水管路、洗涤水管路、舷外水管路(包括卫生设备的冲洗)及热水管路所组成。在一些沿海短途的船舶上,饮水及洗涤用清水均采用船舶装入的自来水,这样饮水管路与洗涤用清水管路合并作为生活淡水管路。而在较长航程的船舶上则往往将饮水管路单独分开。饮水的储量则应按每人每昼夜需供应 20 ~ 30 L 计,饮水保存时间按 5 ~ 7 天进行计算。

洗涤水管路主要是将淡水送至洗澡间、浴缸、洗衣室、水斗及其他用水处。洗涤水应该是透明、无恶味、无传染病菌,有时还应有适量的盐度及硬度,以便肥皂溶化。洗涤水消耗量大,每个人每昼夜约 80 L,储存量则按航行时间而定。

船外水管路是利用舷外水(海水或江水)来冲洗大便器、小便器,或进行甲板及舱室的清洗。

盐水管路一般是利用蒸汽或电将淡水在盐水柜内加盐,然后由盐水循环泵循环至各需要盐水的场所。

二、生活用水管系供水方式

1. 重力式

重力式供水系统见图3-25。它主要适用于小型船舶、驳船或在停泊作业时要求尽量减少震动及噪声的科学调查船等。该系统在主要用水处设置重力水柜,重力水柜内设置低液位继电器,根据柜内水位的高低自动地启动或停止日用淡水泵。

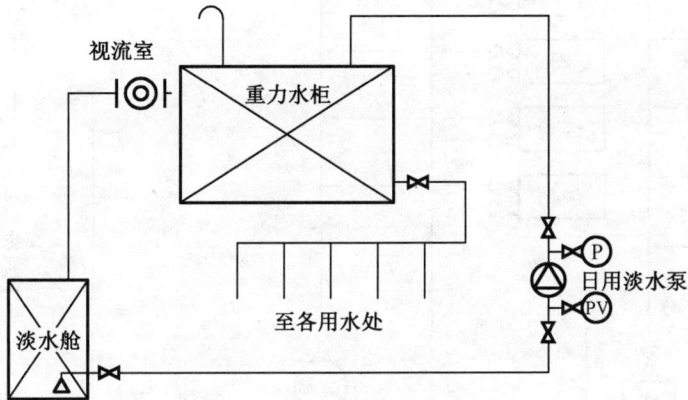

图3-25　重力式供水系统

重力式供水系统的优点是用水处的压力变化不大,另外,当日用淡水泵发生故障时,尚可短时供给一定数量的水。它的缺点是重力水柜在高处有相当大的容量,影响船舶稳性,若处于露天,尚须采取防冻措施,设备费用较高。

2. 压力式

压力式供水系统见图3-26。

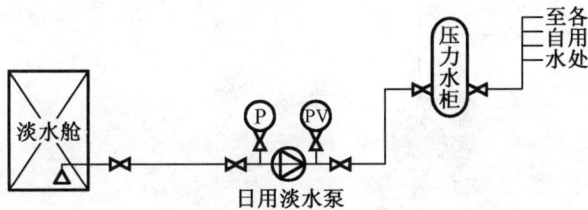

图3-26　压力式供水系统

它是船舶最常用的供水系统。它是由压力水柜内保持一定水压向各用水处供水。压力水柜设有高、低压力继电器,能自动地启动、停止日用淡水泵。高低压的差值,根据船型有所不同,一般在 $0.10 \sim 0.25$ MPa。压力式供水系统所占容积不大,近年来采用组装单元结构。通常采用两台日用淡水泵,相互备用。

三、生活用水系统原理

图3-27表示了供水系统的典型原理图。

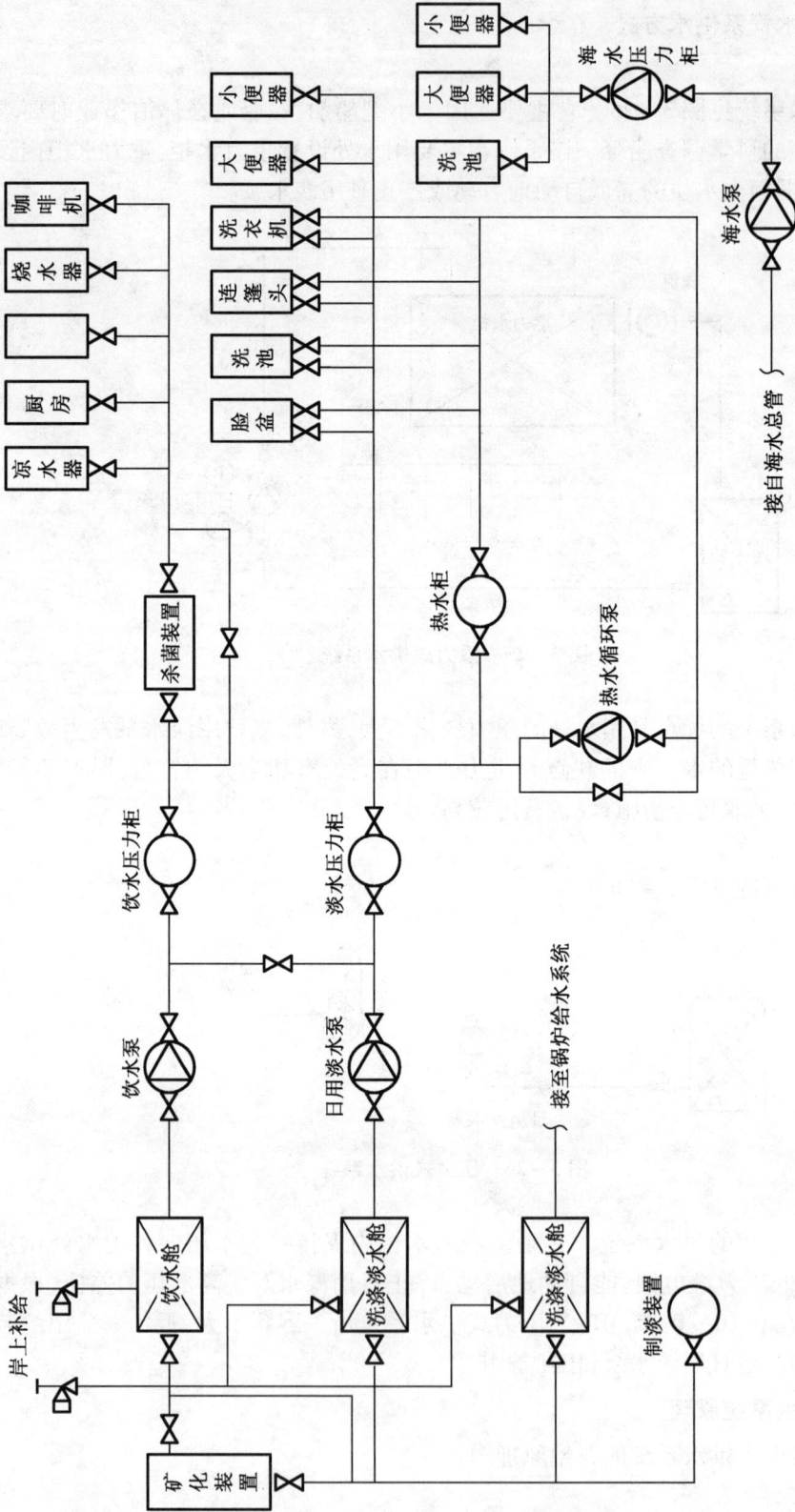

图 3－27　供水系统原理图

第九节　机舱通风管系与船舶舱室空气调节管系

一、机舱通风管系

1. 功用

船舶机舱的通风是保证机舱良好的工作环境,完善管理人员劳动和卫生条件的一项必不可少的重要措施。此外,为了保证主辅机、锅炉及某些机械设备所需的空气量,机舱通风的必要性也就更加突出了。为此,在大中型船舶的机舱中都有比较完备的通风管系。即便在没有专门的通风管系的小型船舶上,也要利用天窗、烟窗、机舱与外界相通的通道以及自然通风头等来实现自然通风。其原因是:

(1)在机舱内安装有主机、辅机、辅锅炉及管系等机械设备,这些设备在运行时每时每刻都要散发大量的热量,其中主机散发的热量占机舱热量的极大部分。例如在大型船舶上,1万千瓦柴油机的散热量每小时可以超过十万大卡[①],再加上柴油发电机、辅锅炉及其他辅机和管系所散发出来的热量,这个数量是相当可观的。同时,机舱相对来说又比较狭小,除了天窗、舱口和通道外,四周又是密闭的,这就促使机舱的温度急剧升高,甚至达到不能容许的温度。高温不利于管理人员的健康和操作,因此必须进行通风来造成一定的空气流动速度,将机械设备散发出来的热量带走,从而使机舱温度降低。

(2)主机、辅机、辅锅炉等设备在运行时需要燃烧一定量的空气,这就要不断供给机舱这些空气量,以保证这些设备的正常运行。

(3)在机舱中,各种机械设备还会散发和漏泄出各种气体和水蒸气。例如,燃油、滑油在工作过程中要产生一定量的油气,辅锅炉、蒸汽泵、热水井和蒸汽管路会逸出一定量的水蒸气。因此必须把这些油气和水蒸气从机舱排出,以保证管理人员的健康。

(4)管理人员在工作时要不断呼出二氧化碳和吸入新鲜空气,如果机舱中空气的二氧化碳含量增加到一定程度,就会导致严重后果。所以就要利用通风来保证机舱中正常的空气成分。

综上所述,机舱通风管系的作用就是降低机舱的温度,排除各种油气、水蒸气和供应新鲜空气以保证动力装置的正常工作及改善管理人员的工作和卫生条件。

2. 种类

通风方式一般分为自然通风和机械通风两大类。从通风对舱室的流向来看,又有送风和抽风之分。

(1)自然通风

自然通风是靠热压和风压的作用来替换舱室中的空气的。所谓热压,是由于机舱内外空气容重不同而形成的压力差。热压可按下式求出:

$$H_R = 9.8h(\gamma_1 - \gamma_2)$$

式中　H_R——热压,Pa;

　　　h——风管高度,m;

---

① 1大卡 4 186 焦耳。

γ_1,γ_2——舱外及舱内空气的容重,N/m^3。

机舱内的温度比舱外高,因而舱内空气的容重比舱外小。由于存在这种因温差而形成的压力差,舱外温度较低的空气就能从风管进入机舱下部。同时,舱内的热空气也从上部的天窗、舱口、外烟囱及排风管等排出舱外。这样,舱内外就形成了空气的自然交换。

所谓风压,就是利用船外风的速度通过通风头将空气送入或引出机舱。可以利用的风压为:

$$H = 9.8K\frac{\omega^2\gamma}{2g}$$

式中　ω——作用于通风头的风速,m/s;

　　　K——通风头的有效系数,与风头的形式有关,无因次;

　　　γ——空气容重,N/m^3;

　　　g——重力加速度,m/s^2。

可利用的风压应能克服风头本身以及与它相连接的风管内的流动阻力。阻力愈小,通过风头的空气量就愈大。

自然通风可以利用各种通风头来实现,通风效果好坏与通风头的选用有关。自然进风和排风的通风头结构形式很多,图3-28示出的是烟斗式通风头(或称风斗)。它的优点是相对风速高,局部阻力系数较小,且结构简单,缺点是防水性差。这种通风头装有回转装置后,既能作为进风又能作为排风。当转动风斗使斗口迎风,风就能从风斗进入机舱。当转动风头使斗口背风,就能将机舱的热空气抽出。烟斗式自然通风头在自然通风中得到广泛采用。

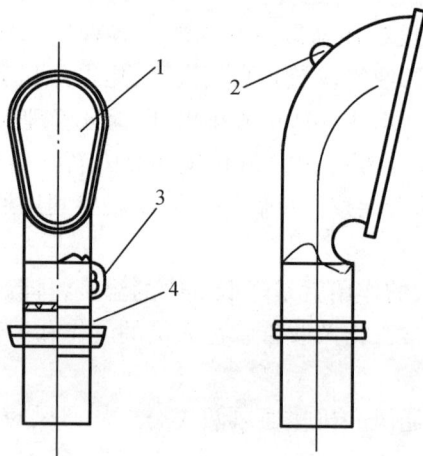

图3-28　烟斗式通风头
1—通风头;2—吊环;3—拉手;4—制止器

其他形式的自然通风头也很多,这里不一一介绍。

自然通风的优点是无须设置通风机,因而设备简单,耗费小,仅需设置一些风筒之类的装置即可,且工作时不消耗动力。但由于它是依靠热压和风压进行的,因此与外界的自然条件有密切的关系,工作不大稳定,而且通风量也受到一定的限制,所以自然送风和排风一般仅适用于小型船舶上,在大、中型船舶上,自然通风与机械通风结合起来使用。

（2）机械通风

机械通风是通过风机来进行送风和排风的,利用通风机将舱外新鲜空气送入机舱即为机械送风,用抽风机抽出机舱内的热空气即为机械排风。机械通风的优点是通风量可以人为控制不受外界自然条件的影响,且能对空气进行合理的分配和输送到各个特定处所,一般在大、中型船舶上是作为主要的通风方式,而且常和自然通风结合起来使用。图 3 – 29 是机械通风的示意图。

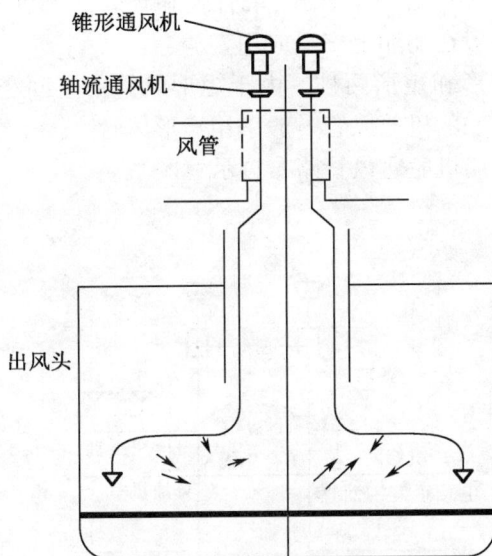

图 3 – 29　机械通风示意图

从图 3 – 29 上看出,机舱内的新鲜空气是通过轴流式通风机从通风头吸入,然后沿着风管向下送到各个需要通风的处所。这种通风方式在一般船上应用较广。

3. 机舱通风管路的布置

（1）对管路布置的要求

①应保证机舱内有足够的通风量以满足管理人员和机械设备的需要。

②机舱内各设备及工作处所的风量应根据需要予以合理分配。

③应保证能顺利和充分地进行通风换气,尽量避免死角,尽量减少外界的干扰和影响。

④气流组织和管路安排都应合理,通风管路应占据空间小,对其他管路影响少。

⑤设备要简单,管路尽量短,弯头尽可能少。

（2）机舱通风的气流组织

气流组织的好坏对通风换气的顺利进行、风量的均匀和合理分配,以及管理人员的工作都有很大影响,因此在进行通风管路布置时必须注意以下几点:

①为达到机舱通风降温的目的,应采用重点局部通风,即将舱外新鲜空气以较高速度送至主要工作场所,而且应与排气道组成良好的气流系统。

②机舱中的高温层、油气和水蒸气都在上部,送风区应在高温层下面,排风区则在其上面,这样就不会将上面的热空气带入工作区域。对于没有明显高温层的机舱,排风区也应高于送风区。

③舱外新鲜空气应送到需要通风的地方。送风要保证一定的通风量,使工作地带的温

度不超过舱外温度 5~8 ℃,而且要保证一定的风速,因为送风的主要方式是横向强力送风。

④不要将高速空气吹向机器,否则将加速机器余热的扩散而使工作地区的气温上升。气流的路线应该先吹至工作人员,逐渐扩散后再接触到机器,气流吸热加温后即自然上升。

(3)机舱通风管路布置示意图

船舶上往往是根据需要决定通风方式和管路布置,多是将机械通风、机械排风和自然通风相结合。管路布置形式一般为干管式、单管式和环管式,其中由于干管式占空间位置小、易于施工和投资少,一般在船舶上广泛应用。

风管的截面形状有圆形和矩形两种。由于矩形风管占空间小、容易布置、装置方便且美观,所以大、中型民用船舶的机舱风管一般采用矩形风管。

图 3-30 为某远洋货船机舱通风管路布置示意图。

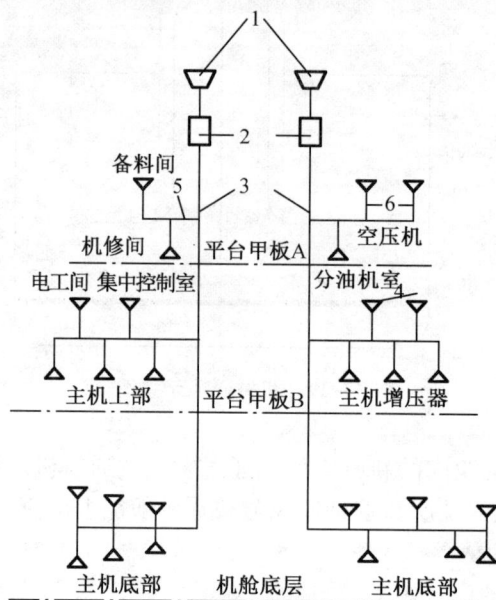

图 3-30 某远洋货船机舱通风管路布置示意图
1—通风头;2—通风机;3—送风总管;4—出风头;5—送风干管;6—送风支管

该船采用的通风方式是机械通风、自然排风。机舱共设有 4 台轴流式通风机,为使其负荷分配均匀,将其分别布置在前、后部及左、右两舷。图 3-30 所示为前部左、右舷的两台风机及相应管路布置。由图可见,通风机抽吸进来的外界空气,分别经送风总管 3 向下,在机舱平台 A 层,由干管 5 和支管 6 分别送往备料间、检修间和主空压机组处的出风头 4 吹出。在机舱平台 B 层和机舱底层,送风过程同上,如图 3-30 所示。对于分油机室、抢修间等处,采用了机械排风,图中仅示出了机械通风部分。该船其他需要通风场所,如柴油发电机组等,则由另外工作风机供风,其管路布置也类似,故未示出。

二、船舶舱室空气调节系统

1. 空调系统的布置

船舶需要空调的舱室一般包括船员和旅客的住舱、餐厅、休息室、娱乐室和会议室等公共活动场所,以及驾驶室、海图室、报务室等工作场所。这些舱室的使用性质和环境差别很大,如有的在上甲板,有的在主甲板以下,有的在舷侧,有的在内侧;有单人居住的舱室,也有人数众多的场所,还有空气较污浊的吸烟室等。此外,船舶的航行工况和航行条件也常常变化。因此,为了满足不同部位、不同情况的各种舱室的要求,就要考虑分区供风。

(1)空调区域的划分

将一些位置或要求相近的舱室划为1个区域由1台空调器负责处理该区所需的空气,并送至该区舱室。

船舶空调区域的划分原则:

①为便于进行温度、湿度控制,将温度、湿度等参数要求相近的舱室、使用情况也大致相同的舱室划为同一区域。

②为便于空调管路的布置,在全船空调范围划分为艏部、艉部、中央空调区等。

③根据计算得到的负荷值,把全船空调舱室划分成左、右舷负荷大致相等的数个空调区。但就风管布置来讲,必须穿过多层甲板。

④按甲板分层划分空调区域,负荷大的那层甲板则在同一层中又可划分数个区域。对于产生有害气体的实验室、工作室、病房等舱室,应各自单独配置空调装置,或仅给这些舱室送风,不再回风,以避免有害气体扩散到其他空调舱室中去。

⑤布置空调区域各管路时,应考虑全船的布置情况,特别是水密区和防火区,应尽力避免穿过防火隔堵或水密舱壁。

货船的空调舱室多为上层建筑中的住舱,且甲板层数不多,故一般是按左、右舷分区,也有的将救生艇甲板以上的舱室和餐厅、会议室等再单独做一个分区。

大型客船的空调舱室分布很广,在这种情况下,依据空调分区原则,为减少通风管长度及避免穿越甲板层,一般均按甲板层次设置空调分区。在每层甲板又可视情况设置若干空调分区。大型客船往往设置几十个空调分区。

(2)空调系统的调节方式

根据全船空调区域的划分,在每个空调区域内,其空调系统对舱室温度、湿度的调节方式又有不同。

①集中调节

这种系统是将空调器设置在空调站室内,利用送风管路将经过处理的空气分别送到各个舱室。亦可回风,但不宜过多。该调节方式有单风管和双风管系统之分。

单风管系统是由接至空调舱室布风器的一根送风管向舱室供风。这种系统比较简单。在货船上用得最多,但在调温、调湿时,要靠改变风量进行,故有时不能保证舱室的新风供应量。

双风管系统是空调器经两根送风管向空调舱室分别供应温度不同的两种空气。这种系统的空调器由前、后两个处理部分组成,具有二次处理能力。进入空调器的空气经空调器前部预先处理后,其中一部分由预处理供风管送至舱室的布风器中,其余部分则再经空调器后部处理,然后通过再处理供风管也送至舱室的布风器中。调节布风器中两根风管的风门,可以改变两种空气的混合比,从而调节舱室的温度和湿度。这种系统调节范围广且不影响新风供应量,故适应性强,但要设两根风管,布置起来较为复杂。

②局部调节

这种系统是将空气调节器布置在需要进行空气调节的舱室内,根据舱室的要求进行空气参数的调节。这种系统适用于由若干个相邻的舱室组成的一个区域,此区域内的各个舱室所需要的冷源或热源可由一组公用的制冷机组供应,各舱室根据自己的要求,控制冷(或热)介质的流量,或调节空调器的量以达到预定的空气参数。

③舱室二次调节

这种系统是在每个舱室的布风器(或送风管)末端装设可调节的二次热交换器,从而对每个舱室进行单独调节。该系统首先将空气在空气调节器内处理至较低温度。然后送至各舱室送风管末端的热水或蒸汽或电加热的末端加热器,进行二次加热,通过控制末端加热器内的热源,即可使舱室温度符合要求。在高速空调系统中(主风管中空气流速在 15 m/s 以上)常常采用诱导式布风器来进行二次处理。

2. 管路布置注意事项

空调系统的管路布置应注意以下几点:

(1)所有暴露在舱外空气中和空调区域的甲板和围壁必须做成绝热结构,贯穿空调区域的冷、热管件等应包扎绝热外套,以减少空调系统的能耗。

(2)进风口的布置,应能保证在夏季顺利地吸入清洁凉爽的舱外空气,因此,进风口必须避开主、辅机舱,储藏舱室,货舱,厕所,浴室,病房等机械排风和自然排风的出口,并注意采取防海浪和雨水进入的措施。

(3)注意降低空调系统中的噪声,特别在高速空调系统中,应在送风管和回风管中分别装设消声器。

(4)由于海上空气中含有盐分,海船空调系统的设备应注意防腐蚀,同时还应考虑整个系统的布置不能因船舶的纵倾、横摇等影响正常工作。

3. 船舶空调系统原理

图 3-31 是某船舶空调系统原理图。

该船采用集中供应冷介质(或热介质)的局部空调系统。在主甲板、二层甲板、三层甲板及驾驶甲板上,所有需要空调的房间均设有空调器,空调水冷器作为冷源集中供应冷介质(冷冻水),空调热水加热器作为热源集中供应热介质(热水)。夏季,在空调系统投入运行时,应将空调热水加热器 2 的进、出口截止阀关闭,将空调水冷器 1 的进、出口截止阀打开,各舱室空调器的冷水通过凝水总管进入空调水冷器,经降温后进入空调冷、热水箱 3,由冷热水泵 4 泵至各空调器,以供应冷量,从空调器中出来的冷水再次进入冷水总管,形成反复循环。冬季需要采暖时,应关闭空调水冷器的进出截止阀,各房间空调器的凝水通过凝水总管进入空调热水加热器,经加热后送至空调冷、热水箱 3,由冷热水泵 4 泵至各空调器,以供应热量,凝水再次进入凝水总管,形成反复循环。同时通过温度调节器 5、温度调节器控制箱 6 及电磁阀 7,可以对空调热水加热器 2 进行自动控制,以保证加热温度。

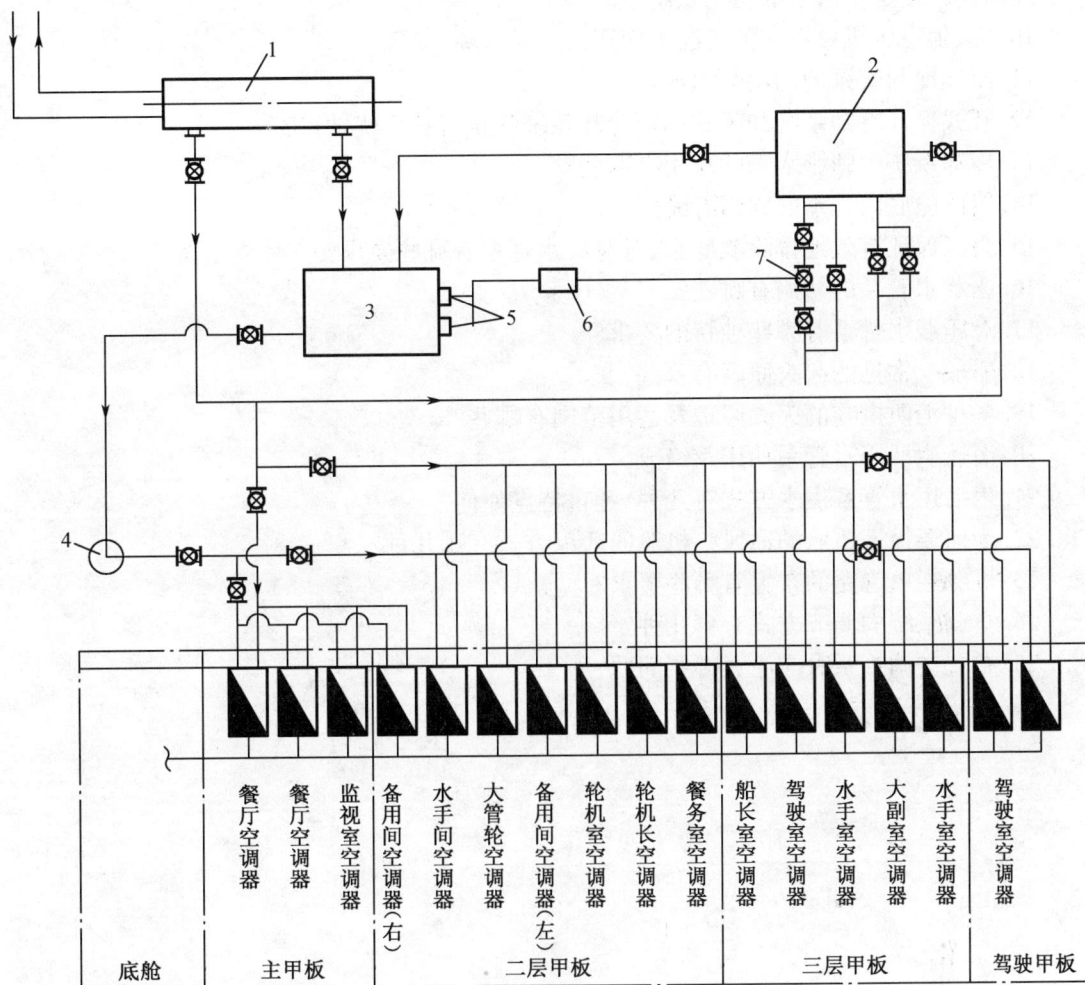

图 3 – 31　长江下游某拖船空调系统原理图

1—空调水冷器；2—空调热水加热器；3—空调冷热水箱；4—冷热水泵；5—温度调节器；
6—温度调节器控制箱；7—电磁阀

习　　题

1. 什么叫管系？按使用功能和所输送的工作介质，管系可分为哪两大类？
2. 对动力管的基本要求有哪些？
3. 简述燃油管系的功用及组成。
4. 燃油管的设计规定和要求有哪些？
5. 滑油的选用应考虑哪些因素？
6. 简述滑油管系的功用及组成。
7. 湿式油底壳润滑系统与干式油底壳润滑系统的主要区别是什么？
8. 滑油管系原理设计对滑油泵的要求有哪些？

9. 简述压缩空气管系的功用及组成。

10. 主、辅空压机应在何种工况下使用？

11. 简述冷却管系的功用与组成。

12. 开式循环冷却系统和闭式循环冷却系统各自有什么优缺点？

13. 冷却系统中膨胀水箱的作用有哪些？

14. 船体舱底内积水的原因有哪些？

15. 为了保证有效地排除舱底水，对舱底水管系有哪些要求？

16. 压载水管系的功用有哪些？

17. 对压载水管系有哪些独特的要求？

18. 船舶上常见的起火原因有哪些？

19. 各种消防措施的灭火原理及适用范围有哪些？

20. 简述生活用水管系功用及组成。

21. 生活用水管系供水方式有几种，各自特点如何？

22. 为何要保证机舱的通风？机舱的通风方式有哪几种？

23. 机舱通风管路的布置有哪些要求？

24. 空调系统的调节方式有哪几种？

25. 布置空调管系时应注意哪些问题？

第四章 船舶管系放样常识

●学习目标

知识目标：

1. 了解管子放样的工艺过程。
2. 掌握管子放样的基本符号。
3. 掌握管子加工尺寸的标注方法。
4. 了解管路节点坐标和弯管参数的计算。
5. 了解弯管顺序的编制方法。

能力目标：

1. 能识读管子布置图。
2. 能识读管子零件图。
3. 能编制弯管顺序。

第一节 管系放样概述

在船舶建造中，工程最大的是船体建造，其次是船舶管系的制造和安装。据统计，管系的加工与安装所耗费的工时，占整个造船工程的 12% ~ 15%。为了缩短造船周期，提高造船质量，制造出令船东满意的船舶，就出现了船舶管系放样。

"管系放样"是采用投影原理，在样台上按一定比例放出（画出）船体型线图、结构布置图，并分别绘出每一系统的管路及有关装置设备。再根据此图计算以求得各管路管段的实际形状、尺寸，并绘制弯管、校管用的管子施工零件图，以及各系统布置图（安装图）的工作过程。

管系放样工作大致可分为以下几部分：

（1）在船体型线和基本结构确定以后，根据技术设计所提供的船体结构、机械设备、电气仪表、管路系统等原始资料，在放样台或图纸（涤纶薄膜）上，按一定的比例在预先放好的船体结构图上进行船舶主机、辅机、轴系、泵类等各种机械设备及电缆、风管等的综合布置和定位，然后再根据管系原理图用投影方法画出全部管系的综合布置图（放样总图）。在综合布置上规定了管路的安装位置和具体走向，并确定了管子与管子间的连接点。综合布置图一般只作为技术档案之用，不能作为管路安装图纸使用。

（2）根据综合布置图按区域系统绘制管系安装图（管系放样图）。如果该区域或系统采用单元组装、分段预装或倒装的形式，则还要绘制相应的单元组装图、分段预装图和倒装图。管系安装图上要标明船体结构、机械设备的简图，附件的符号、代号和管子的曲形符号、代号及安装尺寸。管系安装图是管系安装的主要依据。

（3）根据管系安装图逐根计算并绘制管子施工零件图（亦叫管子零件图，三联单、小票等）。在管子零件图上，除了绘出代表管子空间位置的放样符号外，还需注明管子的材料、规格和加工制造这根管子所必需的管子参数：长度、成形角、转角和弯曲半径等；如果有支管的话，则还要加注支管的几何尺寸和定位尺寸。此外，管子零件图上一般还写明该管子所属的船名、系统名称、安装区域、管子的代号及船上的安装尺寸。管子零件图是管子加工制造的主要依据。

（4）根据管系安装图编制管系明细表。管系明细表一般按区域或系统编制，分为加工明细表和安装明细表。管系明细表包括管系安装图和管子零件图中所有的机械设备、阀件、附件和管子。它与管系安装图、管子零件图配合使用，主要用于管子加工和管路安装前的准备和进行所有材料消耗的统计工作。

管系放样工艺的具体施工步骤如下：

①收集资料进行管系放样的准备工作；

②绘制三图一表，即综合布置图、管系安装图、管子施工零件图和管系明细表；

③根据管子施工零件图进行弯管工作；

④利用校管机进行单管校正、点焊法兰；

⑤进行法兰的焊接、水压试验、清洗、镀锌和油漆工作；

⑥按管系安装图（或单元组装图、分段预装图、倒装图）进行管路安装。

根据我国具体情况和国际上的先进经验，我国现将船舶设计分为初步设计、详细设计、生产设计和完工文件编制4个阶段。船舶设计的各个阶段之间是密切联系的，一般说来，初步设计和详细设计阶段主要是解决造什么样的船的问题，而生产设计阶段主要是解决怎样造船的问题。

生产设计是指根据已认可的详细设计，按照工厂施工的具体要求，按工艺阶段、施工区域、施工单元绘制记入工艺技术要求、生产管理数据的工作图表，以及提供生产信息的过程。生产设计图纸与一般施工图纸的主要区别是：生产设计图纸不仅应指出施工的技术要求和施工程序，而且应明确规定其所在区域的编号、材料及工时定额、计划进度要求等，使施工人员从中可以了解自己应当干什么，如何干，何时干完，以及在什么地方干等细节。生产设计的图纸和文件是按产品施工进度的要求分阶段提交给施工现场的。

船舶管系的生产设计是船舶生产设计的重要组成部分，它主要包括机装生产设计和船装设计。其各自的综合布置图与原管系综合布置图相比，图纸的深度和广度有所提高。其主要特点是：前者按区域，由一个人负责一个或几个区域，进行全面分析和考虑，以达到布置经济、合理的目的；后者是按照系统分专业进行，必然会出现"抢"地方和布置不合理的现象。

第二节　管系放样的基本符号

在管系布置施工图中,为了简化绘图,均以实线代表一根管子,而用折线代替管子弯头(大直径管子有时也用三线图绘出),用适当符号表示管系中的附件、阀件等,并以必要的尺寸标注、文字说明相配合来表达管系的几何形状、具体尺寸和安装位置。

管系布置施工图常用的符号,归纳起来有 4 种,即:管子弯头符号、管子支管符号、管子连接件符号、管路阀件符号。因目前所采用的符号尚未完全统一,这里只列举一些常用的基本符号,供参考。

一、管子弯头符号

管子基本弯头有两种:弯曲成 90°的角尺弯(图 4 – 1)和不等于 90°的别弯。小于 90°的别弯用得很少。由于这两种弯头在平面图上有各种不同的布置位置,因而其弯头符号也有相应的变化,但归纳起来有 6 种基本情况,如表 4 – 1 所示。

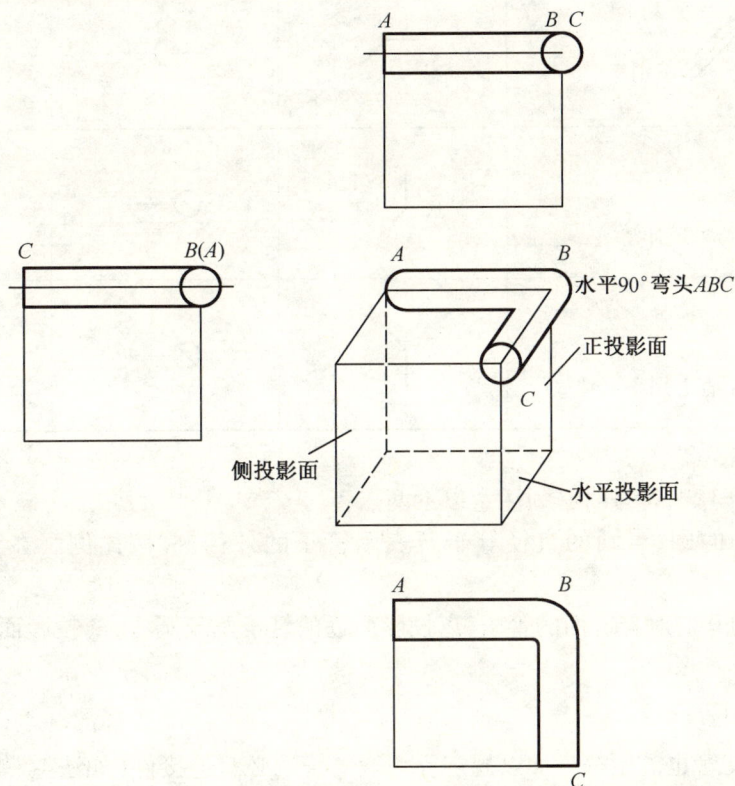

图 4 – 1　水平 90°弯头外形图

表4-1 管子弯头基本符号

图形及名称	符号		
	正视图	俯视图	侧视图
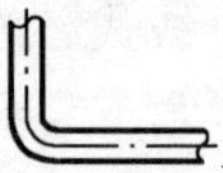 上直角弯			
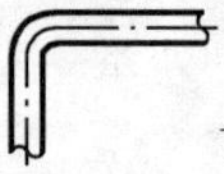 下直角弯	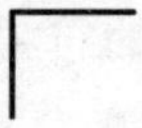		
 上别弯		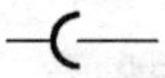	
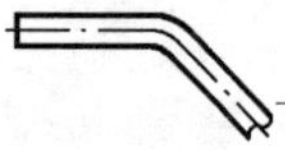 下别弯	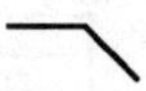	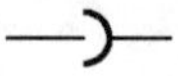	
 上直下别弯			
 下直上别弯			

在绘制管子弯头符号时必须注意以下两点:

(1)符号中的圆、半圆的直径等于所表示管子的外径,应按比例画在管路布置施工图上。

(2)半圆的开口对着上面的管子,离投影面远的管子画至圆心,离投影面近的管子画至圆周。

二、支管符号

管路上的支管也需用符号加以规定。一般支管端必有连接件(如法兰、螺纹、套管等),这些连接件的画法应统一采用管子附件符号表示。管路上的支管类型大致可分为3种:垂直支管(与主管垂直)、平行支管(与主管平行)、斜支管(与主管成一定角度)。

这些支管的符号如表4-2所示。

表4-2　管子支管符号

图形及名称	符号	图形及名称	符号
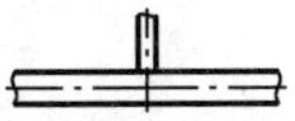 上正支管	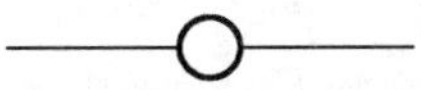 ◯	 上直下别弯支管	 ◯
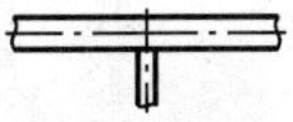 下正支管	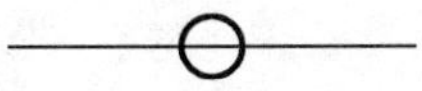 ◯	 下直上别弯支管	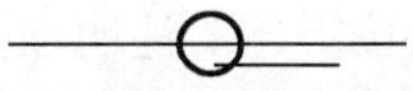 ◯
 上直角弯支管	 ◯	 上斜直支管	
 下直角弯支管	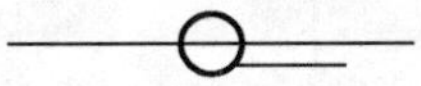 ◯	 下斜直支管	

三、管子连接件符号

船舶管系常用的连接件有法兰、螺纹接头、软管、套管和通舱管件等。各种连接件的大小应根据其具体规格按比例画在管系安装图或管子零件图上。连接件图形符号见表4-3。要注意,同一个连接件在管系安装图和管子零件图上的图形符号是不一样的,使用和标注时要特别小心。

1. 法兰连接

法兰连接分为船用标准法兰连接和异径法兰连接两种。标准法兰连接只要将法兰外径 D 按比例垂直画在管子上或管子的端点上就可以了;异径法兰(也是标准的)连接则是将两根不同直径的管子连接起来,因此要在管子上或端点上加注表示不同直径管的公称通径 DN×× 和 DN××。

如果采用非标准法兰连接,其图形符号基本同法兰连接符号,但在管系安装图上一定要标注非标准法兰的件号和在管子零件图上加画非标准法兰的简图及非标准法兰各部分的主要尺寸。

2. 螺纹连接

螺纹连接的种类很多,但它们的图形符号都是相同的。如果要指明不同的螺纹种类和规格尺寸,可用箭头或件号标注在图形符号上。

特别要指出的就是无论何种螺纹连接,都要在管子零件图上区分出外螺纹还是内螺纹,它们的图形符号是不同的。

3. 软管连接

软管连接的软管长度,如果按标准施工,管子零件图上可以不加任何标注;如果有特殊要求则应在管子零件图上注出其连接长度,管系安装图上一律不标连接长度。

4.套管连接

套管连接常用无缝钢管套接后,再用电焊焊接。属于不可拆连接,套管的长度现已标准化,加工制造时一定要按标准施工。

5.通舱管件

常用的通舱管件是法兰连接钢通舱管件。其两端是法兰,中间是一块加强衬板。加强衬板与船体甲板或舱壁焊接,以保证其水密和强度。由于加强衬板有活络衬板和固定衬板之分,所以,通舱管件的图形符号在管子零件图上的表示方法不同,见表4-3。此外,管子零件图上还要注明加强衬板的外径、内径和厚度。

表4-3 管子连接件符号

名称	图形	符号	
		管系安装图	管子单件图
法兰	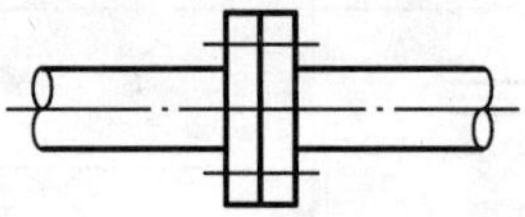	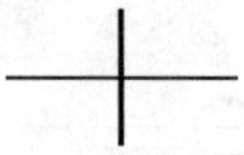	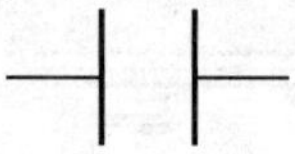
异径法兰	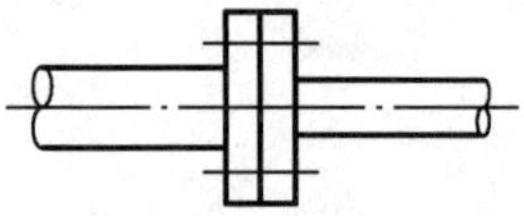	D_g100 D_g80 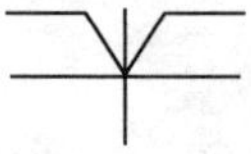	D_g100/D_g80 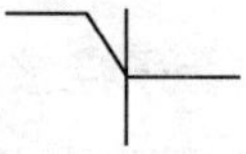
螺纹接头	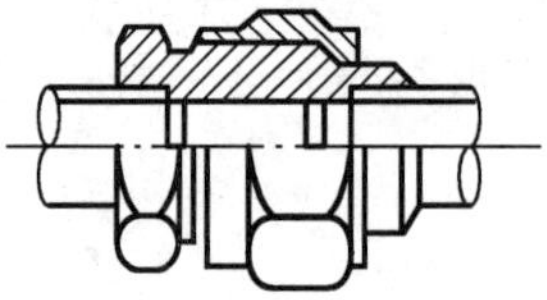	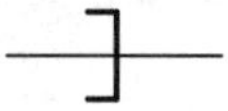	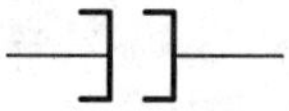 (内螺纹)(外螺纹)
软管管接头	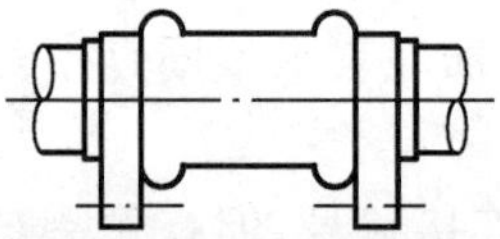		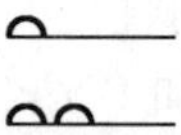
套管连接	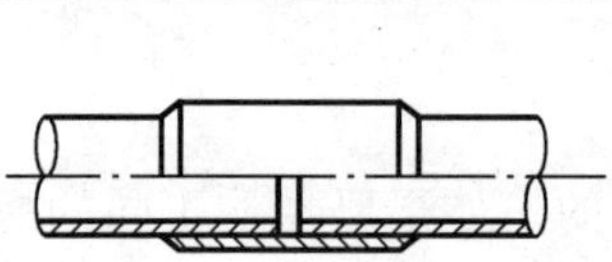	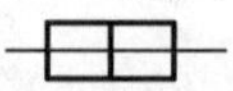	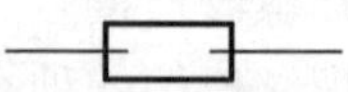
通舱管件	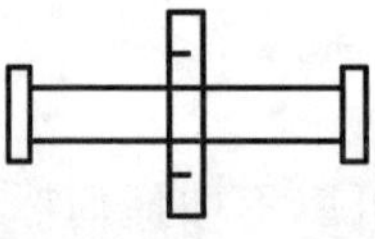		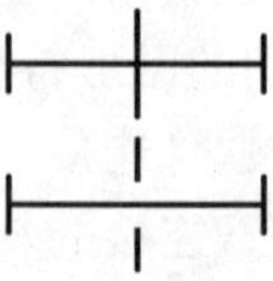

四、管子附件符号

这里指的附件是除上述连接件以外的各种阀件、阀箱、器具、旋塞等,在施工安装图上必须把它们按比例绘出,并应注意将主要尺寸标于图中。这些附件的符号如表 4-4 所示。

表 4-4 管子附件符号

序号	名称	符号	备用符号	
			俯视	侧视
1	直通截止阀			
2	直角截止阀		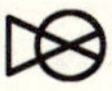	
3	三通截止阀			
4	直通止回阀			
5	直角止回阀			
6	竖形止回阀			
7	直通截止止回阀	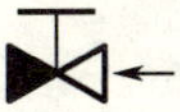		
8	直角截止止回阀			
9	三通截止止回阀			
10	直通止回舌阀			

表 4 - 4(续 1)

序号	名称	符号	备用符号	
			俯视	侧视
11	直角止回舌阀			
12	碟阀			
13	球阀			
14	闸阀		—	
15	直通防浪阀			
16	斜角防浪阀			
17	直通减压阀			—
18	直角减压阀			—
19	直通旋塞			
20	直角旋塞			
21	三路 L 形旋塞			
22	三路 T 形旋塞			

表 4-4(续 2)

序号	名称	符号	备用符号	
			俯视	侧视
23	四路四通旋塞			
24	四路二通四通旋塞			
25	底接式旋塞			
26	直通底接式旋塞			
27	直角式接式旋塞			
28	三路底接式旋塞			
29	单联滤器(水、油、空气)			—
30	双联滤器(水、油)			—
31	吸入口(或吸入滤网)			—
32	带滤网粗放入止回阀			—
33	泥箱			—
34	分离器(蒸汽、空气、油)			—
35	疏水器			—

表 4 –4（续 3）

序号	名称	符号	备用符号	
			俯视	侧视
36	传话器		—	—
37	汽笛或雾笛		—	—
38	散热器			
39	二路截止阀箱			
40	二路截止止回阀箱			
41	二路排出截止阀箱			
42	二路双排截止阀箱			
43	水(空)舱帽形空气管头			
44	油舱帽形空气管头(带铜丝网)			
45	水舱鹅颈空气管头			
46	油舱鹅颈空气管头(带铜丝网)			
47	油舱可闭鹅颈空气管头(带铜丝网)			
48	测深或注入管头			
49	自闭测深头			

第三节　管子加工尺寸标注方法

为了便于管子的加工制造和校对,管子的加工尺寸标注方法与机械制图的尺寸标注方法有所不同。管子的加工尺寸标注全部采用封闭尺寸标注法。下面选择一些典型管子,说明其加工尺寸的标注方法。

一、主管尺寸的标注

1. 斜角尺别弯尺寸标注

斜角尺别弯尺寸标注如图4－2所示。从立体图中可知,管子 *ABCD* 是由弯头 *ABC*,*BCD* 组成的。弯头 *ABC* 是斜下正角尺弯,*BCD* 为上别弯头。标注尺寸以俯示图为主,当俯视图不足以说明时,再补充正视图。如果还不能充分说明,那么再补充侧视图说明。本例中只须俯视图和正视图就足以把尺寸和角度注明。

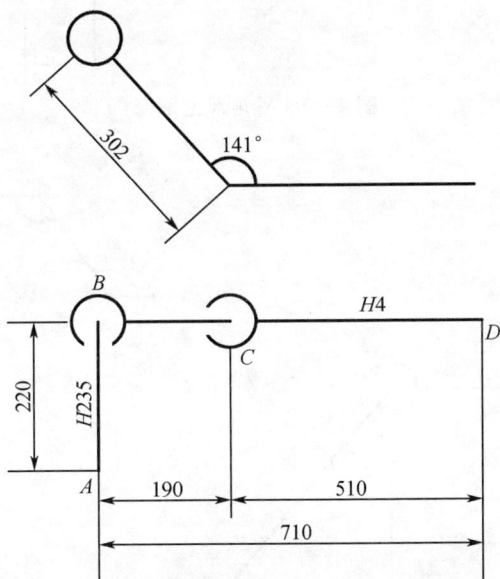

图4－2　斜角尺别弯

2. 平角尺上别弯尺寸标注

平角尺上别弯尺寸标注如图4－3所示。在俯视图上注明了 *AB*,*BC* 管段长,*BD* 投影长。*CD* 实长和∠*BCD* 在正视图上注明。

3. 斜别弯定深管子尺寸标注

斜别弯定深管子的尺寸标注如图4－4所示。本例中仅用俯视图就可全部注明。

4. 上、下正角尺弯管子尺寸标注

上、下正角尺弯管子的尺寸标注如图4－5所示。本例只需俯视图就可把管子的尺寸注明。

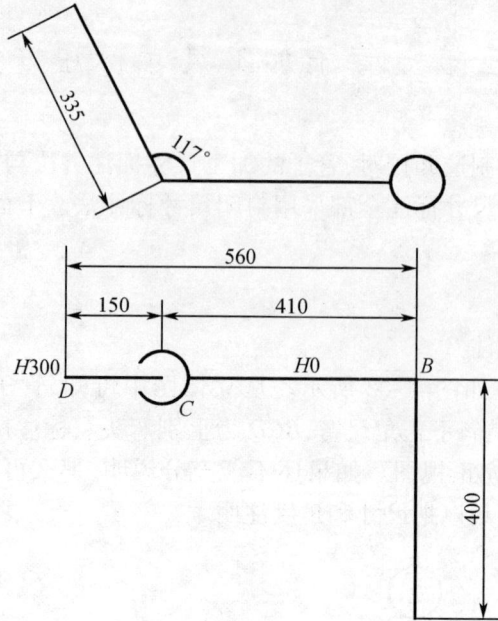

图 4-3　平角尺上别弯

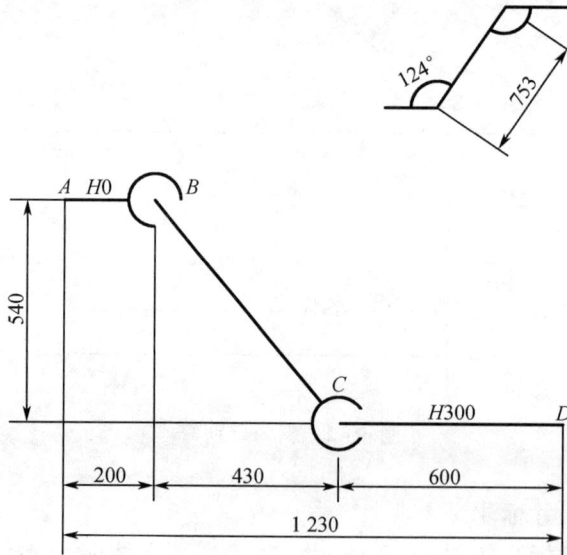

图 4-4　斜别弯定深管子

5. 直角定深弯(两角尺立定深)尺寸标注

直角定深弯(两角尺立定深)的尺寸标注如图 4-6 所示。本例也只需俯示图就可以把管子尺寸注明。

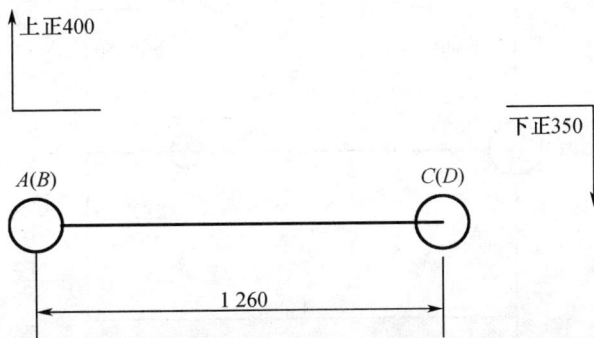

图 4-5 上、下正角尺弯管子

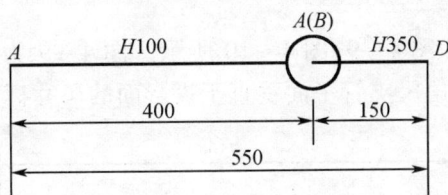

图 4-6 直角定深弯

二、支管尺寸的标注

在管子的制造和安装中,一般总是"先总管后支管",就是在主管(母管)弯曲和校正工作结束后,再考虑校正支管(安装时也是这样),因此支管尺寸的标注应从校管(或安装)工作方便出发。

支管尺寸的标注主要标出支管本身的各部分尺寸和支管在主管上的安装位置和尺寸。

1. 垂直母管的支管尺寸标注

垂直母管的支管尺寸标注如图 4-7、图 4-8 所示。图 4-7 中的 EF 为平直支管。图 4-8 中的 EF 为下正直支管。无论何种情况,都要注明支管在母管上的位置及支管本身的长度和规格。

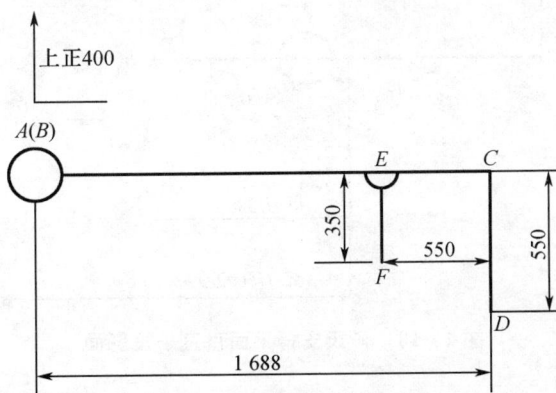

图 4-7 垂直母管的平直支管

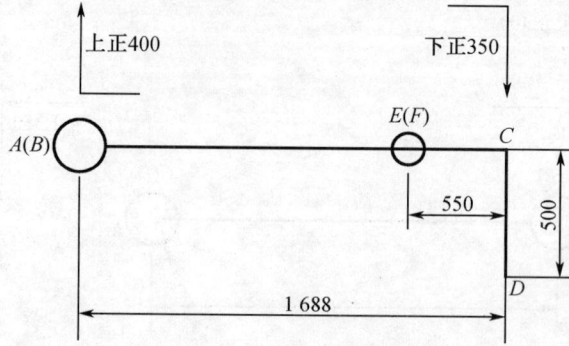

图4-8　垂直母管的下正直支管

2. 角尺支管的尺寸标注

角尺支管的尺寸标注如图4-9、图4-10所示。图4-9为角尺支管平面平行于投影面的尺寸标注;图4-10为角尺支管平面垂直于投影面的尺寸标注。

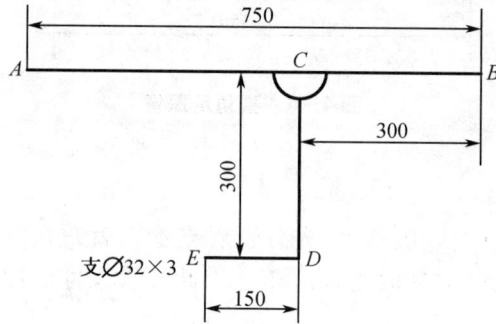

图4-9　角尺支管平面平行于投影面

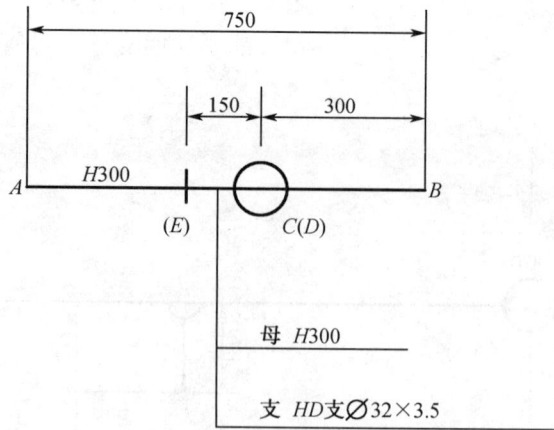

图4-10　角尺支管平面垂直于投影面

3.别弯支管的尺寸标注

别弯支管的尺寸标注如图 4 – 11、图 4 – 12 所示。图 4 – 11 为别弯支管平面平行于投影面的尺寸标注;图 4 – 12 为别弯支管平面垂直于投影面的尺寸标注。

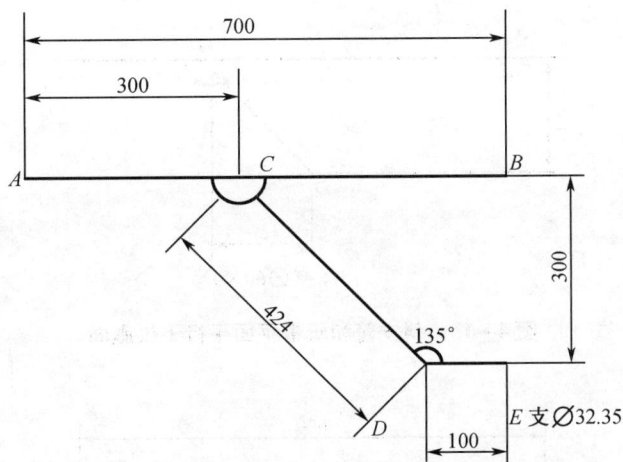

图 4 – 11　别弯支管平面平行于投影面

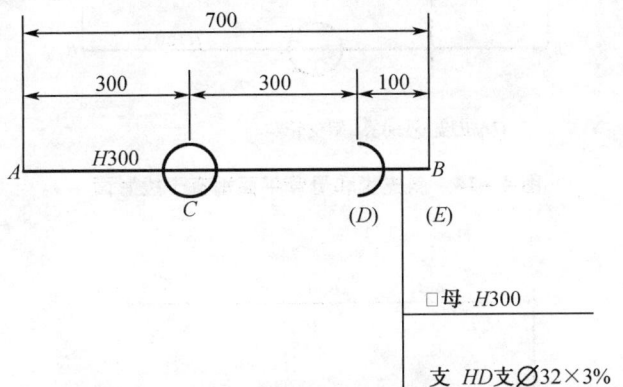

图 4 – 12　别弯支管平面垂直于投影面

4.斜支管的尺寸标注

斜支管的尺寸标注如图 4 – 13、图 4 – 14 所示。图 4 – 13 为斜支管和母管组成的平面平行于投影面的尺寸标注;图 4 – 14 为斜支管与母管组成的平面垂直于投影面的尺寸标注。

5.圆弧支管(小脚支管)的尺寸标注

圆弧支管(小脚支管)的尺寸标注如图 4 – 15、图 4 – 16 所示。图 4 – 15 为圆弧支管与母管组成的平面平行于投影面的尺寸标注;图 4 – 16 为圆弧支管与母管组成的平面垂直于投影面的尺寸标注。

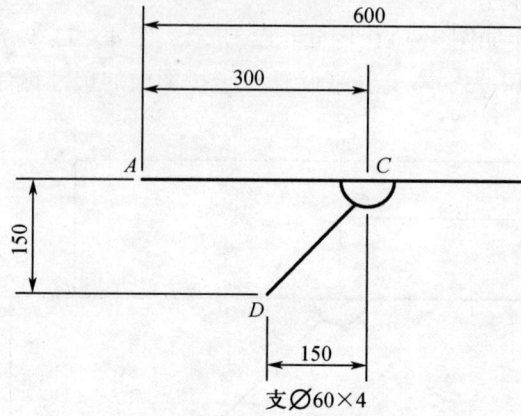

图 4 – 13　斜支管和母管平面平行于投影面

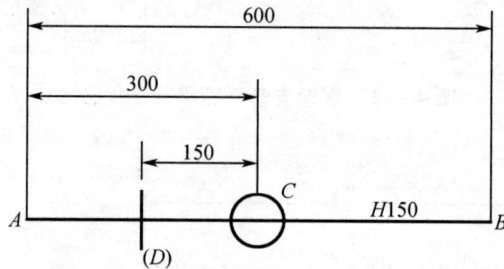

图 4 – 14　斜支管和母管平面垂直于投影面

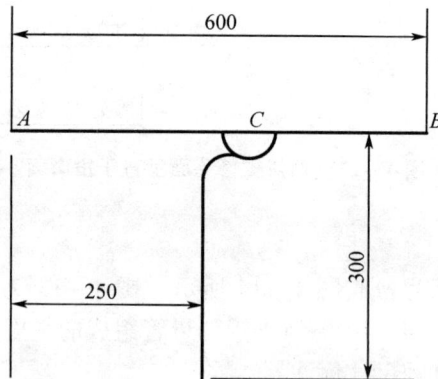

图 4 – 15　圆弧支管和母管平面平行于投影面

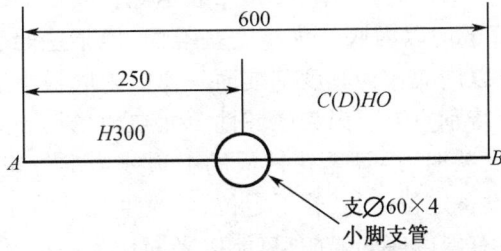

图 4 – 16　圆弧支管和母管平面垂直于投影面

三、管子加工余量的尺寸标注

由于计算或安装的累计误差,有些管子(如嵌补管)必须在现场确定它的长度,为此,对管子的某部分长度应适当地加放余量,其标注方法见图 4 – 17。图中 550^{+30} 即为放样尺寸,$+30$ 为余量尺寸。此管子最后的实际长度还要由现场确定。留有加工余量尺寸的管子至少有一端不安装连接件,在现场校管时再安装。

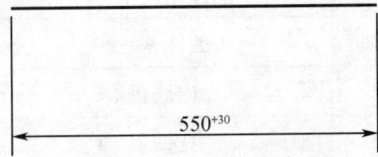

图 4 – 17　加工余量的标注方法

第四节　管子安装尺寸标注方法

一、管路基准面的选择

要确定管系在空间的确切位置必须知道它的坐标值,要确定坐标值就必须知道原始坐标轴,即确定基准面。管路的布置是在船体结构图上进行的,因此将船体结构面作为基准面是最常用的一种方法。

1. 横向基准面

横向基准面用以确定管系在左舷或右舷的坐标,一般以船体的纵舯剖面作为横向基准面。纵舯剖面可用符号 B 表示,"–"表示左舷,"+"表示右舷。例如 B – 200 mm,即表示左舷距船体纵舯剖面 200 mm 处。

2. 纵向基准面

纵向基准面用以确定管系在船舶纵向的坐标值,即首、尾方向位置,一般以船舶某一肋位或某横隔舱壁作为纵向基准面,标注时应具体标明某一肋位号,"+"表示自该肋位向大号肋位方向,"–"表示自该肋位向小号肋位方向,例如"36 – 200"表示 36 号肋骨向 35 号肋骨 200 mm 处。

3. 高度基准面

高度基准面用作确定管系在高度方向上的坐标值,一般以船体的基线作为高度基准面,在管路上标注 H200 mm,表示此管路上某一段或某一点距基线 200 mm。对于大型船舶,它具有的甲板层次较多,为了简化尺寸标注和安装时度量方便,根据各层平面管系放样的要求,也可直接选择某层甲板平面作为高度基准面。为了避免混淆,可在高度差数值前面加上不同的符号(如表4-5),例如"平+200",表示此管段在平台甲板上方200 mm处。

机舱花铁板以下的管子均以内底作为高度基准面,但某些船舶内底板厚度不一致,船中部较厚,舷边较薄,此时以内底作为高度基准面一律以内底板下边线起算,这一点对机舱采用区域性单元组装工艺特别重要。因为区域性单元在内场组装时,其高度坐标在放样时由内底板下边线为准;在安装时,换算至花铁板的上边线为准。花铁板上边线与内底板下边线是等距离的,无论是设备定位还是,管子定位,其高度尺寸均不会受内底板厚度变化的影响。对于某些单底船或有斜内底的船舶,只能以平面作为高度基准面。在机舱部分放样时,可根据需要换算至花铁板平面的标注高度。

表4-5 各层平台符号

序号	船体结构名称	符号	序号	船体结构名称	符号
1	船体基线	H	10	起居甲板	起
2	内底板	内	11	遮阳甲板	阳
3	花铁板	花	12	游步甲板	游
4	平台甲板	平	13	露天甲板	天
5	下平台甲板	下平	14	救生艇甲板	艇
6	上平台甲板	上平	15	驾驶甲板	驾
7	下甲板	下甲	16	罗经甲板	罗
8	上甲板	上甲	17	甲板上面	+
9	桥楼甲板(包括艏、艉楼)	桥	18	甲板下面	-

二、管子安装尺寸标注

安装符号包括:
①距船的首尾位置;
②距船中线位置;
③距甲板层高度位置;
④管端方向。

在管子零件图上标注安装符号时,有的仅标注管子的一端,有的将所有支管管段都进行标注,一般以管子两端均标注为宜。

图4-18为一根管子的安装尺寸及安装符号的标注实例。它表示各管段的尺寸及管端A,B的安装位置。管端A安装在左端向舷侧,纵向位置在36号肋位处,横向位置在距船中1 500 mm处,高度在内底上1 500 mm处;管端B安装在左舷向下,纵向在35号肋位前50 mm,横向在距舯700 mm处,高度在内底板上700 mm处。

具备上述标注的管子零件图与附注参数,就能正确地进行弯管、校管和管子安装工作。

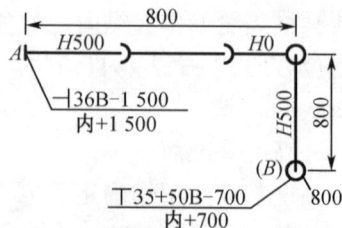

图4-18 管子安装尺寸标注

管端方向的符号列于表4-6中。

表4-6 管端方向符号

安装方向说明	符号
在船体的左舷、向上	
在船体的左舷、向下	
在船体的右舷、向上	
在船体的右舷、向下	
在船体的右舷、向艏	
在船体的左舷、向艏	
在船体的左舷、向艏	
在船体的右舷、向艏	
在船体的左舷、向艉	
在船体的左舷、向艉	
在船体的右舷、向艉	
在船体的右舷、向艉	

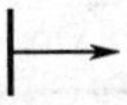

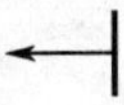

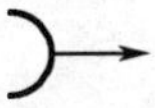

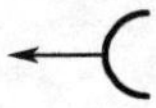

五、法兰的标注

1. 标准法兰的标注

船舶管系以标准法兰(GB 573—65,GB 574—65)使用最广。在国家标准中,依据法兰的螺孔数目可分为两类:一类为4的整数倍,如4孔、8孔、12孔等;另一类为4的非整数倍,如6孔、10孔等。

法兰螺孔标注分为双眼、单眼、非双非单三种情况。

(1)双眼标注见图4-19。图中法兰为4孔,螺孔A,B连线与水平面平行;同样螺孔B,C连线与侧投影面平行。故该法兰对水平面和侧投影面来讲均为双眼。标注方法如图中所示。

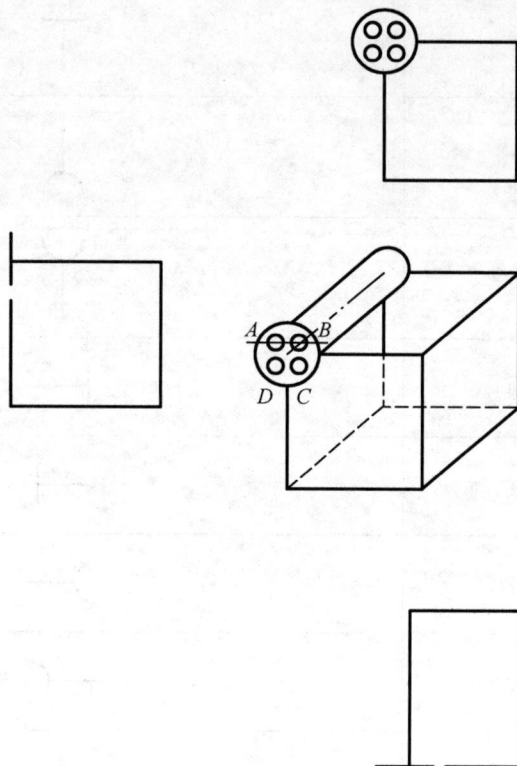

图4-19 双眼标注

(2)单眼标注见图4-20。图中法兰4个螺孔A,B,C,D。对水平面来讲,A螺孔在最高处,为单眼;对侧投影面来讲,B螺孔最远,为单眼。标注方法如图所示。

(3)非单非双标注方法见图4-21。这种情况可以理解为由双眼A,B旋转几度后(如15°)得到,故称之为"螺孔旋转"。标注方法如图所示。

2.非标准法兰的标注

当船舶管系中采用非标准法兰连接时,在管子零件图上必须注明法兰的形状及其基本参数。一般用件号列表说明,必要时可以加非标准法兰的简图。非标准法兰螺孔的标注基本同标准法兰一样。

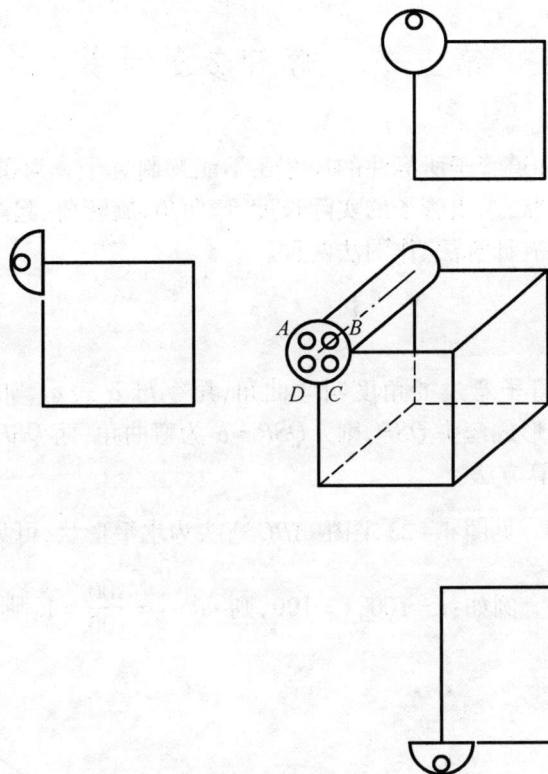

图 4－20　单眼标注

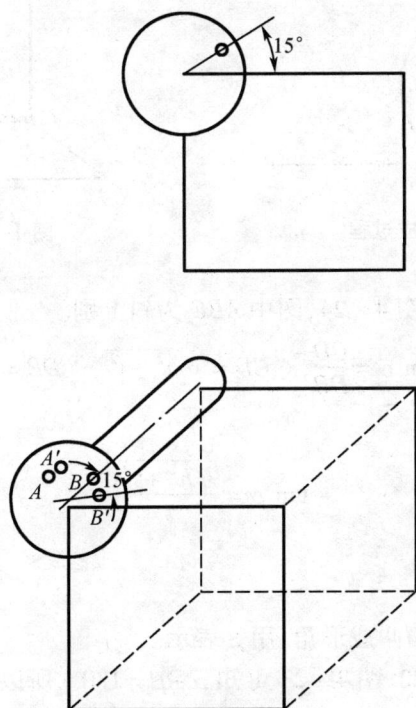

图 4－21　非单非双标注

第五节　弯管参数计算

在管系放样中,只知道管子所标注的尺寸还不能弯制管子。为了能弯制管子必须根据管子所标注的尺寸和形状,求出管子的实际长度、弯曲角、旋转角、起弯点、总长等参数。

求管子参数的方法有计算法、作图法两种。

一、计算法

1. 弯曲角 α

(1)弯管机带动直管子弯过的角度叫弯曲角,用字母 α 表示,如图 4 - 22 所示。直管 RSP 经弯管模子带动后形成弯头 QSP,则 $\angle QSR = \alpha$ 为弯曲角,而 QSP 为成形角,用 β 表示。

(2)弯曲角 α 的计算方法。

①弯头呈水平位置。见图4 - 23,图中 ABC 弯头为水平形状,可见 $\tan \alpha = \dfrac{t}{s}$,算出后再查三角函数表就可知 α。例如: $t = 100, s = 100$,则 $\tan \alpha = \dfrac{100}{100} = 1$,则 $\alpha = 45°$。t 为 C, D 开挡,s 为 B, D 开挡。

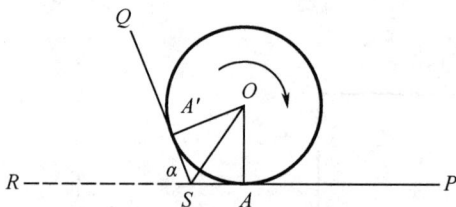

图 4 - 22　弯曲角的形成过程

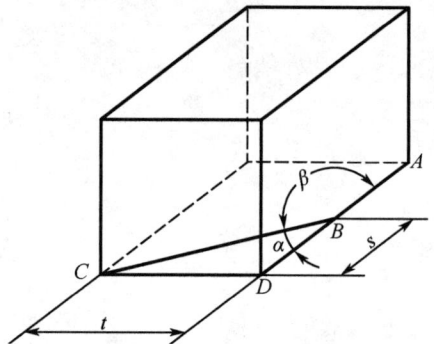

图 4 - 23　弯头呈水平位置

②弯头是空间位置。见图 4 - 24,图中 ABC 为斜上别。

$$\tan \alpha = \frac{CD}{DB}, \quad CD = \sqrt{h^2 + t^2}, \quad DB = s$$

所以

$$\tan \alpha = \frac{\sqrt{h^2 + t^2}}{s}$$

h 为 C, E 的高差。

2. 成形角 β

(1)相邻两段管子的夹角叫成形角,用 β 表示。

(2)计算方法:由图 4 - 22、图 4 - 23 可知 $\alpha + \beta = 180°$,所以 $\beta = 180° - \alpha$。

3. 管子线段长度的计算

（1）面弯头如图 4－23 所示。

$$BC = \sqrt{t^2 + s^2}$$

（2）间弯头如图 4－24 所示。

$$BC = \sqrt{t^2 + s^2 + h^2}$$

讨论：

由图 4－24 知：

（1）$h = 0$ 时，$BC = \sqrt{t^2 + s^2}$ 即为图 4－23 的情况；

（2）$t = 0$ 时，如图 4－25 所示，即为上别弯情况；

（3）$s = 0$ 时，如图 4－26 所示，成为斜上正情况。

4. 弯头圆弧长度计算

管子计算总长时，其值不是各管段直线段之和，而要计及弯头的圆弧长。其计算公式：

$$弧长 = 2\pi R \frac{\alpha}{360°}$$

式中，R 为管模子半径（即弯曲半径），α 为弯曲角。如图 4－27 所示。

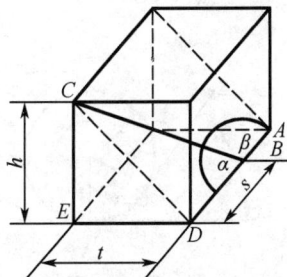

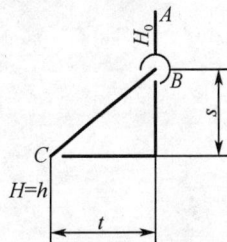

图 4－24　弯头呈空间位置

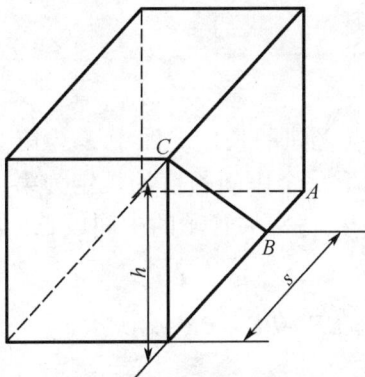

图 4－25　上别弯计算

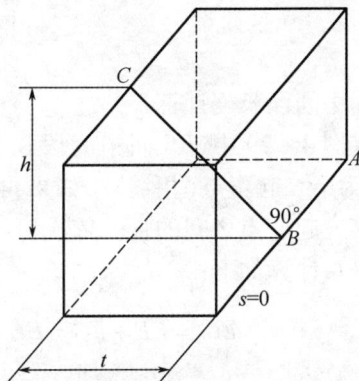

图 4－26　斜上正计算

5. 弯头切线长计算

为了确定管子弯曲时的起弯头，必须求管子弯头处的切线长。如图 4－28 中的 D 点。

切线 $BD = R\tan\frac{\alpha}{2}$，当然 $BD = BE$。

6. 首段长度计算

首段长度计算如图 4－29 所示，图中管段到首先点 AE 的长度叫首段长度。E 点为第一起弯点：

$$AE = AB - EB = AB - R\tan\frac{\alpha_1}{2}$$

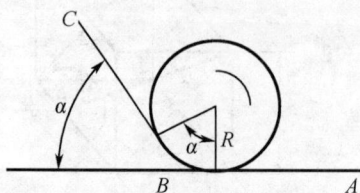

图 4 - 27　弯头圆弧长度计算

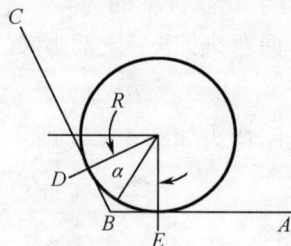

图 4 - 28　弯头处的切线计算

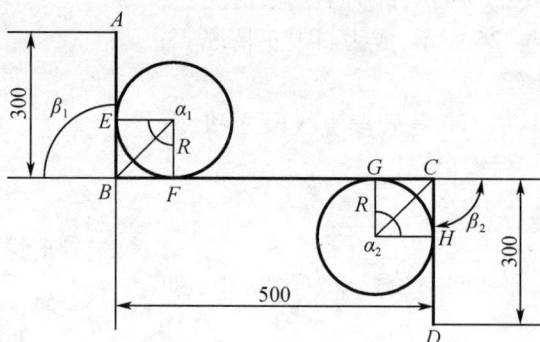

图 4 - 29　首段长度计算

7. 中间段长度计算

在图 4 - 29 中, EG 叫中间段长度, 即相邻两起弯点之间的长度。图中 E 为第一起弯点, C 为第二起弯点(相继)。如果再增加一个弯头, 则下一个中间长度的规定为第二起弯点和第三起弯点之间的长。依次可计算出四个、五个……弯头的管子的中间段长。图 4 - 29 中 EG 计算如下:

$$EG = \overset{\frown}{EF} + FG = \overset{\frown}{EF} + (BC - BF - GC) = \overset{\frown}{EF} + BC - BF - GC$$

$$= 2\pi R \frac{\alpha_1}{360°} + BC - R\tan\frac{\alpha_1}{2} - R\tan\frac{\alpha_2}{2}$$

8. 弯头间直线长计算

在图 4 - 29 中, 切点 F, G 之间的长度叫两弯头间的直线长, 其计算方法如下:

$$l = FG = BC - BF - GC = BC - R\tan\frac{\alpha_1}{2} - R\tan\frac{\alpha_2}{2}$$

两弯头间直线长度在实际弯管工作中很重要, 此长度必须大于紧固件长度(即弯管时使用的轧头长), 否则会影响下面一个起弯点 G 的正确性, 最后造成整个管子长度增大。

9. 起弯点的确定

起弯点 E, G(即按弯管顺序, 每一个弯头的前一个切点)的确定非常重要。弯管时, 一定要将起弯点对准弯模的起弯线, 这样才能保证弯管尺寸的准备。

(1)第一起弯点 E 确定。各厂均以 AE 的尺寸确定 E 点。

(2)第二(包括第三、四等)起弯点 G 的确定方法, 各厂不一样, 一般有 3 种:

①以中间长度 EG 确定 G;

②以两弯头间的直线长 FG 确定 G；

③以 $BG(BG = BC - GC)$ 来确定 G。

10. 尾段长度计算

图 4 – 29 中 GD 叫尾段长度。计算方法如下：

$$GD = \overset{\frown}{GH} + HD = \overset{\frown}{GH} + CD - CH = 2\pi R \frac{\alpha_2}{360°} + CD - R\tan\frac{\alpha_2}{2}$$

11. 展开长度

展开长度(叫下料长度)计算如下：

$$L = AE + \overset{\frown}{EF} + FG + \overset{\frown}{GH} + HD$$

$$= AB - EB + \overset{\frown}{EF} + BC - BF - GC + \overset{\frown}{GH} + CD - CH$$

$$= AB + BC + CD + \overset{\frown}{EF} + \overset{\frown}{GH} - 2EB - 2GC$$

$$= AB + BC + CD + 2\pi R \frac{\alpha_1}{360°} + 2\pi R \frac{\alpha_2}{360°} - 2R\tan\frac{\alpha_1}{2} - 2R\tan\frac{\alpha_2}{2}$$

12. 管子弯曲时的延伸长度

金属管子在弯曲时,由于受拉伸力的作用,弯头处的圆弧长度因材料的塑性变形等原因而略有延伸,这种延伸量叫管子的延伸值。故在管子实际下料时其下料长度应短些,即实际下料长度等于展开长度减去各弯头的延伸之差。

延伸值有专门表可查。下面以图 4 – 29 中管子为例计算其展开长。已知该管弯曲半径 $R = 100$。

(1)弯曲角 α 和成形角 β

图中 $\angle ABC$，$\angle BCD$ 均为实际角，$\alpha_1 = 90°$，$\alpha_2 = 90°$，$\beta_1 = 90°$，$\beta_2 = 90°$。

(2)管段长度

图中 AB，BC，CD 均为实长，即 $AB = 30$，$BC = 600$，$CD = 300$。

(3)弯头圆弧长

$$\overset{\frown}{EF} = \overset{\frown}{GH} = 2\pi R \frac{90°}{360°} = 2\pi \times 100 \times \frac{90°}{360°} = 157$$

(4)弯头切线长

$$EB = BF = GC = CH = R\tan\frac{90°}{2} = 100\tan\frac{90°}{2} = 100\tan 45° = 100$$

(5)两弯头间直线长

图中 FG 为两弯头间直线长，即

$$FG = BC - BF - GC = 600 - 100 - 100 = 400$$

(6)首段长、尾段长

首段长 $\qquad AE = AB - EB = 300 - 100 = 200$

尾段长 $\qquad HD = CD - CH = 300 - 100 = 200$

(7)展开长

$$展开长 = AE + \overset{\frown}{EF} + FG + \overset{\frown}{GH} + HD = 200 + 157 + 400 + 157 + 200 = 1\ 114$$

2. 作图法求管子参数

生产中有时缺少计算工具,此时可采用作图法求出管的实长和实角。这种方法只要作图时细心,其产生的误差不会影响管的制造和安装。应该说这是比较实用、简捷的方法,值得推广和掌握。

作图时可缩小比例(例如$1:10$),下面举例说明。

图4-30中$ABCD$为立体斜定深管子。现把它转平到水平面上去,则水平面反映的A_1B_1CD为$ABCD$管子的真实情况,也就是$\angle A_1B_1C$,$\angle B_1CD$为实际角,B_1C为实际长。图4-30为作图法求管子参数的原理图,图4-31是具体操作图。在图4-31中,用量角器量$\angle A_1B_1C$(因为定深,所以$\angle B_1CD = \angle A_1B_1C$),即为该角实际度数(成形角)。

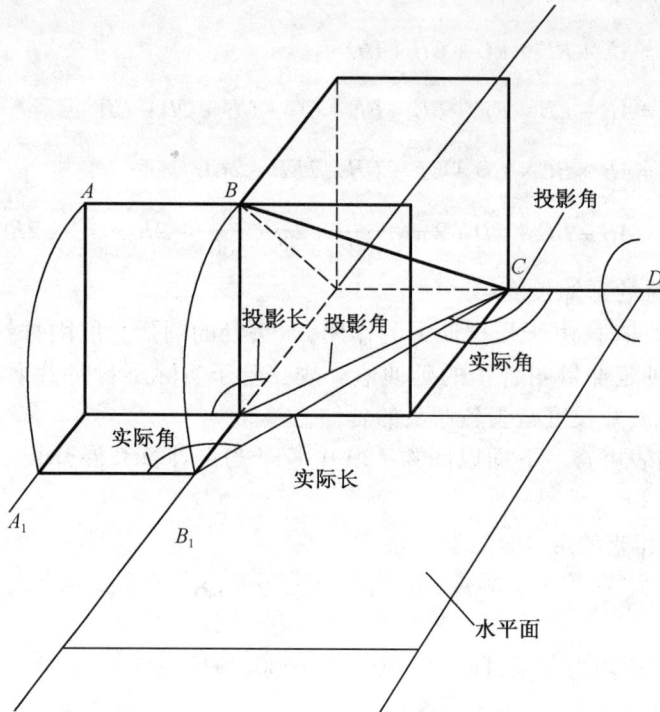

图4-30 作图法求管子参数原理图

用比例尺量出B_1C即为该管段的实长。以后再按前述的方法求出弯曲角、首段长、中间段长、切线长、展开长等。

3. 转角简介

(1)转角定义

当弯曲形成管子的弯管段数大于3时,就可能有转角存在。例如,见图4-32。图中弯头ABC所在平面与弯头BCD所在平面的夹角为$90°$,则该管子的旋转角为$90°$。

从以上实例可以说明转角的概念:构成每一个弯头的相邻两管段可以组成一个平面,相邻两个弯头所在平面之间的夹角称为该两弯头的转角,用符号ψ表示。尾段向首段的旋转方向即为转角的旋转方向。

(2)转角旋转方向

转角旋转方向有顺时针、逆时针两种。

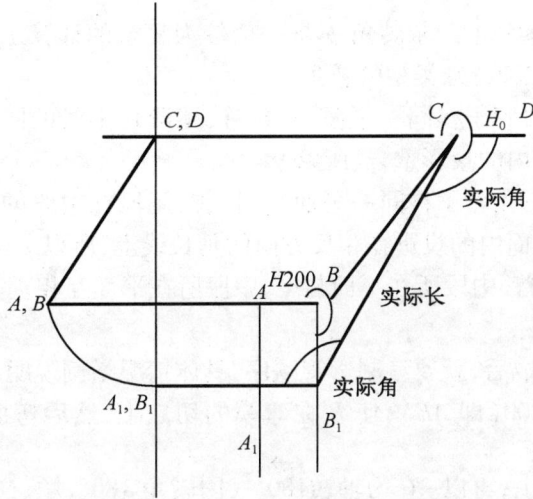

图 4-31　作图法求管子参数操作图

①逆时针。指末段管段投影向首段投影靠拢的方向（注意中间段必须投成一点），如果逆时针靠拢则称为逆时针，用符号"←"表示。如图 4-32 中，末段投影 CD 逆时针靠拢首段 AB 投影，且其 $\psi=90°$。在 $0°\leqslant\psi\leqslant180°$ 中，如果 CD 顺时针靠拢 AB 时，因 $\psi=270°$，超出 $0°\leqslant\psi\leqslant180°$ 范围，故不成立。

②顺时针。指末段投影在范围 $0°\leqslant\psi\leqslant180°$ 内顺时针向首段靠拢的转向，用符号"→"表示。见图 4-33，图中末段 CD 以 $\psi=90°$ 向首段 AB 靠拢。如果 $\psi=270°$，超出 $0°\leqslant\psi\leqslant180°$ 范围，故也不成立。

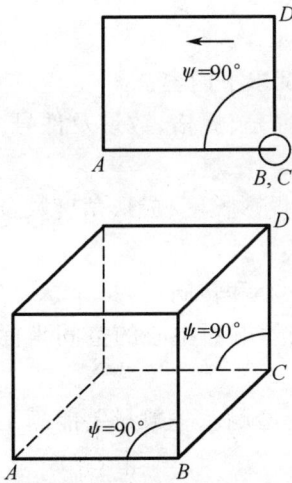

图 4-32　逆时针转角方向

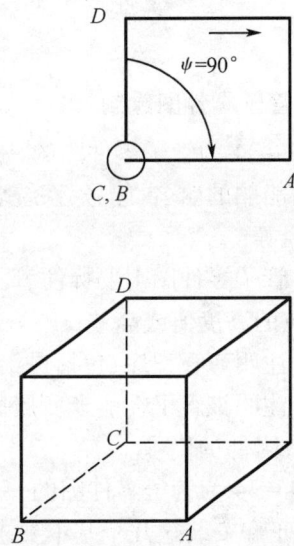

图 4-33　顺时针转角方向

（3）转角范围

转角范围为 $0°\leq\psi\leq180°$。求转角 ψ 是一项较为复杂的计算工作,且经常遇到的恰又是 $\psi=0°$,$±90°$,$180°$ 三种特殊类型的转角。

①转角为 0°时,三段管子在同一平面内,且首、尾段在中段的同侧。因为首、尾段在中段(靠尾侧)的垂直平面内的投影重合,所以 $\gamma=0°$。

②转角为 180°时,三段管子在同一平面内,且首、尾段在中段的同侧。因为首、尾段在中段(靠尾侧)的垂直平面内的投影在相反方向的延长线上,所以 $\gamma=180°$

③转角为 ±90°时,首、中段所在平面与尾、中段所在平面互相垂直。

4. 弯管顺序编制

当上述各项工作完成后,就要编制弯管顺序,具体情况举例说明。仍以图 4-29 为例说明。从 A 开始,先送进 200(即 AE),使 E 在弯模的切点上,然后弯曲 90°,再送进 400（即 FG)使 G 在弯模的切点上,再以 FG 为轴转 180°(因转角 180°,顺、逆转均可),再弯 90°,最后量取 200(即 HD),弯曲完毕。上述过程可写成如下顺序:

长	弯	长	转	弯	长
200	90°	400	$\overset{\leftrightarrow}{180°}$	90°	200

其他形状的管子也是一样编写。

第六节　管子零件图绘制和识读

一、管子零件图绘制

图 4-34 为管子零件图的一个例子。绘制时一般要包括以下内容:

（1）船舶的船名、船号,系统名称及代号,管子的材料、牌号、规格、数量及件号,管子的弯曲半径等;

（2）管子零件图上要标注管子管段的长度、倾斜管段的投影长度、成形角度数及管子管段或端点的高度值或高差;

（3）注明弯管程序,包括进给长度、弯曲角度和转角的大小和转向;

（4）注明该管子在船上所属区域的代号、管子两端点法兰端面中心的空间坐标值及连接管子或附件的代号。

图 4-34 为管子零件图的一般形式,其内容可根据需要增删。一般只要能满足管子的弯曲、校正和安装这几个基本要求就可以了。

二、管子零件图识读

管子零件图识读一般分为 6 个步骤。

（1）明确船名、船号,管路名称及管子材料、牌号、规格和代号

由图 4-34 知该船为 12 000 t 集装箱货轮,船号为 SS118。管路名称为燃油系统。管子

采用 20 号无缝钢管。规格为 $\phi76 \times 4$，管子代号为 R1305。

船名	管系名称	管子代号	材料	规格
12 000 t 散装箱货轮	燃油系统	R1305	20 号	$\phi76 \times 4$
船号	区域代号	弯曲半径	下料长度	数量
SS118	M230	R180	1876	1

X	Fr16 + 50			
Y	船中 + 600			
Z	上平 − 210			
接	R1306		X	Fr18 − 270
			Y	船中 − 510
			Z	上平 − 460
			接	R1304

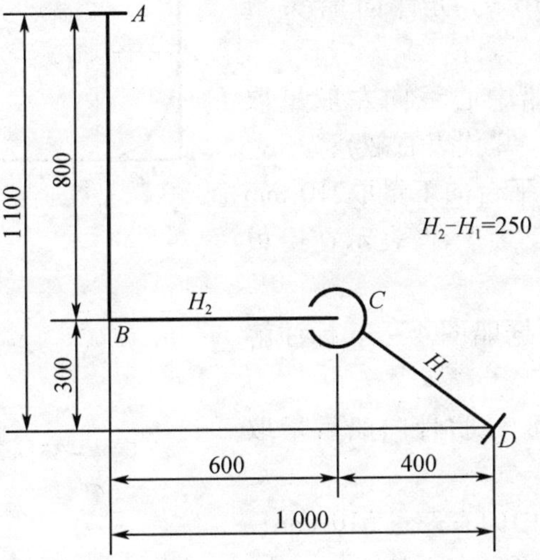

图中标注：1 100、800、300、$H_2 - H_1 = 250$、A、B、C、D、H_1、H_2、600、400、1 000

弯管顺序表									处理表	
长	弯	长	转	弯	长	弯	内场	外场	镀锌	酸洗
620	90°	347	+ 140°	44°	486		√			√

图 4 − 34　管子零件图

(2)搞清管子形状和各部分尺寸

此管子是一根直角斜别弯管子。$\angle ABC$ 为水平 90°弯头，$\angle BCD$ 由水平管段 BC 和倾斜管段 CD 组成的大于 90°的别弯（一般管子在零件图上多数以俯视图表示出来，这样便于识读和校管）。根据图示尺寸 $\angle BCD = 136°$，计算过程从略。管段 AB，BC 的图示尺寸是它们的实长，CD 通过计算为 559 mm，计算过程从略。旋转角 $\psi = 140°$，计算和判断过程从略。

(3)明确连接件符号的意义

由图可知，该管采用法兰连接，由于该法兰未做任何标注，因此可断定 A，D 两处法兰均为"双眼"。

(4)编制弯管顺序

见图 4 − 35，该管子的弯管顺序如下：先量取首段直线长 620 mm（AE）。夹紧后弯曲 90°，再从第一终止点 F 量取 347 mm（FG）后，将弯好的直角弯顺时针旋转 140°，夹紧后再弯曲 44°，最后从第二终止点 H 截取 486 mm（HD）。将长 620 mm、弯 90°、长 347 mm、转 140°、弯 44°和长 486 mm 依次填入弯管顺序表内即可。

（5）明确管子所属区域和具体安装位置

为了施工方便,目前各船厂都将全船划分为若干个区域并给以不同的编号（请注意各厂具体划法、编号是不相同的）。图4－36表示的管子 $ABCD$,它所属区域为 M230, M230 即机舱下平台甲板。

该管 A 端法兰位置如图4－36所示。现解释如下：

X:Fr16＋50,即距 16 号肋骨向船头量取 50 mm;

Y:船中＋600,即距船中心线向左舷量取 600 mm（"＋"代表左舷,"－"代表右舷）;

Z:上平－210,指从上平台向下量取210 mm（"－"代表在甲板下方;反之"＋"表示在甲板上方）。

该管 D 端法兰位置根据船图4－36标注解释如下：

X:Fr18－270,即从 18 号肋骨向船后量取 270 mm;

Y:船中－510,即从船中向右舷量 510 mm;

Z:上平－460,即从上平台向下量 460 mm。

定位后的管子如图4－36所示。

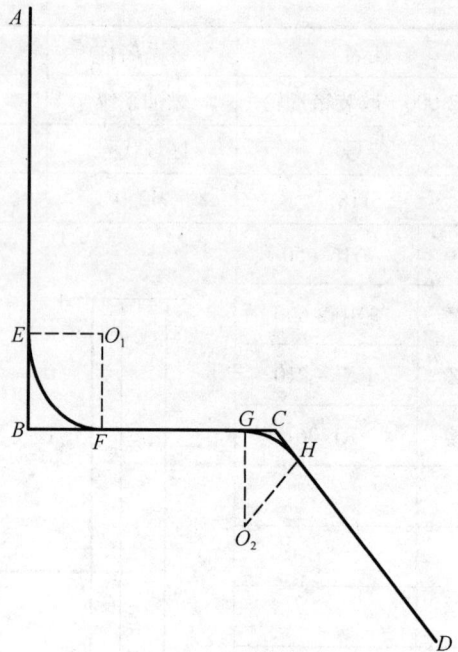

图4－35　管子弯管顺序示意图

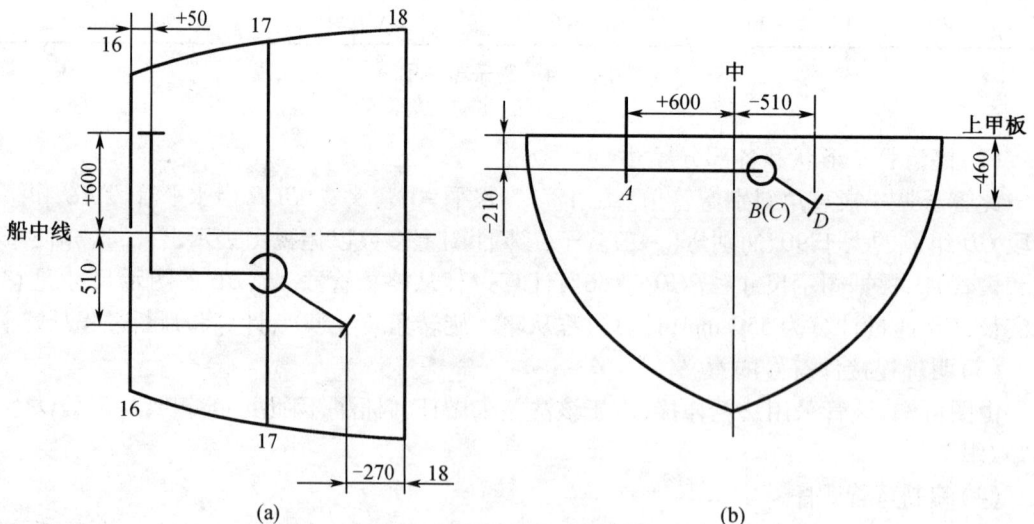

(a)

(b)

图4－36　管子就位后的示意图

（a）俯视图；（b）剖视图

（6）搞清管子两端连接件

由图 4 - 34 可知，A 端法兰应接管子 R1306，D 端法兰应接管子 R1304。

习　题

1. 简述船舶管系放样的工作过程。
2. 简述管系放样工艺的优点。
3. 管子弯头符号有哪几种？用立体图表示出来。
4. 常见管子组合弯头有哪几种？用立体图表示出来。
5. 常见管子支管有哪几种？用立体图表示出来。
6. 用立体图表示单眼法兰和双眼法兰。
7. 举例说明主管尺寸标注方法。
8. 举例说明支管尺寸标注方法。
9. 怎样标注管子加工余量的尺寸？
10. 举例说明非标准法兰的标注。
11. 举例说明管子在零件图上的标注项目。
12. 简述管子安装图所包括的管子安装时必需的全部项目。
13. 简述识读管系安装图的基本要求。
14. 管子参数有哪些，求解方法有哪两种？
15. 什么是管子弯曲角？弯曲角符号是什么字母？
16. 举例说明管子弯曲角计算方法。
17. 什么叫管子成形角 β？举例说明。
18. 举例说明管子弯头圆弧长度的计算方法。
19. 举例说明管子弯头处切线长度的计算方法。
20. 举例说明管子弯头间的直线段长度的计算方法。
21. 怎样确定管子的起弯点？举例说明。
22. 举例说明管子展开长度的计算过程。
23. 举例说明作图法求管子 α,β 及实长的方法。
24. 什么叫管子的旋转角？举例说明。
25. 旋转角 ψ 的方向、取值范围是怎样规定的？
26. 怎样编制弯管顺序？举例说明。

第五章　船舶管子的加工工艺

●学习目标

知识目标：

1. 掌握管子加工工艺过程。

2. 掌握弯管的方法和设备。

3. 掌握管子的校对与焊接的方法和操作过程。

4. 了解强度试验的作用和操作步骤。

能力目标：

1. 能进行管子弯曲操作。

2. 能编制管子弯制的工艺规程。

3. 能对弯曲的管子进行校正。

4. 能对管路系统进行强度试验。

在船舶管路系统中，管子承担着机械设备、器具、附件之间的连接任务。由于受到机舱空间限制以及船体结构和机械设备形状等的影响，直管不可避免地要弯成各种不同的形状才能相互连接。为了保证连接后的工作质量和准确尺寸，必须对管子进行选料、弯曲、画线、切割、校管、焊接、试验、清洗、防腐等工作。这些就是管子加工的工艺基础。

目前管子加工制造有两种主要的方法，即管子单件生产和管子流水线生产。

1. 管子单件生产

管子单件生产就是根据管系放样图纸中的管子零件加工图或样棒选择管子的材料、规格和长度，再根据管子的材料、规格、曲形等情况，决定采用何种弯曲形式进行弯管工作。弯管以后，在画线平台上画出弯管时所放的余量，利用氧乙炔割刀或机械方式切割余量。然后，在校管机或校管平台上进行法兰定位及点焊支管等校管工作。法兰和支管焊接后，再用水压试验来检验管子和焊接质量。最后，根据各个管系的不同要求，对管子进行清洗、镀锌、涂色，再送到仓库储存或平台、船台等进行安装工作。

2. 管子流水线生产

流水线生产就是根据管子零件加工图，从管子储存架上取出所需要的管子，通过前滚道送入定长切割操纵台，切割成一定长度的直管后，由法兰机械手给直管两端套上法兰，再通过后滚道送入直管法兰自动焊接机。焊接后的直管最后送入数控弯管机进行弯管。目前我国主要以单件生产为主，有些船厂正在试制流水线生产。国外一些先进船厂以流水线生产为主。

第一节 备 料

一、确定材料需求

根据管子加工托盘表,统计出相应的管子和连接附件的规格和数量,由领料人员到相应仓库领料。

二、材料的质量控制

1. 管子原材料检查质量

(1)无缝钢管的内外表面应无裂缝、折皱、分层、结疤、错位、发纹等缺陷存在。如果有上述缺陷则应清除,且被清除部位的壁厚应不小于设计规定的最小壁厚。

(2)焊接钢管的内外表面不允许存在裂缝、结疤、错位、毛刺、烧伤、压痕和深的划道等缺陷。但允许存在深度不超过壁厚允许偏差范围的小压痕、轻微错位、薄的氧化铁皮,以及打磨与清除毛刺的痕迹等缺陷。

(3)紫铜管的内外表面应该光滑、清洁,不应有裂缝、起皮、夹杂、凹坑、分层等缺陷,但局部的、轻微的划伤、斑点、拉痕和扎痕可允许存在。

(4)铝黄铜管、铜镍铁合金管表面应光滑、清洁,不应有针孔、裂缝、气泡、分层和绿锈等缺陷存在。

2. 修补表面缺陷

(1)钢管表面的缺陷,当修整后管壁厚度不小于规定的最小厚度时,允许用机械方法进行打磨,然后光滑过渡至钢管表面。

(2)当拟用焊补修钢管表面的小缺陷时,应将补焊工艺规程,包括预热和焊后热处理等资料提交给船级社审核。补修区域应进行磁粉检测。奥氏钢管在完成补焊、热处理和打磨后,应进行着色检测。

(3)紫铜、铝黄铜、铜镍铁合金管表面缺陷不允许用焊修的方法修复,但可以用打磨的方法给予消除,经打磨的部位与管子的表面应平滑过渡,且不允许超出允许的尺寸公差。

3. 检查材质报告和证书

管子都须具有材质报告和炉批号证书,Ⅰ级、Ⅱ级管还应有船级社证书,法兰、标准弯头、异径接头等有必须具有合格证书。

三、材料管理

(1)在船级社认可的Ⅰ级、Ⅱ级钢管端头涂上色标。

(2)管子和附件按管子切割日、生产线分开,放于各生产线相应位置,并做好切割日标志。

(3)有特殊用途的专用管子,单独存放,并做好特殊用途标志,采取必要的保护措施。

第二节　管　子　下　料

一、画线

按零件图或者切割计划表上管子长度进行画线,并在管子上写上工程编号、托盘连续号、切割日、加工托盘序号等记号。切割线可用细石笔画出,在需要画出较长切割线时,可用靠板画线以保证切割线与管子轴线垂直。靠板画线示意图如5-1所示。对于有色标的管子,画线从无色标端起始,以便保留余料色标。

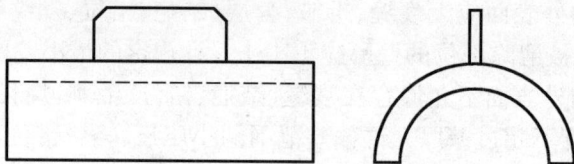

图5-1　靠板画线示意图

二、切割

管子切割方法:

(1)钢管:DN≤100 mm 的钢管用砂轮机、锯床切割;DN > 100 m 的钢管用火焰(氧乙炔、氧丙烯)切割机切割。

(2)紫铜管:用手锯切割。

(3)不锈钢管、铝黄铜管、铜镍铁合金管:用手锯、机械割管机或等离子切割机切割。

三、下料工艺

1. 使用砂轮切割机的场合

(1)将管子切割线和砂轮片对准,固定好管子。

(2)接通电动机电源,当转速充分稳定后,开始进行切割。

(3)切割精度:±1.5 mm。

(4)用砂轮对管子端部进行打磨,去除切割端毛刺,并在装焊法兰处的管子外部进行打磨除锈,长度不小于50 mm。

2. 使用火焰切割机的场合

(1)移动切割机,火口到切割线为止。

(2)将火口下降到离管子表面10~15 mm 的距离,确定火口位置。

(3)打开燃气、氧气开关,点火,调整火焰。

(4)预热后,打开高压氧气开关,开始切割,接通旋转用的电动机电源,使管子转动,边调整切割速度,边进行切割。

(5)对于厚度大于6 mm 的钢管与标准弯头、异径接头对接的端口,割嘴须与管子端部成30°夹角,使钢管切割的同时开好坡口。

(6)切割精度:±1.5 mm。

(7)用砂轮对管子端部进行打磨,去除切割端毛刺和焊接区的铁锈。除锈长度:法兰端为 50 mm,对接端为 30 mm。

3. 使用锯床的场合

(1)将管子的切割位置对准锯刃,固定管子。

(2)调整切割速度,对管子进行切割。

(3)切割精度:±1.5 mm。

4. 使用手锯的场合

(1)固定管子。

(2)将手锯锯条对准切割线,进行切割。在切割过程中,锯条与管子轴线保持垂直。

(3)对于口径较大的管子,在管子部分圆周切割后,转动管子再进行另一部分圆周切割,直至全部完成,此时管子切割线应为整个圆周。

(4)切割精度:±1.5 mm。

(5)用锉刀锉去切割端的毛刺。

第三节　管子弯曲加工

在船舶建造过程中,管子的弯制是不可缺少的工艺过程之一。由于机舱设备拥挤,船体结构和空间位置的限制,金属热胀冷缩以及其他因素的影响,管子要相应地弯制成各种形状。

一、弯管的方法

弯管的方法主要分为冷弯和热弯两种。冷弯是在常温下用弯管机直接弯管。热弯则是将管子的弯曲部分加热到一定温度后,再用机械(弯管机)或是手工进行弯管。弯制工艺的选择主要取决于管材特性、弯制功率、弯曲半径、工厂设备条件等因素。原则上小直径管子采用冷弯为宜,而较大直径的管子,多数采用热弯工艺。例如镀铸钢管适宜冷弯,因其在热弯时,表面镀层要脱落,需重新镀层;而塑料管只宜热弯,因其冷态下无法弯曲。

冷弯和热弯各有其优缺点:冷弯需要消耗更多的弯曲功率,金属会产生加工硬化,且回弹和残余应力都比热弯大,而且冷弯不能弯制曲率半径很小的急转弯头;但是冷弯不会破坏金属原来的性质,冷弯后可以不用清洗和除去氧化皮,并且不会发生热变形。

热弯具有冷弯不能比拟的适应性。例如,在一根管子上两相邻弯头之间直线距离可留得很小,甚至能不留直管段间隔进行连续弯曲;能将冷延性很差的材料加工成弯头;能加工冷弯时需花费较大机械能的弯头,并能将冷弯时管子易破裂的脆性材料弯曲成形。热弯可以在管子上弯成小半径弯头。对于碳素钢管和大多数的合金钢管,热弯的弯曲半径要比冷弯小得多,弯曲半径可小到管子外径的 0.7~1.5。热弯有如下缺点:设备复杂、加工成本高、生产效率低和表面光洁度差。对于铜管来说采用冷弯工艺,由于免除了高温加热,根除了产生"氢病"的可能性。

由于以上原因,在部分船用弯管技术条件(CB/Z 97—68)中明确规定:各种管子应尽量采用冷弯,仅在如下情况下,才允许采用热弯。

(1)管子弯曲半径小于冷弯所规定的弯曲半径,或小于现有模子的弯曲半径。

(2)管子形状复杂或弯头间无直线管段,不能在弯管机上固紧。

(3)管壁过薄,冷弯后容易产生较大瘪陷和折皱。

（4）直径较大或不常用管子,目前尚无该种模子。

（5）管壁太厚无法冷弯时。

二、管子的弯曲原理

金属材料当其所受外力超过材料的屈服极限时,将产生塑性变形,这就是管子弯曲的基本原理。

管子在弯曲时,其管壁外侧因受拉伸而变薄,内侧因受压缩而变厚,但其中性层 M—M 处不受压力,因此其长度和厚度都不改变。由于拉伸和压缩作用的结果,在弯曲过程中,管子截面有改变,由圆形变成为椭圆的趋势。此时椭圆的短轴位于管子的弯曲平面 B—B 上,而长轴在 A—A 上(图5-2)。这种变形随着弯曲半径、弯曲角度和管子材料、管径大小而有所不同。

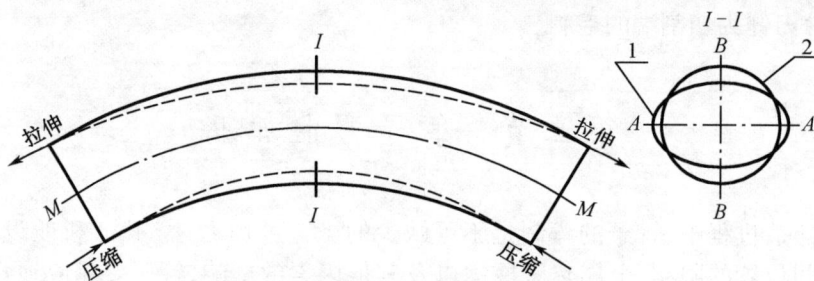

图5-2　弯曲时管子截面的变化

1—在弯曲后管子的椭圆截面;2—管子原来的圆形截面

1. 弯曲半径对变形的影响

管子的弯曲半径由管材的拉伸与压缩变形极限来确定。如果管子的弯曲处有一个较大的弯曲半径,如图5-3(a)所示,那么金属组织 C_2—C_3 的长度,比原来长度 C—C_1 略微缩短些,变形程度很小。在弯曲半径比较小的时候,弯曲以后的金属组织长度相差很大,如图5-3(b)所示,因此,变形程度也就增加。所以管材弯曲时的可塑性特性是用相对伸长率来评定的。假如不考虑管子椭圆度和其他的原因,而且认为弯曲开始与终了的变形是近似的(即均匀变形),那么:

$$L = \alpha R = 常数$$

弯管的外侧:

$$L_1 = \alpha \left(R + \frac{D}{2} \right) \tag{5-1}$$

弯管的内侧:

$$L_2 = \alpha \left(R - \frac{D}{2} \right) \tag{5-2}$$

平均伸长率或压缩率:

$$\delta_{\mathrm{m}} = \frac{L_1 - L}{L} = \frac{L - L_2}{L} = \frac{D}{2R} \tag{5-3}$$

式中　L——沿弯管轴线展开的弧长;

L_1,L_2——沿弯管外侧、内侧展开的弧长;

α——弯曲角度,rad;

R——弯曲半径,mm;

D——管子外径,mm。

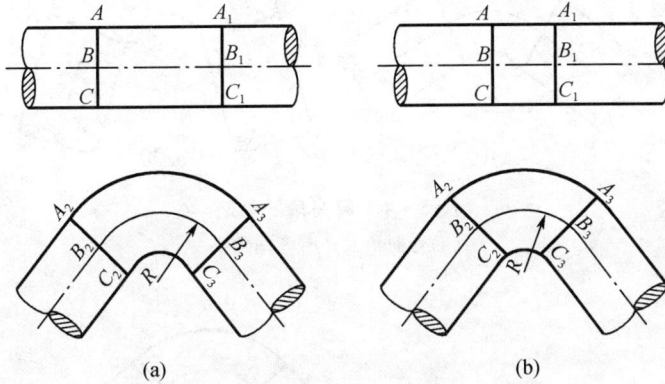

图 5-3　弯曲半径的影响

选择最小弯曲半径时应首选考虑管材的最大伸长率。

如果没有其他条件的限制,最小弯曲半径通常可按下列经验公式计算:

$$R_{\min} = 9.25D \sqrt{0.2 - \frac{S}{D}} \tag{2-4}$$

式中　S——管壁厚度,mm;

D——管子外径,mm。

为保证质量,管子的弯曲半径应符合下列规定:

(1)热弯的管子

钢管——$R \geqslant 3D$;

铜和铜合金管——$R \geqslant 2D$;

受水击的管子——$R \geqslant 5D$。

(2)焊接的管子

弯头——$R \geqslant d$,d 为管子内径。

(3)弯管机冷弯的管子

直径 >110 mm 和蒸汽管必须符合(1)的规定;直径≤110 mm 时,$R \geqslant 1.5D$。

2. 弯曲角度对变形的影响

管子外层金属组织的伸长和内层组织的缩短,在弯曲角度大的时候很小,而在弯曲角小的时候就很大,如图 5-4 所示。

3. 管子的直径大小对变形的影响

在管径小的最外层组织,距离中性层近,而在管径大的最外层距离中性层远,如图 5-5 所示。因此管径愈大变形程度愈大。

在管子弯曲时,断面的变形是由弯曲的一瞬间而产生的。管子弯曲处断面的变形会通过横断面上的许多零点,也就是在弯曲过程中没有改变位置的 a,b,c,d 各点,如 5-6 所示。显然,这些点的应力最小,通过管子各横断面上相应点的连线就是管子的安全线,因此,在弯制有缝钢管时,应把焊缝放在安全线上,它约在平面图上管径的 1/4 处,如图 5-7 所示。

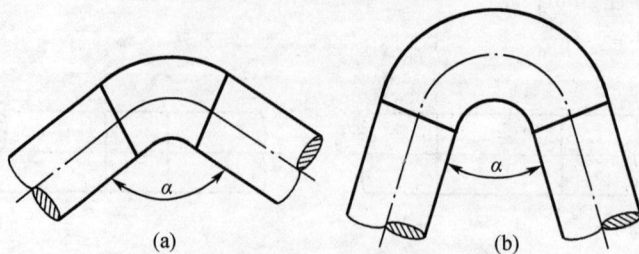

图 5 – 4 弯曲角的影响

（a）弯曲角大；（b）弯曲角小

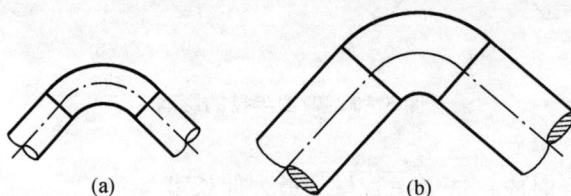

图 5 – 5 管径对变形大小的影响

（a）管径小；（b）管径大

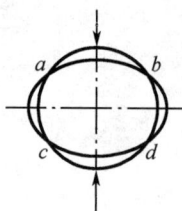

图 5 – 6 弯曲断面处没有改变
位置的零点（a,b,c,d）

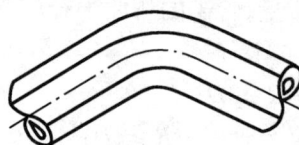

图 5 – 7 弯曲断面变形焊缝
应放在管径的 1/4 处

三、弯管机

1. 管子的热弯

冷弯弯管机按驱动形式可分为手动、电动、液压驱动三种类型,还可分为有芯弯管机和无芯弯管机。现分别将基本类型的弯管机介绍如下:

（1）手动弯管机

图 5 – 8 所示是弯制直径在 32 mm 以下的手动弯管机简图。它由弯模 1、滚轮 2 和杠杆 3 组成,在弯模 1 的工作部分上制有与管子外径大小相同的槽,滚轮 2 也具有同样的槽,而在杠杆 3 上则有滚轮的销轴。

待弯的管子 5 用卡板 4 紧压在弯模上,并在施于杠杆 3 上的力的作用下弯曲。图中虚线所示为弯曲前的原始位置,在弯曲的过程中,滚轮要一直跟管子和弯模接触,以保证管子的截面形状不变。

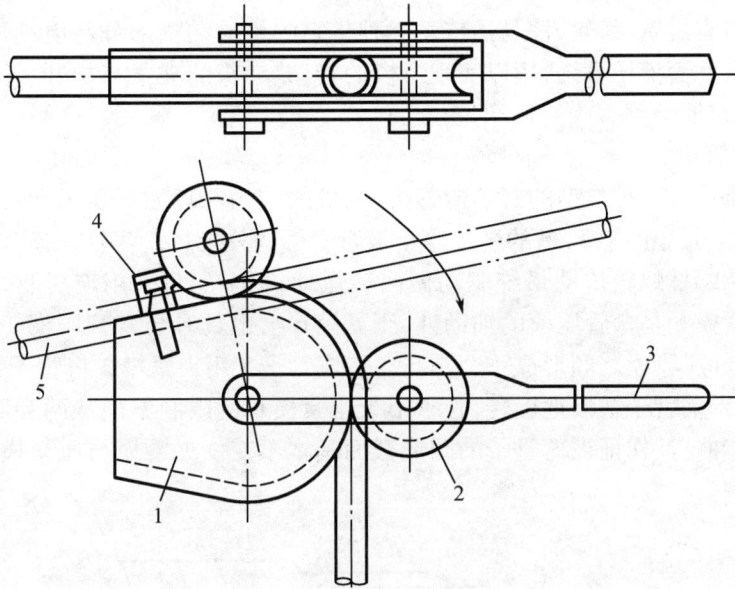

图 5 - 8 手动弯管机简图
1—弯模;2—滚轮;3—杠杆;4—卡板;5—管子

(2)携带式弯管机

图 5 - 9 所示为携带式弯管机中的一种。这种弯管机,在弯管架上装有油压千斤顶,用高压橡皮管与手按油泵,可向油压千斤顶送油,把千斤顶柱塞顶出。利用装在千斤顶前端的弯管压模,便可将两端支承在弯管架上的管子弯制成形。管径规格不同和弯曲半径大小,可通过调换相应的弯管压模以及改变弯管架两端上两个滚轮的距离来实现。

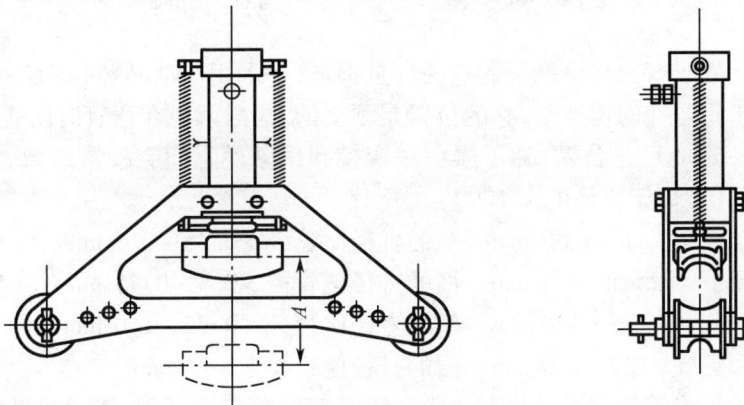

图 5 - 9 携带式弯管机

(3)电动弯管机

电动弯管机的传动部分有机械减速、电机调速两种。电动机通过皮带减速装置、齿轮减速装置、蜗轮蜗杆减速装置减速后,使套在蜗轮中心的主轴以 1 r/min 的转速顺时针旋转。

（4）液压弯管机

液压弯管机有链条、齿轮、油马达传动三种。它的机械结构部分与电动弯管机相同，唯一不同的是它有一套液压系统，用以实现弯模的转动、夹头的夹紧与松开、导槽的靠紧与松开，芯棒的送进与抽出等。

（5）有芯弯管机

图 5-10 所示为一种类型的有芯弯管机，该机的结构原理如图所示。其主要零件是弯管压模 2，模子的圆周上有槽，槽的半径等于被弯管子的外半径。弯管压模 2 可以由电动机经过减速齿轮-蜗杆蜗轮传动系统驱动做回转运动，更多的是采用液压驱动做回转运动。稳定台 7 和压紧模 6 是弯管压模的辅助件，压紧模 6 上也具有与弯管压模 2 上同一半径的槽，因此在弯模和压紧模之间形成一个圆孔。待弯管子 8 用夹紧模 3 将管子紧压在弯模上，当弯模回转时，带动管子缓慢地旋转，管子由于压紧模 6 的限制不能从两旁脱出，而只能沿着弯模流道被弯曲，并保证被弯管子的圆形截面基本不变。夹紧模与压紧模的移动通常用手动或油压实现。

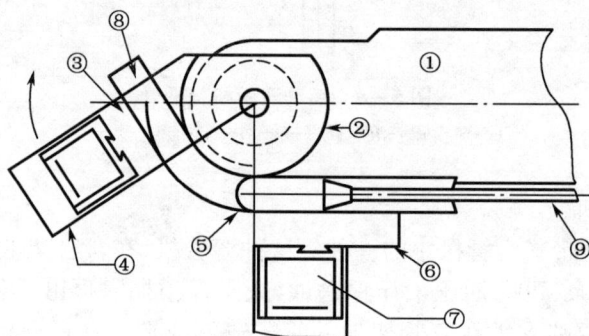

图 5-10 有芯弯管机

1—机身；2—弯管压模；3—夹紧棒；4—转台；5—芯棒；6—压紧模；7—稳定台；8—管子；9—连接杆

考虑到由于管子弯曲时可能引起弯曲部分损坏，常采用校准芯棒（定径塞芯）5，通过连接杆 9 使它位于拐弯处的切点上，它的位置是不变的，这样就能在弯管时防止形成折皱。

管子具有一定的尺寸公差，为了避免在弯模和压紧模之间有楔嵌现象，槽的直径应比管径做得大一些（近似于管径的 1/100）：

$d \leqslant 50$ mm　　槽的直径比管径 $>0.25 \sim 0.5$ mm

$d > 50 \sim 76$ mm　　槽的直径比管径 $>0.5 \sim 0.75$ mm

$d > 76 \sim 120$ mm　　槽的直径比管径 $>0.75 \sim 1.0$ mm

$d > 120 \sim 170$ mm　　槽的直径比管径 $>1 \sim 3$ mm

为了保证管子能够紧密地贴合于弯模和压紧模的槽面上，压紧模导向圆槽边上应切去 $1.5 \sim 2$ mm。

在进行弯管时应考虑到外力去除后管子的弹性回跳，因此实际的弯曲角度应比图纸所规定的大一些。例如，对于 90° 的弯头，钢管应弯到 93°～95°，铜管应弯到 92°～93°。

除了回弹角以外，由于弹性变形的恢复，弯曲半径也将变大，因此弯模的半径应适当减小，一般可取碳素钢为 $0.97R$，合金钢为 $0.94R$。

校准芯棒的外径应小于管子的内径：

$$d \leqslant 50 \text{ mm} \quad \text{芯棒外径行应小于管子内径 } 0.5 \sim 1.0 \text{ mm}$$
$$d < 100 \text{ mm} \quad \text{芯棒外径行应小于管子内径 } 1.0 \sim 1.5 \text{ mm}$$
$$d < 200 \text{ mm} \quad \text{芯棒外径行应小于管子内径 } 1.5 \sim 2.0 \text{ mm}$$

由于冶金部门所制造的管子不但在外径上有公差，且在内径上也有公差，特别是壁厚规格不同，因此对于同一公称直径的管子，有时需要有几套不同直径的芯棒以适应公差变化及壁厚规格不同的需要，其直径大小变化由试验方法决定。

为了保证管子导向均匀和防止弯曲时芯棒的偏斜，校准芯棒应有一圆柱形部分，其长度取决于被弯管子的内径：

$$d \geqslant 32 \sim 50 \text{ mm} \quad 5.0 D_{棒}$$
$$d > 50 \sim 76 \text{ mm} \quad 4.5 D_{棒}$$
$$d > 76 \sim 120 \text{ mm} \quad 3.5 D_{棒}$$
$$d > 120 \text{ mm} \quad 3.0 D_{棒}$$

芯棒的形式很多，常见的有匙形（图 5-11(a)）和球形（图 5-11(b)）两种。匙形的优点是其端部的圆柱弧面和理论的弯曲管子内壁相贴合，因此弯头质量好；缺点是加工较困难，且只适用于一种弯曲半径，安装调整复杂。球形的优点是可适用于同一内径的不同弯曲半径，制造调整方便，适用性强。

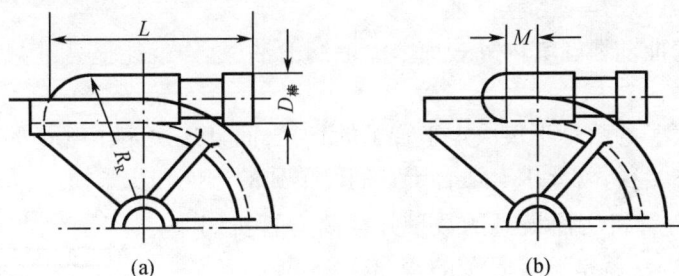

图 5-11　芯棒的形式
(a)匙形芯棒；(b)球形芯棒

一般在弯制薄壁管（$\delta < 4$ mm）时，特别是 $R < 2d$ 时，以用匙形为宜，而在弯制厚壁管（$\delta > 4$ mm）时，以及 $R > 2d$ 时，则以球形为宜。

在冷弯管子时，弯曲部分的质量在很大程度上取决于芯棒安装位置的正确性，为了保证弯头的质量，应将球形芯棒的位置安装得超前一些。超前值 K 如图 5-11(b)所示，其大小取决于管子的内径、弯曲半径、连接杆的刚性，以及芯棒和管子之间的间隙。超前值 K 过大，管子凸出部分的壁厚也就会过分变薄，同时芯棒亦不易拔出；超前值 K 减小时，管子凹入部分上的折皱高度便会增加。初次安装时可参照表 5-1 来选取，确切的数值应根据试验来决定。

表 5 - 1　冷弯钢管时超前值 K 的选择

弯曲半径	超前值	弯曲半径	超前值
2.0D	0.25d	3.0D	0.33d
2.5D	0.28d	3.5D	0.38d
2.75D	0.31d	4.0D	0.41d

匙形芯棒的特点是其端部的圆柱弧面与弯曲管子的内壁相贴合,因此它不必带有任何超前值。匙形芯棒的球面半径 R_R 按下列公式来确定:

$$R_R = R + \frac{1}{2}d \tag{2-5}$$

式中　R——管子的弯曲半径,mm。

匙形部分的长度由圆柱形部分的中心线和球面形成线的交点位置来确定,且可按下式算出:

$$L = d\left(R - \frac{1}{4}D_棒\right) \tag{2-6}$$

为了减少芯棒和管壁之间的摩擦,应在芯棒圆柱部分上车出一段 1.0 ~ 1.5 mm 深的环槽,其长度当 $d < 120$ mm 时为 $(1 ~ 2.5)D_棒$;大于 120 mm 时为 $1.5D_棒$。此处在匙形表面上应开出润滑油槽。

管子在开始弯曲前要在其内外表面上涂上润滑油,这样就能显著地减少在弯管过程中所产生的摩擦力。

弯管机所需模子的数量不仅决定于管子的直径,而且还决定于管子的弯曲半径。不同直径和不同的弯曲半径,就要求有适合于它们的单独的弯模和压紧模。

要大量削减弯管机所需模具的数量并提高弯管机的利用率,最重要的办法就是统一管子的弯曲半径。统一管子弯曲半径的实质就是一定外径的管子,或外径相近的管子,应按同一的半径来弯制。

除将管子的弯曲半径规格化外,还应把造船中所用的管子直径加以限制,这样也可以减少模子的数量。

(6)无芯弯管机

为了解决有芯弯管机对配置多套芯棒的困难,以及节省装卸管子芯棒的辅助时间,可考虑采用无芯弯管工艺,即弯管时没有芯棒。为了防止管子在弯曲过程中产生过大的椭圆度,往往采用预变形(反变形)的方法,如图 5 - 12 所示。

因此,必须设计特殊的模子来控制其反变形量,其模子的形状应该不是正圆,它的曲线形状类似椭圆,可以通过实际试验获得。

管子进入弯模前形状是正圆的(图 5 - 12(a)),通过第一个滚轮后故意造成预变形,其椭圆方向是水平的

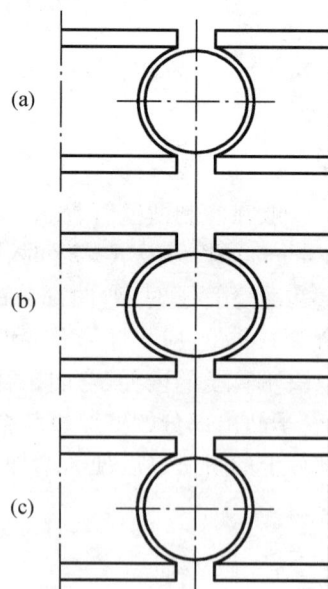

图 5 - 12　无芯弯模预变形示意图

（图 5 - 12(b)）；管子通过最后弯模（图 5 - 12(c)）时产生的变形方向是垂直的，因而使管子得到较为正确的截面形状。

无芯弯管在实际使用中，也存在一些问题，如管子外圆卡毛、弯模易磨损、较大尺寸管子易产生较大折皱等，所以目前只在小尺寸范围内采用无芯弯管工艺。

如较大尺寸管子弯制采用无芯弯管工艺时，通常可在弯模圆槽上加工出等间距凹槽，使管子弯制成形后，获得等间距波浪形皱纹，这样可显著减少折皱缺陷，保证管子的弯管质量。

2. 管子的热弯
(1)灌砂平台热弯

灌砂平台热弯虽然是一种陈旧落后的工艺，如图 5 - 13 所示，效率低，劳动强度高，质量难以保证，但是对于船舶管系来说还是难免的，特别是在无其他机械化热弯设备的情况下。如：大直径紫铜管、弯曲半径不等于弯模半径的管子、小弯曲半径的管子、形状复杂连续弯曲的管子、管壁过薄的管子等均宜采用灌砂平台热弯工艺。

为了保证弯曲质量，应控制管壁始弯与终弯的温度，见表 5 - 2，可用光学高温计、热电偶温度计或利用金属受热后的颜色来判断。

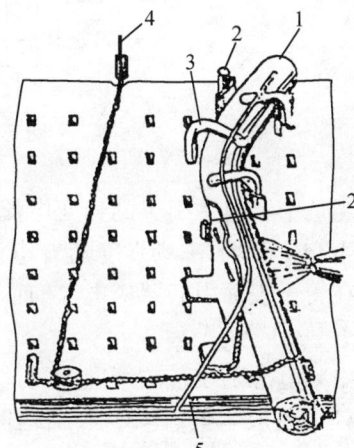

图 5 - 13　灌砂平台热弯
1—管子；2—铁桩；3—压铁；4—缆索；5—样棒

表 5 - 2　管子热弯的加热温度

管子材料	开始弯曲温度/℃	弯曲终了温度/℃
碳钢	1 050 ~ 1 080（淡黄色）	660 ~ 630（深红色）
紫铜	850 ~ 860	300
黄铜	830	300
双金属	850（深橙色）	580（微红色）
钼钢 - 钼铬钢	950 ~ 1050（橙黄色）	750 ~ 770（樱红色）
不锈钢	1050（浅黄色）	800（浅红色）

(2)中频弯管
①中频弯管原理

钢铁材料冷态和热态的机械强度有显著变化。当温度上升到300 ℃以上时强度开始急剧下降，到700 ℃时强度将下降十多倍，如图 5 - 14 所示。利用这一特点，应用到弯管上来，设法在管子待弯曲的部位进行局部环状加热，形成一圈很窄的热带（呈橘红色，约 900 ℃）进行弯曲。外侧受拉伸，内侧被挤压，形成一小段圆弧。因为环状热带两边管子处于冷态下强度很高，起了支撑的作用，因此管子内既不需芯棒，亦不需灌砂，同样能保证管子不会变瘪或凹凸。在弯制过程中边加热、边弯曲、边冷却、边移动，始终保持一圈狭窄的热带，已弯曲的成形部分同时起了弯管模子的功用,因此它不需要弯模。

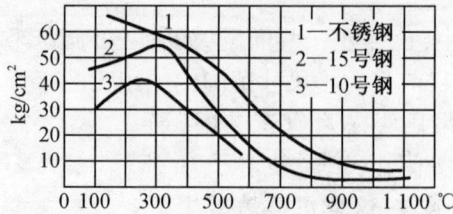

图 5 - 14　高温下钢材强度极限值

当从中频电源引出的交变电流经空套在被弯管子上的感应环(加热线圈)时,就在环周围产生交变磁场,磁场强度随着电流的大小和方向而做周期性的变化,使通过管子的交变磁通在管子表面引起感应电流,而涡流的作用使管子表面加热,这一加热区呈环状且非常狭窄。

中频电源随设备的不同,可分为中频发电机组式、电子管式、晶体管式 3 种。晶体管式的中频设备成本低、体积小、结构简单、维护使用方便,因此是目前普遍采用的一种。它由整流器、脉冲发生器、加热变压器、感应环(它上面有喷水孔)等组成。它的基本原理是通过半导体硅整流器把交流电变成直流电,再通过可控硅逆变器把直流电源变成中频(1 000 ~ 2 500 Hz)交流电。逆变器的控制信号是由半导体脉冲发生器产生的,逆变器产生中频电流通过加热变压器变成低压大电流,供给感应环使用,几秒钟就可高达 800 ~ 900 ℃ 高温,使加热区钢管发红变软,而其余部分由于喷水冷却的作用,管子保持低温而不易变形,此时只要在管子前端加一横向力,沿管子轴心线加一纵向力,就可以使管子在被加热段产生弯曲。管子在固定不动的感应环圈内加热,在横向力和管子纵向运动的配合下,同时喷水使弯曲后从感应环内移动出来的管壁冷却等连续过程,即是中频加热管子弯曲成形的过程。

②中频弯管机

中频弯管机按受力方式不同可分为拉弯式、推弯式和推拉组合式 3 种。

图 5 - 15 所示为拉弯式弯管机示意图。管子弯曲力 F_1 和送进拉力 F_2 是弯管机床的转臂和前夹头形成的。管子夹头装在弯管机转臂上,转臂由动力传动做回转运动。弯曲半径在一定范围内可任意调节。

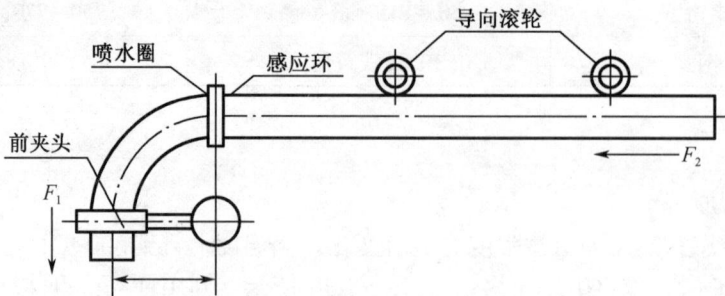

图 5 - 15　拉弯式弯管机示意图

拉弯的特点是管子夹持于前夹头内,夹头转动后带动管子弯曲成形。夹头的转动中心固定不变,弯曲半径的大小是靠改变夹头同旋转中心的相对距离来调节的。它的特点是结构简单,成形比较容易,可弯薄壁管,但壁厚减薄量较大,起弯和弯曲收尾处质量较差。

图 5-16 所示为推弯式弯管机示意图。它主要由纵向推进力 F_2 和前夹头转臂产生的拉力 F_1 逼使管子弯曲成形,弯曲半径 R 可通过调整前夹头转臂长度来实现。

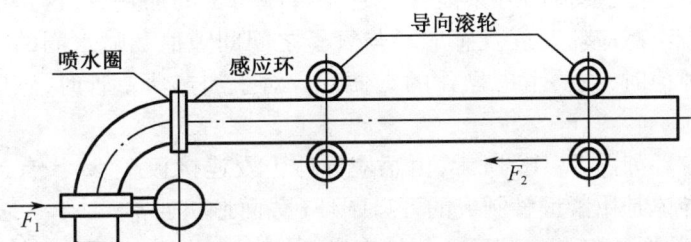

图 5-16　推弯式弯管机示意图

推弯则可以消除拉弯的缺陷。管子夹于前夹头内,通过转臂空套于立柱上,因此,前夹头可绕立柱自由转动,夹头的回转中心一般是可以移动的,借此来调节弯曲半径。这种推弯式弯管机所弯管子壁厚减薄量小,起弯和弯曲收尾处没有拉凹的缺陷,而且操作方便,是目前使用最广的一种形式。

推拉组合式弯管机取推、拉两种弯管机所长,传动功率分别如前夹头和主送进夹头承担,一般适用于大型弯管机。

图 5-17 所示为一种类型的中频弯管机结构图,其工作原理简述如下。

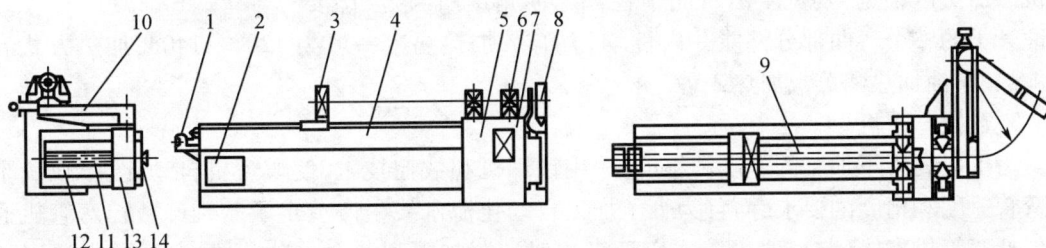

图 5-17　中频弯管机结构图
1—电机;2—主拖动装置;3—托架;4—弯管机身;5—机身;6—导向滚轮;7—感应环;
8—前夹头;9,11—丝杆;10—转臂;12—回转架座;13—滑板;14—后夹头

管子按下列程序弯出:管子夹于主送进及前夹头 9 中,并由导向滚轮 6 导向,导向轮由正反向的丝杆传动。前夹头 9 固定于转臂 11 上,转臂空套于滑板 14 的立柱上可以自由回转。滑板通过丝杆 12 可在回转架座 13 上移动,以此调整弯曲半径。调整时,前夹头可在转臂上相对滑动,因此前夹头始终位于弯管机床的中心线上。管子弯曲时,感应环通过中频电流,加热管子然后通过主拖动装置 2,由链轮传至丝杆 10,使主送进夹头前移(或后移)。被加热管段由于受转臂 11 的限制,因而围绕转臂的回转中心成形,弯曲成所需半径的弯头。

在转臂的回转中心处装有自整角发送机,它将弯曲角度信息传递给自整角接收机。预先在接收机上调整设定弯曲角度值,当管子弯曲至所需角度时,由接收机发出信号,停止主拖动装置的运动,同时切断中频电源,这样可以自动地控制弯曲角度。管子弯头之间的距离由快速送进电机 1 及行程开关加以控制。

本机送进机构的特点是采用机械传动,即丝杆传动产生推力送进管子弯曲成形。目前各厂的中频弯管机普遍采用液压送进的方式。

③感应环

中频弯管需用感应环来输出能量,以达到加热管子的目的。对于弯管用的感应环,不但要求能输出能量,并且要控制一条能保证管子弯曲质量的加热带,这是设计感应环最重要的准则。加热带由感应环宽度及感应环与管子之间间隙值和喷水圈的喷水角度三者所决定。在决定间隙值时,主要考虑操作的方便性。对于加热薄壁管时,感应加热效率可放在次要位置考虑。

弯管用的感应环如图 5-18 所示,由感应导体 1 及连接板 2 焊接而成。感应导体是用紫铜管制成的开口圆环(截面形状通常有矩形、椭圆形和圆形),在开口圆环一侧钻有沿圆周均布的喷水小孔,以此冷却弯曲好的管段。连接板由紫铜板制成,钻有冷却水孔,并将感应环固定在中频变压器的汇流条上。有的弯管机感应环与喷水圈是分开制造后并列安装的,这对保证感应圈本身在开机时的冷却更为有利。

(3)塑料弯管机

塑料弯管机是一种专门弯制聚氯乙烯等塑料管子的设备,其传动部分采用液压传动,弯曲部分的压夹头采用滑板式,基本结构与一般的弯管机相同。

塑料弯管机主要是解决塑料管的加热与塞芯问题。塑料弯管机的加热区很宽,其宽度由弯曲半径和弯曲角度所决定,即要

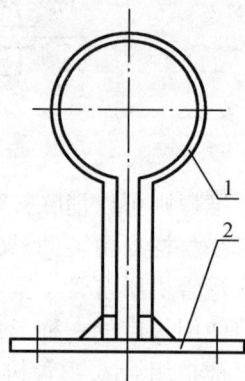

图 5-18　感应环
1—感应导体;2—连接板

保证管子的整个弯曲部分都能一次性均匀加热,加热温度一般为 120°~140°,加热方式有电加热、煤油加热和蒸汽加热 3 种。

3. 数控弯管机

为了提高管子加工的速度和精度,采用计算机和数控技术,使弯管机自动化,不仅满足了弯管速度和精度的要求,而且为管子加工自动化流水线生产奠定了基础。数控弯管机通常包括弯管机本体(与一般机械式弯管机相似),附加下列各个单独装置组成:前夹紧和导向装置、转角装置、进给装置、法兰螺孔检测装置、测定尺寸的装置、芯棒装置(有芯弯管)、液压传动装置以及电气控制装置等。

数控弯管机与一般数控机床的不同点是加工精度。对一般机床来说,工具轨迹就是工件的加工精度,而在弯管机中,由于受到管子回弹和伸长等因素的影响,管子加工精度不等于数控弯管机的控制数值。为此,在讨论数控弯管机的加工精度时,不仅要研究机械的定位精度,还要着重考虑如何对回弹和伸长等情况进行修正,否则,就难以保证成品管子的加工精度。

图 5-19 所示为一种新型的数控弯管机,是为管子加工自动流水线设计制造的,它可以单机使用,也可以作为自动流水线的一个单元使用。

本机床采用穿孔纸带输入数据,按照规定的程序自动进行弯管,直至管子加工完毕,自动停车并发送出完成信号。在加工过程中,能自动显示各种动作信号和进给数量。在机床发生偏差时,能自动停止动作,并显示"错误"信号,引起操作者注意。由于它能自动测量和

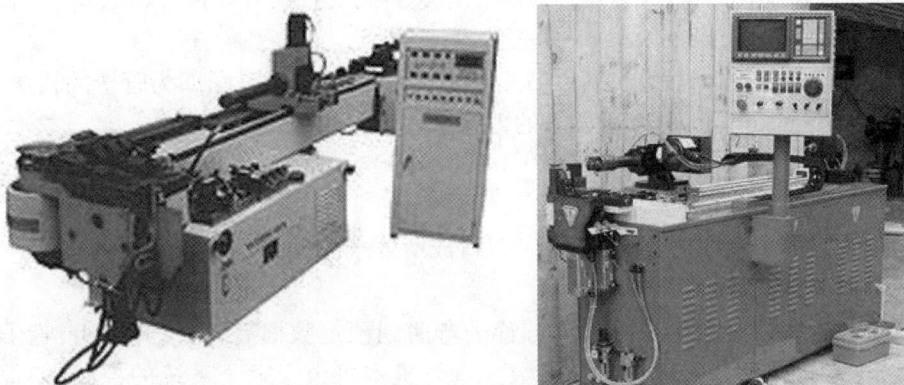

图 5 – 19　数控弯管机

保证管子的正确弯制尺寸,因此提高了加工精度,使弯制出来的管子形状正确,可免去校管工序,直接用于安装。由于实现了自动操作,不但减轻了劳动强度,而且与普通弯管机床相比提高工效 2~4 倍。

在弯管前,只要把所要弯制的各种形状的管子,按零件图规定的程序和尺寸制成穿孔纸带即可。为了防止纸带穿孔错误,装有纸带校验装置,可以在弯管前先行校验纸带穿孔是否符合管子零件图的要求。校验时,先将纸带装上机床控制台进行"预演",输入机即能自动地逐段送进纸带,并逐段显示程序名称和进给量。此时,根据图纸进行校对,即可发现有无错误。若正确无误,即可进行弯管操作。

纸带校验装置也可用来检查机床本身控制系统是否正常。检查控制系统时,可用一已校验正确的穿孔纸带进行"预演",看机床显示的程序名称和数据是否与纸带上的数据一致。如果一致则说明机床控制部分正常;如有偏差,则可根据这个偏差的规律找出机床某一控制部分的故障,以便检修。

1. 管子形状的数字化表示

应用数控技术的先决条件在于被加工的零件形状和大小能否用数字形式表示出来。一根船用管子零件,往往有好几个弯头,具有复杂的立体形状。为了对这整根管子进行数控加工,第一步必须将管子的形状和大小用数字形式表示出来,成为数控机器能接受的"语言"。

图 5 – 20 是某船一根管子示例。如图所示,这根管子的形状由如下 3 种要素组成:

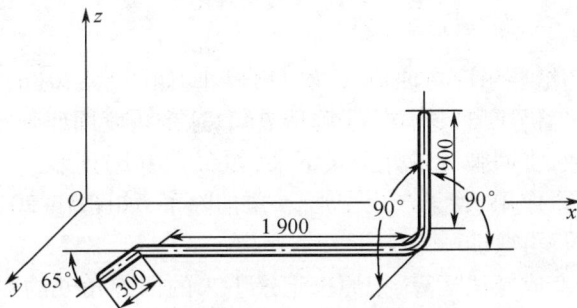

图 5 – 20　管子零件示例

（1）直线段长度,即管首—管尾以及两个弯头之间的直线管段长,以 L_1, L_2, …来表示;

（2）管子弯曲角度,以 α_1, α_2, …来表示;

（3）两个弯头之间的平面夹角,以 ψ_1, ψ_2, …来表示。这个夹角即为管子的转角。

图 5-20 所示的管子,可以用如下的数字来表示它的形状及尺寸:

$$L \cdot 300 \rightarrow \alpha \cdot 65° \rightarrow L \cdot 1\ 900 \rightarrow \psi 90° \rightarrow \alpha \cdot 90° \rightarrow L \cdot 900$$

这样,用一张数字程序表就可以据制作成穿孔纸带,送到机床上进行数字程序控制。在机床上把这一连串程序做完,管子就可以弯成所要求的形状。

2. 管子回弹角的补偿

金属管在弯曲后会产生弹性变形。管子弯曲到预定数据后,如松开夹头,管子即回弹一个角度,这一角度称为回弹角。虽然数控弯管机本身由于电子系统的控制,能很准确地控制弯管角度,但由于存在回弹角,会使被弯的管子角度超过公差要求。为了消除这个误差,通常有 3 种办法:

（1）在穿孔纸带的弯管数据上预先加上回弹量,进行修正;

（2）在机床控制系统中预置一个固定的回弹修正量;

（3）自动测量和补偿回弹量。

由于管子在弯曲后回弹角的大小同其弯曲半径、弯曲角度、管壁厚薄、管子材料等因素有关,因此,很难预先确定一个准确的修正量。如果修正量估计得不准确,弯管误差也就较大。因此,前两种方法的精确度不够可靠。本机床采用第三种方法,在机床上装置了自动检测和补偿回弹角的机构。采用这种方法的弯管过程如图 5-21 所示。

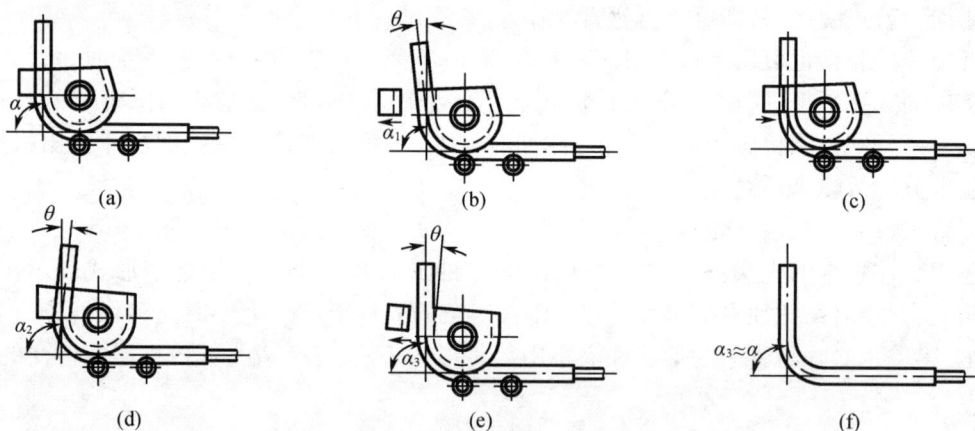

图 5-21 弯管过程图示

假设一根管子按图纸要求应弯曲成 α 角时就停止,如图 5-20(a)所示。然后松开前夹头,此时弯模和导向滚轮仍压紧,这样管子弹回 θ 角,这个角度即回弹角。在回弹的同时,电子计数器进行加法计数,将回弹测量并记录下来,如 5-20(b)所示。第三步,前夹头再行夹紧,这时由于夹具的夹紧作用,管子产生变形,θ 角消除了,如图 5-20(c)所示。第四步,弯模继续转动,对管子进行再弯曲。

此时,电子计数器变成减法运算,把原来记录下来的回弹角 θ 的数减到零,弯模就停止动作,而此时弯模实际上已转了 $\alpha_2 = \alpha + \theta$,也就是加弯了 θ 角,如图 5-20(d)所示。第五步,松开前夹头,管子产生一个新的回弹角 θ_1。这个 θ_1 角是第一次弯曲的回弹角 θ 和第二

次弯曲 θ 角时产生的回弹角 θ_2 之和。即

$$\theta_1 = \theta + \theta_2 \qquad\qquad (2-7)$$

由于 θ 角一般较小($10° \sim 50°$),因此 θ_2 也更小,$\theta_2 \approx 0$,即 $\theta_1 \approx \theta$。这样管子的实际弯曲角:

$$\alpha_3 = \alpha_2 - \theta_1 = \alpha + \theta - \theta_1 \approx \alpha \qquad\qquad (2-8)$$

如图 5 – 20(e) ~ (f)所示。

由于采用了上述方法,弯管精度基本上达到了规定的要求。

关于伸长量的修正值,由于本机床采用先弯后焊工艺,故不必加以考虑。如采用先焊后弯工艺则应按试验数据加以修正。

3. 机械结构

数控弯管机是一种自动化机床,它能自动地按规定的程序和数据进行工作,完成弯管任务。因此,作为执行机构的机床各部位,也必须设计成自动控制,方能适应整机自动化的要求。

数控弯管机必须有三个运动坐标,即弯角 α 坐标、送进 L 坐标和转角 ψ 坐标。所以主要工作机构必须有:

(1)完成弯管动作的"弯管传动装置";

(2)完成直线管段送进的"送进装置";

(3)完成两个弯曲平面之间夹角转动的"立体转角装置"。

为使上述三个机构正常工作,还必须有如下辅助机构:

(1)把管子夹紧在弯模上的"前轧头装置";

(2)把弯模和导向滚轮压紧的"导向滚轮压紧装置";

(3)把管尾夹住以便送进的"后轧头装置";

(4)把塞芯拉出和插入的"塞芯装置"(有芯弯管);

(5)法兰螺孔检测装置(先焊后弯);

(6)以及为了实现上述机构自动化的一整套液压系统和电气控制装置;见图 5 – 22。

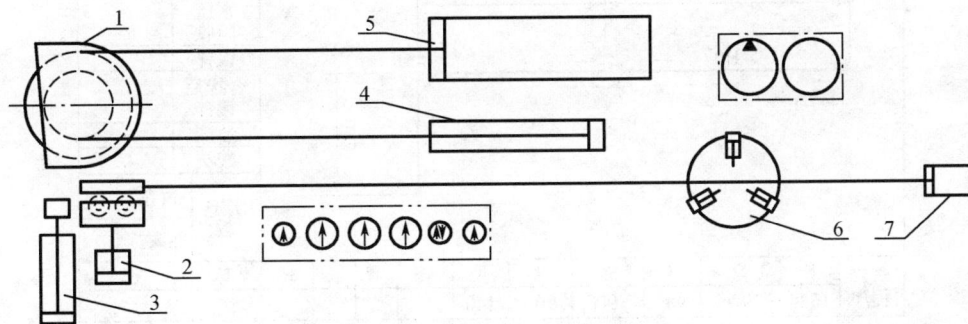

图 5 – 22　数控弯管机机械结构示意图

1—弯模;2—导向轮油缸;3—前轧头油缸;4—送进副油缸;5—送进主油缸;6—后轧头油缸;7—塞芯油缸

整台机床通过穿孔带和电子系统,分别对机床的三个运动坐标进行单坐标数字控制,同时还对其余各机构进行程序控制,使能协调配合动作。

四、弯管操作步骤

1. 一般步骤

(1)确认弯管机有“完好”的设备状态标志。

(2)将管子零件图中弯管程序与弯管机前后夹头长度、弯模半径对比，弯管程序中最后段或第一段直管长应不小于后夹头长度，其余段直管长应不小于前夹长度。弯模半径应一致。

(3)按弯曲管子的规格、弯曲半径正确选用弯模，检查弯模、前夹头塞块、后夹头导条的凹槽和有芯弯管的塞芯部分是否光洁和顺，对不光洁和顺处应予修理，注意弯模与前夹头塞块及后夹头导条的同心配合。

(4)去除管子内外表面的硬质杂物，如铁屑、砂土等。

(5)对有芯弯管，在芯头和管子内壁喷涂适量的润滑油，并注意调节塞芯位置。

(6)液压弯管机工作前，先检查油箱油位，然后开动液压泵，将换向阀推至返回位置。查看压力表压力，并将压力调整到规定范围内。

(7)弯制有缝金属管时，管子接缝应置于与弯曲截面（水平面）夹角45°处。

(8)紫铜管弯管前后，弯曲部分作退火处理，退火温度为500～700 ℃。

(9)Ⅰ级管子碳钢和碳锰钢钢管，经冷弯后，若弯曲半径小于其外径的1/3时，应进行热处理。20号钢管经中频弯管后，也要进行热处理。

2. 弯管实例介绍

弯制9L53－10管子1根，零件图见图5－23。

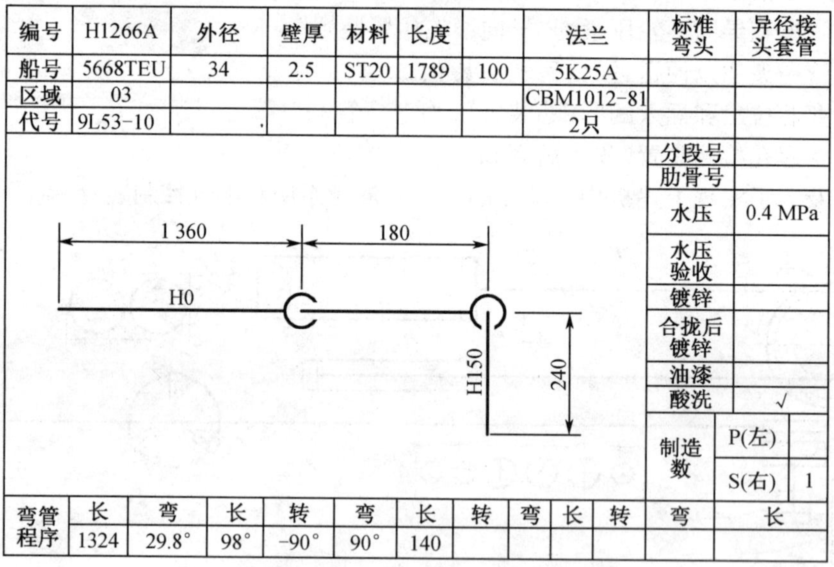

编号 H1266A 外径 壁厚 材料 长度 法兰 标准弯头 异径接头套管
船号 5668TEU 34 2.5 ST20 1789 100 5K25A
区域 03 CBM1012-81
代号 9L53-10 2只
分段号
肋骨号
水压 0.4 MPa
水压验收
镀锌
合拢后镀锌
油漆
酸洗 √
制造数 P(左) S(右) 1
1 360
180
H0
H150
240
弯管程序
长 1324
弯 29.8°
长 98°
转 -90°
弯 90°
长 140
转
弯
长
转
弯
长

图5－23　零件图

按此管规格,查表 5 - 1,可用 φ14 ~ 32 电动弯管机弯制,方法为无芯冷弯。根据弯管程序,第一段直线长 1 324 mm,最后一段直线长 140 mm。考虑弯管方便性,一般先弯直线长短的一端,因此此管应逆弯,即为长 140 mm,弯 90°,转 - 90°,长 98 mm,弯 39.8°,长 1 324 mm。

弯管过程:

(1)下料,长度为 1 789 mm。

(2)在距管子端部 140 mm 处用石笔画出细线,并将细线与弯模起弯点对准,夹紧前、后夹头,如图 5 - 24 所示

(3)按下正车开关,使弯模旋转到管子弯曲 90°为止,如图 5 - 25 所示。由于回弹作用,夹头松开后,管子弯角会减小,因此,弯管时,弯模转动的角度要略大于弯管程序上的角度,具体数据要凭经验掌握。初弯时,可按弯管程序中的角度弯曲,松开前夹后,用角度尺测量弯角,不足时夹紧前夹再弯。

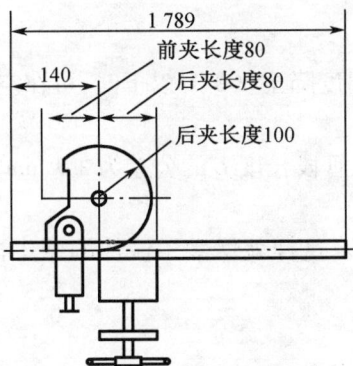

图 5 - 24　弯管机起弯准备

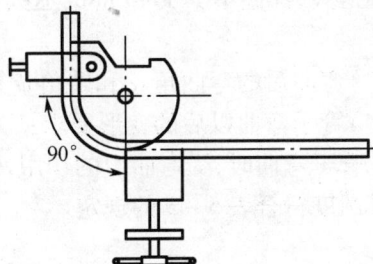

图 5 - 25　管子弯曲 90°

(4)松开前、后夹头,在管子弯角弧线终点处向后量取尺寸 98 mm,用石笔画出细线。此线为第二个弯头的起点。

(5)向前拉出管子,按下倒车开关,使弯模回复到初始位置。

(6)将管子上第二个弯头的起弯点对准弯模上起弯点,用后夹稍微夹紧,将管子旋转 90°至垂直向下位置,然后夹紧前、后夹头,如图 5 - 26 所示。管子转角的准确性对弯管质量相当重要,检查转角的准确性可用如下方法:

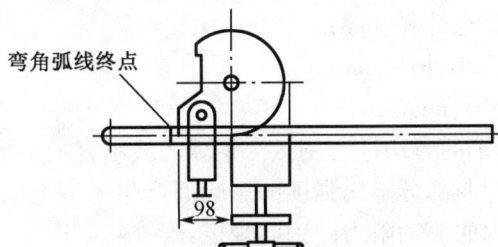

图 5 - 26　第二弯头起弯准备

转角为 ±90° 的,可用目测的方法,目测的条件为附件有垂直方向的参考物。上一弯角为 90°,转角为 ±90° 的,可用线垂、水平尺和角度尺测量。

转角为 180° 的可用水平尺测量,也可以目测,目测的条件为附件有水平参考物。

除以上情况以外,转角的度数都需要用角度尺测量。

(7)按下正车开关,弯第二弯头,使弯角为 39.8°。如图 5 - 27 所示。

(8)松开前后夹头,去除管子,按下倒车开关,使弯模复位,本管弯管结束。

3. 弯曲技术要求

(1)管子弯曲半径一般采用 2 ~ 3 倍管子外径,只有在个别情况下才允许小于 2 倍,但不得小于 1.5 倍。

(2)外径大于 120 mm 的碳素钢蒸汽管和任何直径的合金钢管,冷弯后应进行不低于 600 ℃

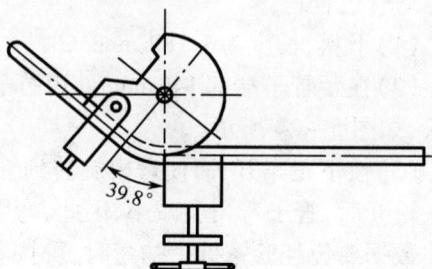

图 5 - 27　管子弯曲 39.8°

的高温退火,保温不少于 40 min,退火后先在炉中冷却,温度降至 500 ℃ 以下时,可在空气中冷却。

(3)弯曲后的弯曲角 α 和转角 ψ 之公差均为 ±0.5°,管段长度 L 的公差为 ±7 mm。

(4)管子弯曲以后的变形要求:

①管子弯曲时,受弯曲力的作用,使其截面变为椭圆。这样就增大了流体的压头损失,因此其圆度符合表 5 - 3 的规定。

表 5 - 3　弯管时允许的圆度百分率

弯曲半径 R	$R \leqslant 2D_w$	$2D_w < R \leqslant 3D_w$	$3D_w < R \leqslant 4D_w$	$R > 4D_w$
圆度/%	≤12	≤10	≤8	≤6

圆度就是管子弯曲后截面处的最大长轴尺寸和最小短轴尺寸之差和管子实际外径的比值,取其百分率:

$$T = \frac{A - B}{D_w} \times 100\% \qquad (2-9)$$

式中　T——圆度,%;

　　　A——弯曲处截面最在外径,mm;

　　　B——弯曲处截面最小外径,mm;

　　　D_w——管子实际外径,mm。

圆度可用钢球通过管子的方法进行测量。钢球的最小直径不得小于管子内径的 90%。

②管子弯曲时,由于弯曲部分金属强度的影响而产生了截面的收缩,这样,就减小了管子的有效截面,增加了管内的流动阻力。因此规定:

管子弯曲后截面的收缩率不得小于 95%。

截面收缩率即为截面处的平均直径与管子实际外径之比值,取其百分数:

$$Q = \frac{A + B}{2D_w} \times 100\% \qquad (2-10)$$

式中　　Q——截面收缩率；

A,B,D_w——同式$(2-9)$。

（3）管子弯曲时，外侧管壁由于受拉伸就伸长而减薄。这样就降低了管子的承压强度，在承受高压的情况下，容易发生胀裂。因此减薄率应符合表5-4的规定。

表5-4　弯管时管壁的允许减薄率

弯曲半径 R	$R \leqslant 2D_w$	$2D_w < R \leqslant 3D_w$	$3D_w < R \leqslant 4D_w$	$R > 4D_w$
管壁减薄率/%	≤25	≤20	≤15	≤10

其值可按下列公式计算：

$$W = \frac{\delta - \delta_0}{\delta} \times 100\% \qquad (2-11)$$

式中　　W——管子外侧减薄率；

δ——管子弯曲前的壁厚，mm；

δ_0——管子弯曲后的壁厚，mm。

其中，δ_0可由下式进行计算：

$$\delta_0 = \frac{2R\delta + D_w}{2(R+D)} \qquad (2-12)$$

式中　　R——弯曲半径，mm；

D_w——同式$(2-9)$。

④管子弯曲时，内侧壁受挤压而增厚。由于金属材料的可塑性较差，挤压力不仅使其产生压缩变形，而且在很大程度上使其产生皱折变形。

管壁的皱折减小了管子的流通截面，增大了流动阻力系数，破坏了金属组织的稳定性，容易产生腐蚀现象。因此规定：

外径≤50 mm 的管子，不允许有皱褶。

外径>50 mm 和管子实际外径尺寸大于管壁厚度20倍时的管子，允许有均匀皱折存在，但皱折高度不得超过管子外径的4%，在皱折处不得有目测可见的裂纹。

⑤管壁不应有擦伤沟槽和碰撞形成的明显凹陷。沟槽深度在管壁厚度20%~30%范围内时沟槽处允许补焊；凹陷深度不超过管子外径的5%时，允许使用。管子弯曲处的背部不得有裂纹、结疤、烧伤、折叠、分层等缺陷存在，如有上述缺陷应完全清除，被清除的部位壁厚的减薄应在减薄率的范围内。

第四节　管子的校对与焊接

一、管子的校对

管子校对工作是指管子弯曲（无余量加工管子除外）之后，按图纸规定各部分形状和尺寸来固定法兰、支管和管子接头等。

按照修造船的不同形式，校管工作可分为现场校管、靠模校管、坐标平台校管和校管机校管。

1. 现场校管

将弯制好的管子直接放到船上的安装部位进行校对管子,就叫现场校管。

现场校管时,先将管子放在安装部位上,要保证管子两端的中心轴线与安装部位(设备、附件)接口的中心线对正,然后切掉两管端的多余部分。把法兰或螺纹接头套装在管子的两端,再把法兰或接头固定在安装部位的接口上,固定法兰或接头时要预留出装密封垫片的位置,通常在法兰之间填上铁丝(铁丝直径应同垫片的厚度相等),同时用垫木、支脚将管子搁牢,接着就可将法兰或接头与管子点焊定位在一起,最后拆下校正好的管子,运回车间转入下道工序。

这种校管方法是一种工作效率低、劳动强度大的工艺,但在管系综合放样工艺普遍采用后,还是不能淘汰,一般用在管系放样中留出的调整管段。

2. 靠模校管

在修船中要调换的管子及造船中直径较大的管子,采用靠模校管方法。

修船靠模校管的工艺过程:将从船上拆下需要调换的管子两端紧固上靠模法兰或螺纹接头,然后将靠模法兰定位,拆下旧管子,将按照旧管子几何形状弯制的新管子,按现场校管的方法进行校对,但工作场地移到了加工车间进行。

这种方法虽然工序较多,但对提高管子的安装精度有很大的作用,提高了工作效率,降低了劳动强度,改善了工作条件。

3. 校管机校管

在校管机上进行校管,通常是按照管系放样后绘出的管子零件图反映的各部分形状和尺寸进行。校管机结构如图 5-28 所示。

校管机具有四种运动:

(1)通过手轮 4 可调整导架 8 沿丝杆 2 做上下升降运动;

(2)转盘 5 可在底座 6 上做 360°定轴旋转运动;

(3)底座 6 可在导轨 7 上做直线往复运动;

(4)模板 3 可根据所校管子的法兰平面的要求做任意转动。

校管机安装在内场车间的轨道上,轨道铺设的方向应是相互垂直布置,供一组校管机(两台)配合使用,如图 5-29 所示(俯视图)。

校管机校管的方法如下:

(1)先看清管子零件图上管子的形状、尺寸,并加以校对;

(2)将被校管放在平台上进行管端切割长度的画线,并按照画出的管端线割至规定尺寸;

(3)调整校管机位置的尺寸(图例所示的校管必须调整到 y,x,H_1,H_2 四个尺寸);

(4)然后安装法兰在模板上(螺孔位置必须放正);

(5)将被校管子安装在校对的位置(用水平尺检查水平管段);

(6)最后点焊定位法兰。

校管机校管,既保证了质量又减轻了劳动强度,改善了劳动条件,从而大大地提高了劳动生产率,对批量造船来说特别有利。

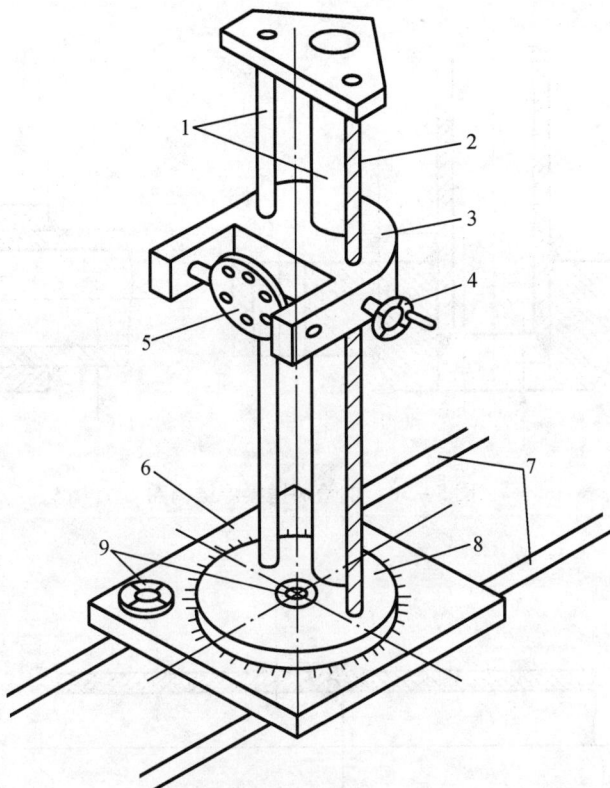

图 5 - 28　校管机结构图

1—立柱;2—丝杆;3—模板;4—摇手柄;5—转盘;6—底座;7—导轨;8—导架;9—制动器

二、管子的焊接

1. 钢管的搭接焊

搭接焊可用手工电弧焊焊接,如图 5 - 30 所示,焊缝高度为管壁厚度,同时外观不得有气孔、夹渣、裂纹,咬边深度不得超过 0.2 mm,不得残留有焊渣和飞溅物。焊条根据管子材质分别选用船焊 40A 或船焊 395。

2. 钢管的对接焊

钢管的对接焊焊缝尺寸按图 5 - 31 所示,对于燃油、滑油管系的对接焊,采用 CO_2 气体保护焊封底。同时外观不得有气孔、夹渣、裂纹,咬边深度不得超过 0.2 mm,不得残留有焊渣和飞溅物。

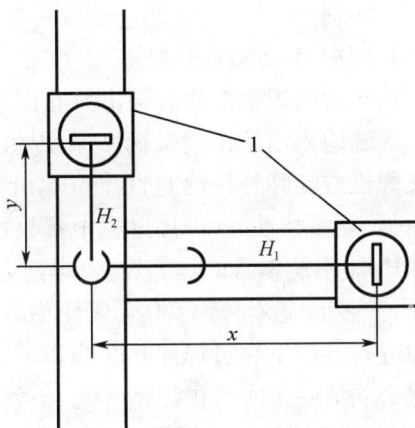

5 - 29　校管机校管俯视图

3. 铜管的焊接

铜管采用氧乙炔纤焊或紫铜电弧焊,焊前必须将焊接部位清洁干净,并用砂纸磨去氧化皮,露出金属本色。焊接后焊缝必须饱满,不得有气孔、夹渣、裂纹等缺陷。纤焊丝采用 HSCuZn - 1(即牌号 221)。紫铜管电弧焊采用 TCu 焊条(牌号铜 107,即上焊 80)。

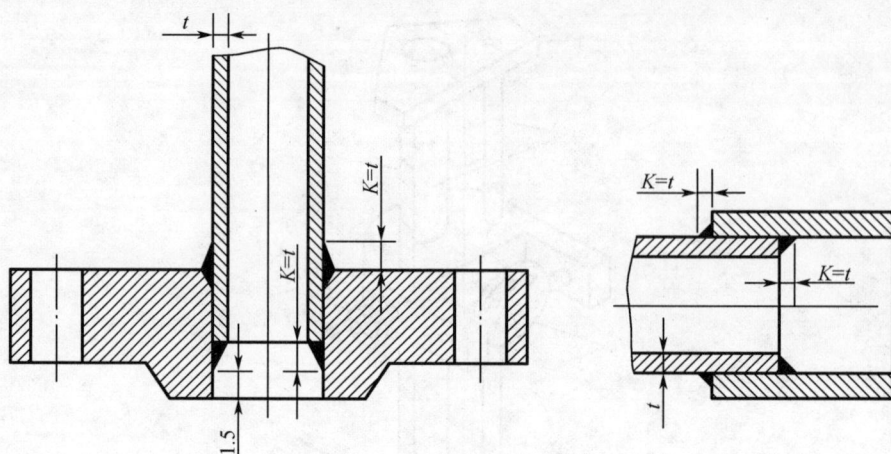

图 5 - 30 钢管的搭接焊结构图

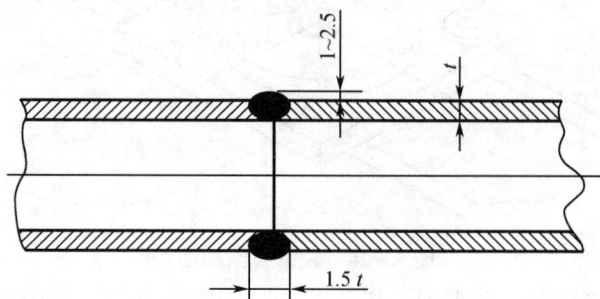

图 5 - 31 钢管的搭接焊结构图

4. HDR 不锈钢管的焊接

高压管的焊接工作必须由持有压力容器不锈钢管氩弧焊合格证的焊工担任,高压管所有的焊缝均采用手工钨极氩弧焊,焊机必须采用直流电源正接极,一般可采用 NSA – 300 型号弧焊机或陡降外特性的直流电焊机和装有控制电焊机运转及输送氩气的控制箱。焊机的引弧、稳弧特性好,焊接过程中参数稳定,调节方便,气体供应系统安全可靠。

HDR 不锈钢管的焊缝焊接,焊前应清理,焊前将管子坡口端 20 ~ 30 mm 内用丙酮清洗干净,其表面应无水、无油、无氧化物等污物。管子点焊固定,点固焊时采用奥 507 焊条,点固焊缝高度应不超过焊件厚度的 2/3。所有的点焊缝不应有气孔、裂纹、夹渣。不合格的点焊缝必须清除干净后再焊接。

HDR 不锈钢管的焊接选用超低碳铬 25 镍 6 钼 2 不锈钢焊丝进行焊接,焊丝牌号为 00Cr25Ni6M02,规格为 $\phi 2 \sim \phi 3.2$ mm。手工钨极氩弧焊采用的氩气纯度应不低于99.9%,并符合 GB 4843 规定。钨极直流氩弧焊接时,建议采用铈钨或钍钨电极,钨极端部应磨成夹角 $\alpha = 60° \sim 90°$,钨棒规格为 $\phi 2 \sim \phi 3$ mm。

HDR 不锈钢管的焊接坡口形式、焊缝尺寸按图 5 – 31 所示,氩弧焊焊接按表 5 – 5 所示。焊接时应快速且速度均匀,使焊缝处于稳定状态,以防止不锈钢焊接接头过热产生热裂纹,并避免未焊透等其他缺陷。多层焊时,每焊完一层需彻底清除表面缺陷,并对焊缝进行仔细检查,且等前层焊缝冷却后(<60 ℃),再焊接下一道。封底施焊时,需向管内充氩气保护,焊接时用锥形木塞将两端塞紧,木塞的一端从中心钻一个小孔,用塑料软管一端接入氩气,另一端穿入小孔向管内通入氩气,可以加强保护,改善焊缝内面成型。当焊接中断或结束时,焊枪必须在结束处停留一段时间,继续送气直至焊缝冷却方可离开焊炬,同时采用电流衰减以改善收尾弧坑处的焊缝质量。

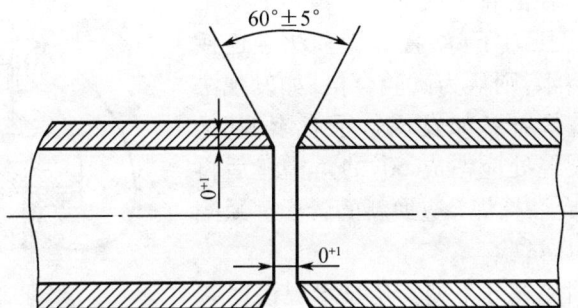

图 5－32　HDR 不锈钢管的焊接坡口形式、焊缝尺寸图

表 5－5　氩弧焊焊接形式

接头形式	焊件厚度	钨极直径	钨极伸出长度	喷嘴直径
管对接	3～4 mm	2～3 mm	3～5 mm	12 mm
焊接电流/A	焊接电压/V	氩气耗量/(L/min)	焊接层数	焊接位置
80～90	17～20	6～8	第一层自熔 第二层填丝	水平滚动

第五节　管子的强度试验

一、管子的液压试验

管子制成后应进行液压试验,其目的是要检查管壁的缺陷或不紧密的情况。

管子的液压试验一般用水,也可用压缩空气,两者都可以检查出管子的缺陷或不紧密的地方。但在检查长管或承受较低压力的管子时,用压缩空气试验则不易查出,因此一般不宜采用,仅在试验水箱时应用。用水做液压试验最为广泛。

1. 试验压力的选取

试验压力对一般工质温度在 120～300 ℃ 的管子为 1.5～2 倍工作压力;工质温度在 300～400 ℃ 的管子,试验压力为 2～2.5 倍工作压力。如果图纸中对管子的强度试验压力提出特殊要求,应按图纸要求进行试验。

2. 强度试验的步骤

(1)试验前,先检查已制成的管子内外的缺陷和不紧密处,特别是接头处,情况良好时方可进行试验。

(2)在管子一端的法兰上安置管塞,另一端连接水泵的管路,如图5-33所示。

在试验前,先在管内灌满水将管内空气排除。灌水时,必须将排气阀开启,见有水溢出时即关闭。

(3)管内水压力升高至规定压力时,停止液压泵的工作,维持5 min左右,待降压至工作压力时,再进行检查。其方法是用小锤轻击管子四周和焊缝处,如果试验压力表上没有指出压力下降,且焊缝和法兰连接处又没有发现漏水与渗水,则认为试验合格,如发现法兰焊接处有渗漏,允许焊补。如发现管子有裂缝时,若是一般性管子,在裂缝处应凿成60°的角槽缝后再焊补;对于高压管,不允许补焊,应换新的管子。缺陷消除后,需再次进行液压试验。

3.管子液压试验时应遵守下列安全技术规程:

(1)严禁超过规定的压力,即使在很短时间内亦不允许。

(2)管子中的压力超过29×10^4 Pa时,禁止紧固附件或管子法兰上的螺栓。

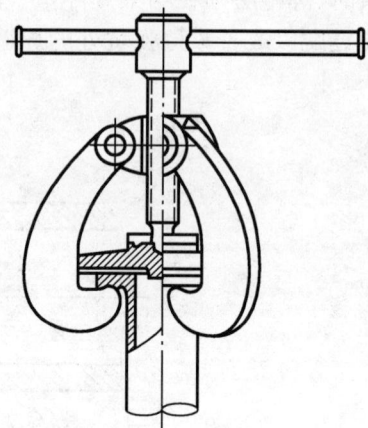

图5-33 塞盖和夹持器

(3)液压试验用的仪表,应保持准确,其读数须适合最大压力的需要,即应相当于规定试验压力的1.5~2.0倍。

(4)如发现被试验的管子有缺陷时,应很快降低其压力,标出缺陷所在处,并排出管内的存水。

(5)管内试验水压在196×10^4~588×10^4 Pa时,不准突然泄放或骤降压力,以免引起管子的变形。

第六节 管子的化学清洗与表面处理

一、管子的化学清洗

管子清洗的目的是清除管内的杂质(铁锈、金属屑、砂子、油垢等),以免机件在试车时,因管子内的杂质进入机件,可能使机件受损,造成重大事故。

对于清洗质量要求较高的管路,一般采用化学清洗法。用化学方法清洗时,大致有如下工艺过程:首先将管子放在苛性钠、硫酸钠、磷酸三钠及水玻璃溶液中进行脱脂;已去脂的管子用热水(或冷水)冲洗后再放到盐酸(或硫酸)溶液中进行酸洗;管子在侵蚀以后用流动的冷水冲洗;再放在碳酸钠溶液中中和,然后再一次用流动的热水清洗并用压缩空气吹干为止,并在内表面涂以保养油,管子两端用闷头封好。

由此看来,管件在加工完毕后安装到船上以前应进行化学清洗,以保证管路正常地运行。各种管件的化学清洗方法基本相同,但不同管材所用的酸洗液有所不同,并且铜管和不锈钢管清洗后不涂保养油。

管件化学清洗的基本步骤和方法如下：

1. 管件的要求

进行化学清洗管件的成形尺寸应控制在一定尺寸范围内，每根管件90°弯头不得超过三个，以保证清洗干净；管件焊接处不许有漏焊，气孔、焊渣、毛刺在化学清洗前必须清除干净，否则交上道工序返工；制造合格的管子报检后入库，在安装前的一星期内由安装管工领出交送清洗，清洗后至安装过程中注意保持管内清洁，做到尽快装船。

2. 管件装挂

需清洗的管子逐根缠丝装挂在吊架上，注意避免管件大面积叠合；弯管吊挂时应将弯曲部分向下，保证空气能够逸出，管内壁全部浸到槽液，避免出现死角。

3. 化学除油

除油液加温至沸腾时，应立即停止加热，同时给液面添加少量冷水使液温稍降，防止碱液溢出。除油过程中吹入压缩空气，帮助除油液翻动，以提高除油效果；为保证管内腔除油质量，除油过程中提起吊架1~2次以更换管腔溶液。

4. 化学除油后应进行热水清洗

用60 ℃以上水浸泡3~5 min，然后用流动冷水清洗。

5. 酸洗

将管子全部浸泡于酸洗液中，待锈层松动，用手轻拭铁锈易掉时取出，为防止过度腐蚀，浸泡时间一般为2 h左右，具体浸泡时间由操作者依管壁锈层情况和气温高低酌情延长或缩短。清洗溶液的游离酸含量在20 g/L以下，或$FeSO_4$浓度高达150 g/L时，溶液应补充酸液或更换新液。

6. 流动冷水冲洗

用压力水冲洗锈层至管壁清洁，风压不小于0.392 MPa。

7. 浸酸

冲洗干净的管子由于受氧化作用很快产生浮锈，需浸入酸中3~10 s以去浮锈，然后用流动冷水清洗。

8. 中和

浸入5~10 g/L的碳酸钠溶液中进行中和处理，然后再用流动冷水清洗。

9. 钝化

经漂洗后的管件应立即浸泡于钝化液中处理然后用无油、无水的压缩空气将管子逐根吹干。

10. 检验与保养

自检管内外清洗质量后向检验员报检。检验的管件主要包括：溶液配方及工艺符合要求；外表面氧化皮是否除尽，不允许有渍污、脏物、砂粒和锈斑存在；钢管外观呈现金属本色，铜管外呈红铜光泽（允许因钝化膜或管材材质不同引起的色泽差异）；内表面用手电筒检查，管壁呈金属原来色泽。无氧化皮或锈斑（允许少量粉末状锈蚀残留物存在）；清洗后管子内外表面不允许有酸碱存在，可用石蕊纸抽查部分管件，若发现有酸碱残液存在，则必须重新中和及清洗。检验合格的管件按要求进行保养，钢管油管内壁应涂13#锭子油保养；管端凡开口处均用特制的塑料闷盖或相应的封盖封口，包封必须牢固，必要时加入铅封；钢管管子外壁涂刷防锈底漆；铜管可根据管件不同用途，外壁涂刷油漆；然后放置于清洁干燥的地方妥善保管，如无良好的存放场地，清洗后尽快上船安装。

二、管子的表面处理

管子的内部处理结束之后,还有表面处理,一般不锈钢钢管表面都采用镀锌处理。锌是一种化学性质很活泼的金属,既溶于碱也溶于酸。干燥的锌几乎不起变化,但在含有二氧化碳的潮湿空气或水中较易氧化。氧化后,其表面会生成一层碱性碳酸锌和一层致密的白色氧化物,这种表面生成物具有保护性。

钢(铁)管镀锌后,由于锌的电位较铁低,所以镀锌层对钢管来说就是阴极。在锌层和钢管之间形成了锌－铁微电池。在水、蒸气、二氧化碳等介质中,锌逐渐地放出电子而氧化,这样,就防止了铁的氧化,使钢管少受或不受腐蚀,从而延长了钢管的寿命。因此,镀锌工艺在船舶管路上得到广泛的使用。

电镀原理是将经过除油、除锈等清洁工作后的被镀零件(管子)与直流电源的负极接通后,放入盛满电解液的电镀槽内,槽内还放置着与直流电源正极连接的高纯度(99.9%)的锌板。接通电源后,经过一定时间的电化学反应,就能在管子的外表面得到一层(30～40 μm)锌镀层。如果管子的内表面也需要镀锌,则要在管子的内表面添加辅助正极。辅助正极用锌丝绞成,外面用草绳或塑料绳环周包扎,包扎不可过紧或过松。过紧会阻止锌的散发,过松则可能发生短路。

目前,在造船工业的管系镀锌中,大部分仍采用氰化电解液,因为这种电解液能镀均匀的锌镀层。

习　　题

1. 常用的弯管方法有哪几种,各有什么特点?
2. 管子弯曲变形的质量控制参数有哪几个,如何计算?
3. 什么叫管子的切割,什么是管子的焊接,主要有哪些方法?
4. 如何进行管子的强度试验? 编写强度试验大纲。
5. 弯制有缝钢管应注意什么问题,为什么?
6. 写出管系单件生产的工艺过程。
7. 使用管系放样工艺后,弯管样棒还有什么作用?
8. 管子弯曲后会发生哪些变形? 弯曲变形与哪些因素有关,关系如何?
9. 简述先弯后焊的下料和弯管工艺步骤。
10. 弯管机滚轮的作用是什么?
11. 为什么液压试验时要排尽管内的空气?
12. 哪些管系的管子要进行酸洗处理? 酸洗后的管子还要如何处理?

第六章　管路安装及系统运行调试

●学习目标

知识目标：

1. 了解管路安装的基本要求。
2. 掌握管路安装检验要点。
3. 掌握管路完整性检查和系统密封试验的重要性和工作步骤。
4. 了解管子进行船舶试验的类型及试验内容。

能力目标：

1. 能够说出管路安装的方法、特点和管路安装的操作基本要求。
2. 会描述能进行管路安装和对管路系统进行完整性检查和密封性试验。

第一节　管路安装工艺

一、管路安装对象品

管系安装对象品包括：

(1)管子,包括预先制作好的管子、自制的管子、多芯管、仪表管等;

(2)附件,包括阀件、滤器、膨胀接头、吸入口、落水口、盲法兰、压力表等;

(3)支架;

(4)卫生设备等。

二、管路安装的方法

实施管系放样工艺后,管系的安装方法有 3 种:

1. 单个管系安装法(现场安装法)

船舶下水之后,在机械设备安装完毕,根据管系安装图逐个管系逐根安装管子的一种方法。显然这种方法只能在现场进行,工作效率比较低;特别在管系密集程度高的机舱中,全面开展安装工作,加上其他工种的同时施工,不免带来相互干扰和不安全;安装甲板下方和舱壁上的管子还需要相当的辅助工作(如:脚手架、起吊等)。

2. 分段预装法

在建造船体分段的同时安装管系的一种方法,通过各分段的管子,在放样图上已标明了它们的安装位置,在建造分段时就可以安装通过该分段的所有管子。

这种安装方法,对于安装在甲板下方和舱壁上的管子特别有利,实现了将空中作业改为平面作业。这样既减轻了劳动强度,又减少了工作的危险性,更重要的是提高了工作效率和保证了安装质量。但采用分段预装后,给船体装配增加了一定的工作量,增加了起重

· 181 ·

设备的负荷。

分段预装法一般适用于甲板、机舱内各层平台、船体舷侧、双层底内及船体隧道内管子的安装。

3.单元组装法

单元组装法也可以称为内场安装法。这种方法适用于机械设备和管系密集程度高的舱室中。按照机械设备和管系的功能划分成若干个独立的单元(功能性单元、合性单元和管子单元),或者按舱室内的布置划成若干块,进行单元组装设计,绘制单元安装图。按单元或块在内场将有关的机械设备、阀件、管路、电气设备和仪表安装在一个支架或底座上,经过检验和油漆,运往现场拼装合龙。这种安装方法总称为单元组装法,当然,单元中辅助机械设备和管路的安装工作与一般安装并无差别。

单元组装法摒弃了造船工业中传统的管系安装方法,把原来大量现场安装工作移到内场进行,船内安装工作只是各单元的定位和合龙。单元中包括的机械设备、管系附件等愈多,单元的容量也就愈大,从现场安装移至内场安装的工作量也愈多,它的优越性也愈显著。

三、管路安装步骤

1.一般步骤

(1)领出安装需要的管系安装图、开孔图、零件图、支架图、托盘管理表、合龙管水压验收表等生产设计资料。

(2)按托盘管理表领取机械设备、基座、管子、支架、管夹、阀件、管附件、支架复板、螺栓、螺母和垫片。

(3)对与管子安装有关的机械设备、基座,与轮机方面联系领出。

(4)带好必备工具和用品:扳手、榔头、锉刀、凿子、卷尺、直尺、线锤、粉线袋、风磨轮、割刀、电焊龙头等工具和砂纸、石笔、电焊条、富锌底漆和面漆等用品。

(5)拆开管子、阀件封口,检查内部质量。有未磨尽的飞溅、焊渣应去除。对镀锌层缺陷予以修补,喷富锌底漆和面漆。对液压、主机滑油等清洁度要求高的系统,由质管员认可。

(6)需现场开孔时,按开孔图在分段上画出开孔线。对于主甲板、内底板、外板、油水舱柜上的管孔经技术员校对认可。

(7)开孔并打磨。

(8)按安装图中的管子安装尺寸,在船体板上用粉线袋弹出安装尺寸线,并在相应的支架上画出管子中心线,根据安装尺寸线,借助于线垂(图6-1),用拉线的方法定出支架位置(图6-2)。对于多联支架,以支架中安装最大管子的中心线为准。

(9)支架定位焊,位于基准位置的支架及需承受重负荷的支架先焊接,其余支架待管子安装后再焊接。

(10)贯通件安装并焊接。对于类似落水管之类管子,主管上有多个支管,而且支管与贯通件相接,则只能先定位一件贯通件。

(11)管子安装。安装应根据管路布置情况,研究确定安装管子的先后顺序,其原则是先找到便于安装作业顺利进行的基准,按先大后小,先下后上,先里后外,先主管后支管,先支管多后支管少的方法进行。还要考虑管子安装后是否会影响作业人员的进出和后续管子的安装、管子制作误差的影响等,合理的次序视具体情况而定。

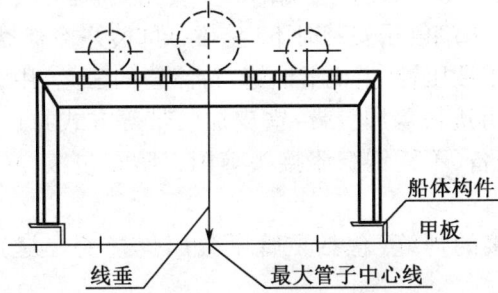

图 6-1　用线垂定位支架

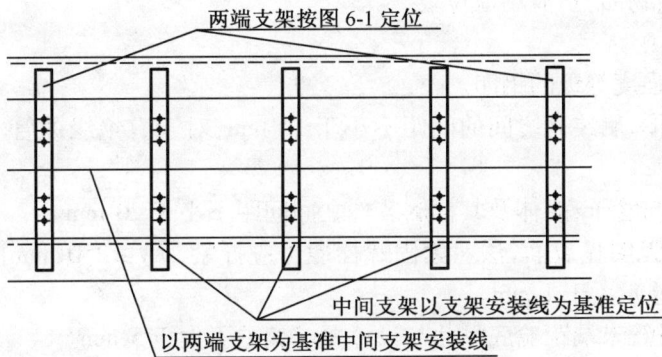

图 6-2　用拉线的方法定位支架

(12)支架焊接。焊接前,对支架下方的设备用三防布遮盖。对艉轴管内巴氏合金衬套,须用三防布加铁皮遮盖。

(13)校托盘内部调整管(与调整管相连的管子均为托盘内已安装的管子),并将调整管制造、安装结束。

(14)按托盘管理表带运管子,带运位置应安全、可靠,尽量不影响下道工作,如打磨、除砂、涂装等。且带运位置与实际安装位置之间无间隔的结构。最好带运在要连接的管子上如图 6-3 所示。

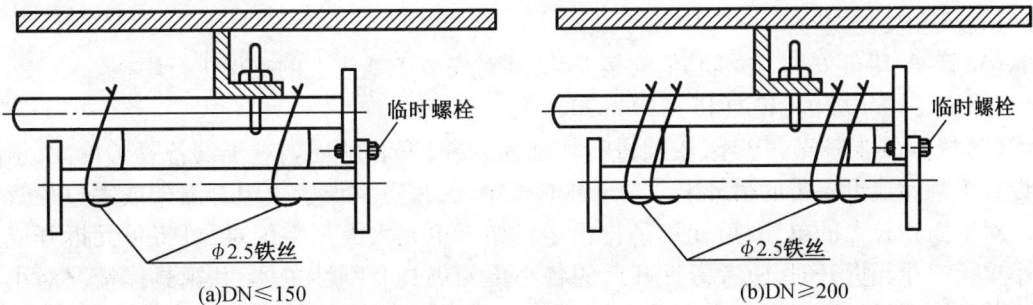

(a)DN≤150　　　　　　　　　　(b)DN≥200

图 6-3　管子带运参考方法

(a) DN≤150;(b) DN≥200

（15）对影响分段涂装的吸口、测量管端部等安装完成后拆下,带运或取出保管。

（16）管子端部封口。末端管子安装时不应拆除封口,并检查封口的情况,如有问题,按下列要求检查和处理,对于液压管、主机滑油管、特涂管的法兰,用钢质盲法兰加装垫片,用螺栓螺母紧固,其他系统用塑料盖加胶带、铁皮加胶带等方式封口,对于非冲砂的分段,也可用塑料胶带粘贴。对设备、不锈钢膨胀接头等用三防布包覆,艉轴壳内的滑油管接口须用钢板点焊封住。

（17）对于用套管连接的焊缝(包括在管子分厂焊接的焊缝)用胶带粘贴,避免喷上油漆。

（18）对伸出分段边界,会影响吊运、搭载的管子进行移位或拆下带运。

（19）自检互检安装质量。

（20）回收多余物品,扫清场地垃圾。

检查内容:

（1）螺栓应有强度等级的钢印。

（2）管子与船体、舾装件之间的间距不小于 10 mm,对于有绝缘的管子,间距应从绝缘层外算起。

（3）阀件手轮与管子、船体及其他舾装件之间间距不小于 20 mm。

（4）法兰之间无明显裂面,法兰紧固螺栓螺母应拧紧,$DN \geq 250$ mm 的管子,法兰紧固后,对称点间距相差不大于 1 mm。

（5）吸口、测量管末端距舱底尺寸与设计要求偏差不大于 5 mm。

（6）吸口下防冲击复板位置应包含整个吸口范围。

（7）镀锌、涂塑外表缺陷应修补。

（8）同一管路中无镀锌管和涂漆管混装以及不同油漆颜色的管子混装的现象。

（9）U 形管夹单螺母、双螺母安装正确,并拧紧。

（10）修割过的支架及无法兰端管子应打磨光洁。

2. 单元组装及吊运步骤

（1）同一般步骤的(1)(2)(3)(4)(5)。

（2）在平台上画出代表船体肋骨和距舯尺寸的线条,当单元的支架不是安装于同一平面(同一甲板、同一舱壁)时,需制作胎架。

（3）基座定位。对于组装的设备,则基座连同设备一起定位。

（4）大型支架定位。

（5）管子、附件安装,穿插其他支架安装,并对安装于基座上的支架进行焊接。

（6）同一般步骤的(13)(16)(19)(20)。

（7）根据吊装需要对基座、支架进行加强,必要时安装吊环。对于设备管子单元,吊点常设置于基座或设备带的吊环上。对于纯管子单元,吊点常设置于组合支架或大口径管子上。对于面积较大的单元,可使用吊排吊运。如因单元太大吊装困难,可将单元拆开成几个小单元。单元拆开时,应考虑拆开后的各小单元仍具有刚性主体,并视具体情况对小单元进行加强和增加临时支架。小单元吊运时,应视安装位置考虑好吊运次序,对影响吊运就位的局部管子可事先拆下带运。

（8）到分段、总组或船上单元安装位置画出基座和主要支架位置。

（9）吊上单元,对准基座和主要支架位置就位。

（10）拆去吊装用的加强和吊环。

3.分段预装步骤

（1）同一般步骤的（1）～（5）。

（2）由轮机工人画出设备基座的安装位置线条,并将组装好的设备、基座放置到位。

（3）单元吊装到位

（4）同一般步骤的（8）（9）（11）（12）。

（5）检查管子与设备的对中情况,对于既有偏差,管子修改又困难的场合,移动设备或调整基座高低。移动范围不超过25 mm,超过25 mm时,须向技术部门反馈。基座修割工作由装配工实施,修割后的基座水平度不变。

四、管子的安装

安装人员应先找出管子安装基准,然后按图依次安装,其基本的安装方法是按距甲板（平台）、肋骨、船舯或船体相关结构的尺寸,确定管子的位置进行安装。安装好的管子不能处于受力状态。管端法兰的连接应同心。舷侧接管在船上安装时,应在肘板装配后整体热浸锌。镀锌管件在船上焊接后,镀锌层被损处应涂富锌漆。

1.带法兰管子的连接

（1）连接步骤

①检查管子的制造质量,对管子焊接、镀锌等缺陷设法消除,对法兰密封面做仔细检查,确保密封面平整,密封线畅通。确认管子封口去除,管子内部清洁。

②检查螺栓螺母,螺栓螺母的螺纹应清洁,无固体微粒嵌入。对于排气管用的耐热钢螺栓和不锈钢螺栓,在螺母拧入的范围内预先喷上润滑剂。

③将连接的两只法兰对中,插入法兰下半部分螺栓（一般为 $n/2+1$ 个螺栓,n 为法兰螺孔数）,并拧上螺母,使法兰间留有放置垫片的间距,放入垫片,使垫片与法兰同心。然后安装剩下的螺栓、螺母。如果法兰对中有困难,除了与设备连接的法兰外,可用撬棒插入法兰螺孔帮助对中（但不准过度用力强行对中）。合龙管的法兰之间的间隙如较小,可用撬棒扁平端或凿子张开法兰面,放入垫片,摇动管子,使垫片与管子法兰同心。但这方法不适用于与设备连接的合龙管,当合龙管法兰与设备之间间隙小时,可松开原安装管子支架,调整间隙,合龙管安装后,重新安装支架。如果此方法不适用,则重校合龙管。

④拧紧螺栓螺母。拧紧螺栓螺母应采用"十字交叉法"进行,从操作最不方便的位置开始,如图所示的法兰,对的拧紧次序为A、B、C、D、E、F、G、H。拧紧不能一步到位,按次序重复2～3次,逐步增加扭矩,直到拧紧为止。（必要时可用扭力扳手）

（2）注意事项

由于管子安装必须保证系统在密性试验时不泄漏,而保证法兰密性时不会泄漏需要的螺栓紧固力矩的大小与法兰的平整度,法兰面对中的曲折大小,垫片的材质、厚度等因素有关,因此在法兰紧固时使用的扭矩可能会超过使用扭矩值和安全扭矩值,当超过极限扭矩时,螺栓会变形,烂牙,甚至断裂,因此此时应找出法兰泄漏的原因,采取相应措施,不能过分使劲紧固螺栓螺母。

2.平肩螺纹接头的连接

（1）连接步骤

①清除中间接头和外套螺帽螺纹中的灰尘等固体颗粒,并用清洁的布擦拭干净。

②检查螺纹是否有碰撞损伤变形,如有应用断锯条、细锉、螺纹铰板或螺丝攻修理。

③当螺纹无缺陷时,在螺纹中涂润滑剂(牛油、滑油或二硫化钼)。

④将垫片套在中间接头上或放在螺帽内平肩上,然后将外套螺帽套上中间接头,用手拧紧螺帽,螺帽转动应轻松流畅。当用手转不动时,可用铁锤轻敲螺帽六角平面再用手拧,最后用与螺帽尺寸相配的开口扳手拧紧。

(2)注意事项

①不可直接用扳手拧紧螺纹,以免螺纹咬死。

②当管子制作或安装有误差而不能保证中间接头和平肩接头处于同一中心线时,应修改、矫正或重新安装管子,如果强行安装会使螺纹接头容易咬死和渗漏。

③螺纹接头在进行系统密性试验后以及通入热介质(蒸汽、凝水、热水)后需再紧一遍。

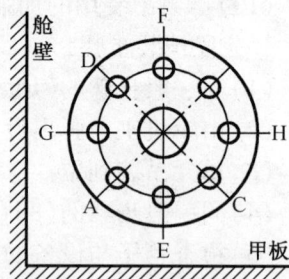

图 6 - 4　法兰拧紧程序

五、卡套接头的安装

卡套接头由中间接头体、卡套和外套螺母帽组成,如图 6 - 5 所示:

卡套接头安装可使用胎具在车间内预先安装,将卡套压入管子,然后拆下与中间接头体连接,也可以不使用胎具直接安装。胎具相当于半只中间接头体。安装步骤如下:

(1)对于用于油系统的场合,为便于安装,在管子外表面、外套螺帽和中间接头体的螺纹上涂润滑油,卡套浸入润滑油中。用于水和蒸气系统的管子外表及卡套不用润滑油润滑。

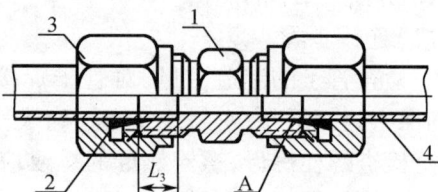

图 6 - 5　卡套接头
1—中间接头;2—卡套;3—外套螺帽;4—管子
A—垫片安装处

(2)将外套螺帽、卡套套入管子,注意卡套不要颠倒。

(3)将管子伸入中间接头体或胎具,伸入的深度应伸到底部。

(4)逐步拧紧螺帽,用手握住管子转动。当管子不能转动时,在螺帽和中间接头体上画一直线,作为外套螺帽继续拧紧的初始位置记号。

(5)继续拧紧螺帽,当螺帽从继续拧紧的初始位置起,转动 1.25～1.5 圈后,安装结束。

注意事项:

(1)对卡套接头有预装要求的,应编制专用工艺文件。

(2)卡套接头的卡套与被连接管子之间的间隙,应符合卡套接头的技术要求。

(3)装入卡套接头处的管子外圆,应是无缺陷的圆柱表面;管子端面应垂直于圆柱面,且无毛刺。

(4)卡套接头连接的两根管子,应在同一中心线上。

(5)管子支架应布置在卡套接头的附近。用于卡套接头连接管子的支架,其间距应密一点。

六、开孔

在船体结构上开孔有两种方式：

第一种是由管子设计部门提供管孔位置和大小给船体部门，在船体加工资料中已包含管子切割信息，在船体加工阶段将管孔开好。

第二种方法是由管子设计部门绘制开孔图，发管子安装部门，由安装部门按设计所提供的开孔图现场开孔，现场开孔分为画线、开孔、打磨三个步骤。

下面对现场开孔的方法做介绍。

1. 画线

画线的依据有两种，一种是开孔图，另一种是管子实物。

按开孔图画线步骤如下：

（1）认清船体分段的艏艉、左右、上下、正反方向，方法为看分段标识或看船体分段工作图。

（2）根据开孔图上管孔距船体构件尺寸及构件基准面，找出管孔中心线在船体上相应位置。对于正态制造的分段，因构架在反面，需从分段边缘找出构架位置移植到甲板正面，以此为基准找出管孔位置。

（3）画出管孔中心线和圆周线，在就近的船体上写上开孔直径，用洋冲在圆心及圆周线上打印。

按实物画线步骤如下：

如图 6-6 所示的一根管子，其总管上分出多个支管，支管上连接的管子均需穿过甲板，由于管子制作、船体结构都有积累误差，事先将管孔全部开好后有些管子就无法安装，因此采用按实物画线的方法。

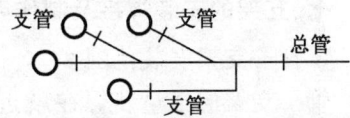

图 6-6　按实物画线示意图

2. 开孔

画出的线条经有关人员校对确认无误后，进行开孔。开孔工作应由持上岗证书的焊工进行，开孔的工具应使用带圆规的割矩。

3. 打磨

（1）打磨范围

打磨范围为甲板上下平面贯通件腹板覆盖的范围再向外延伸 20 mm（一般为管孔向外延伸 70 mm）和孔的圆柱体。

（2）质量要求

①甲板上下平面无熔渣；

②孔的圆柱体粗糙度 a 的范围见图 6-8 及表 6-1。

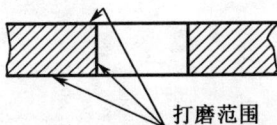

图 6-7　开孔打磨范围

图 6-8　孔的圆柱体粗糙度

表 6 – 1　孔的圆柱体粗糙度 a 的范围

部位	标准范围	允许极限
上甲板、外板、油水舱壁、货舱壁	≤0.4	0.8
其余	≤0.8	1.5

4. 开孔注意事项

（1）船上现场开孔，应先画线画开孔圆，打洋冲眼，后自检、组长检验、作业长检验认可后开孔。开孔后打磨。

（2）开割圆孔、腰圆孔等的圆弧部位应使用圆规割刀切割。开孔后应打磨去除氧化皮、毛刺等。

（3）上甲板、舷旁的开孔在画线后应报品质保障部认可后进行开孔。

（4）开孔时应注意安全，要防止因明火作业而引起火警的可能。

（5）开孔应远离船体大接头处。

（6）船体结构的重要构件上不允许开孔。

（7）管子穿过纵桁腹板强横梁腹板时，均要求补强。补强方法可用覆板，也可采用开孔四周加厚扁钢加强。

（8）对管子穿过水密甲板、水密隔舱时采用覆板补强。对管子穿过非水密隔舱、非水密甲板时可采用护圈补强。

七、支架的安装焊接及制作

1. 管子支架安装范围

管子支架应尽量装焊在就近的纵桁、横梁、肋骨、肘板或扶强材等船体加强构件及其背面。

（1）通常装焊部位

①主、辅机底座的构架；

②花铁板格栅；

③路台支架；

④舱、柜壁；

⑤其他可供装焊的部位。

（2）不宜装焊部位

①船体强力甲板；

②船体主要构件的焊缝 50 mm 范围内；

③通风管道；

④经过镀锌或特殊涂装后的箱、柜壁。

（3）禁止装焊部位

①船体外板；

②强力甲板焊缝周围 50 mm 范围内；

③强力甲板与外板的连接焊缝周围 100 mm 范围内；

④各类机电设备的本体；

⑤管子的外表面。

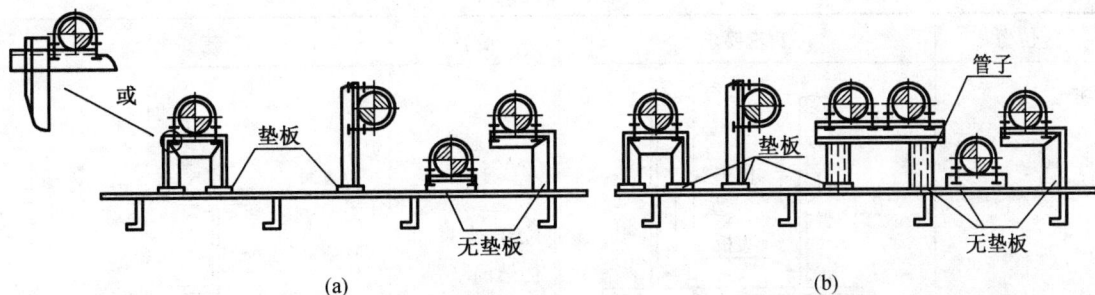

图 6 - 9　船体结构板厚小于 16 mm 时,应设置垫板的要求

(a)位于结构箱柜壁上;(b)位于箱柜顶部、上甲板、舱壁上

以下各种条件下,可以不设垫板:

(1)船体结构板厚≥16 mm 时,可以不设;但支架尽可能设在反面有加强的位置;

(2)当支架设置在船体的加强筋、柱子、肋骨、纵梁、腹板等构件上时;

(3)当管子的通径≤80 mm 时;

(4)当管子支架用角钢的规格小于等于 63 mm×63 mm×6 mm 时;

(5)图 6 - 9 中没有涉及的地方。

2.管子支架在船体结构上的安装焊接要求

3.支架衬垫的选用

(1)高温管路用石棉布或高温石棉橡胶板做衬垫。

(2)低温或冷热多变的空调冷却管路采用硬木衬垫。

(3)振动特别大的低温管路用橡皮衬垫。

(4)铜及铜合金等软金属用青铅衬垫。

(5)易受海水侵蚀的液压管及油船主甲板管路采用青铅衬垫。

表 6 - 2　船体构件上装焊管子支架的要求

位置	工艺要求	位置	工艺要求
位于角钢上表面		位于焊接角钢上表面	
位于焊接角钢背面		位于角钢背面	

表 6－2（续）

位置	工艺要求	位置	工艺要求
位于 T 型材面板上	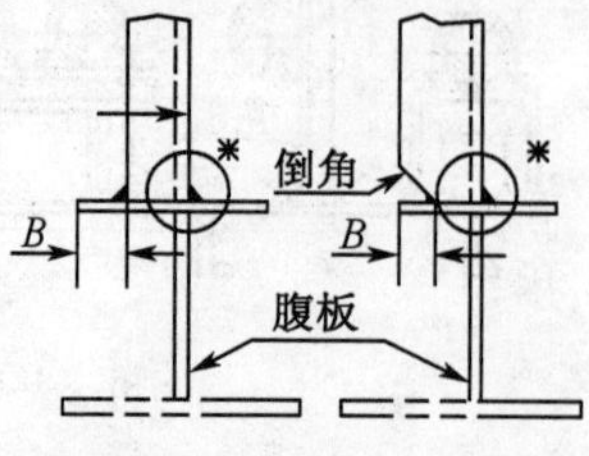	位于舱壁非构架面 注:支架应位于舱壁背面有加强材的位置	
位于柱子上（工字钢）	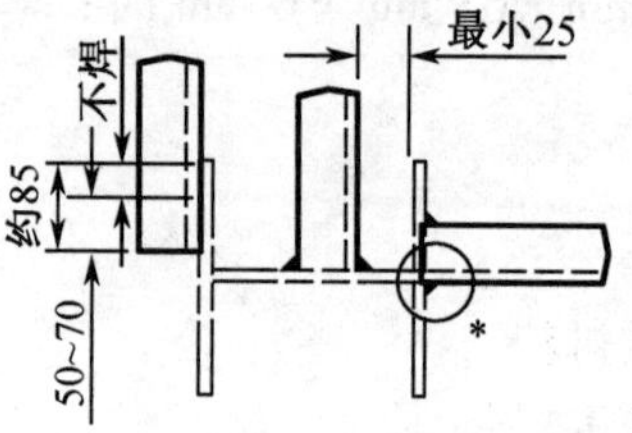	＊的详图图中 B 最小为 15	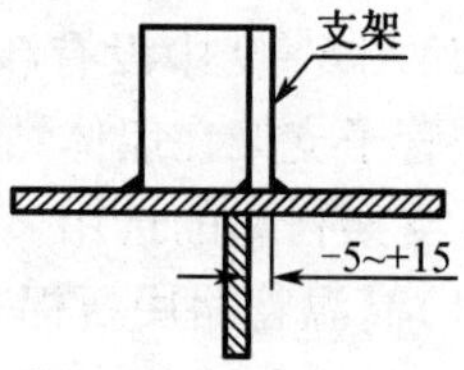
密闭空间和干燥空间（局部焊）	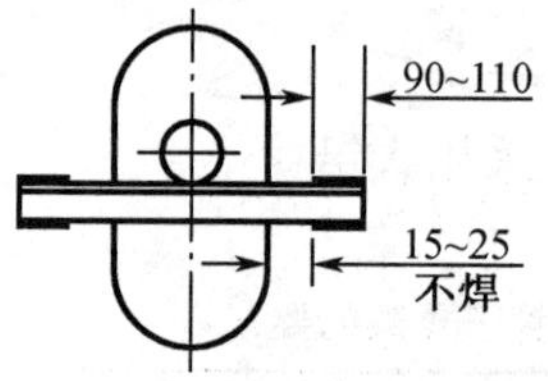	潮湿空间、露天甲板（浴室、厕所、厨房、洗衣间）和油水舱内（封闭焊）	
机舱和上层建筑内	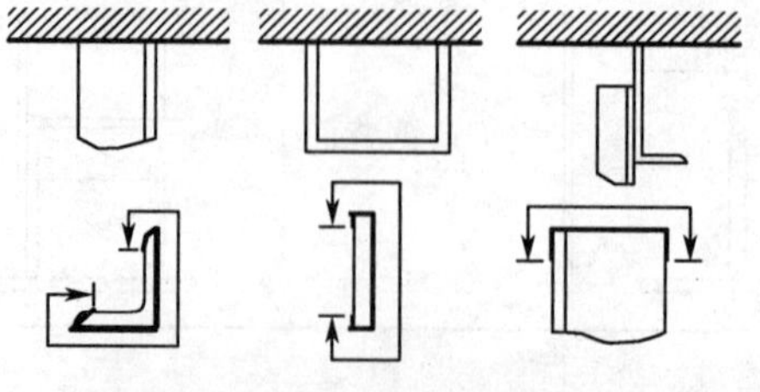	注:单面焊。但位于曝露甲板、潮湿空间（如浴室、卫生间、厨房、洗衣室等）和机舱底层的支架必须双面焊	

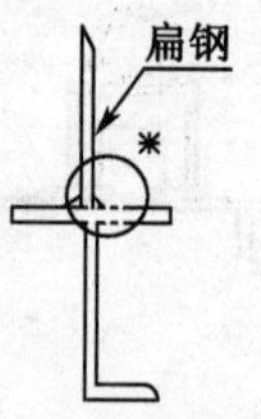

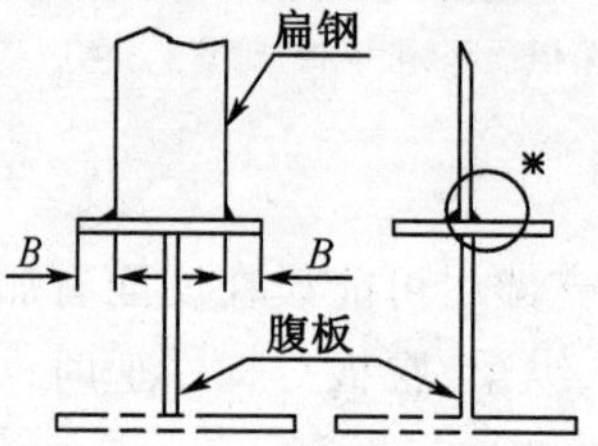

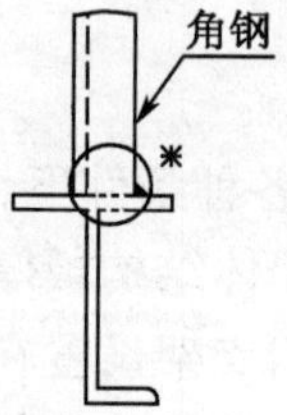

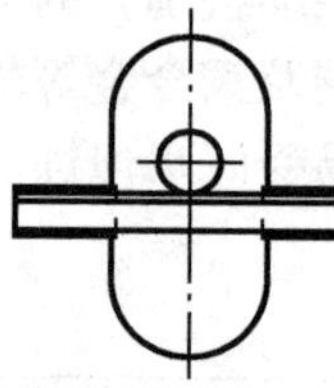

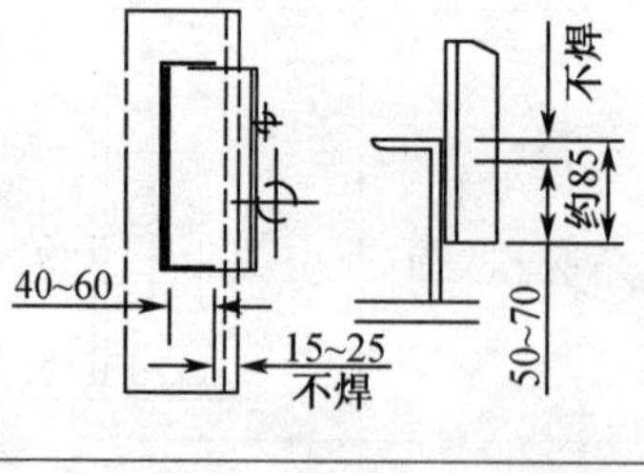

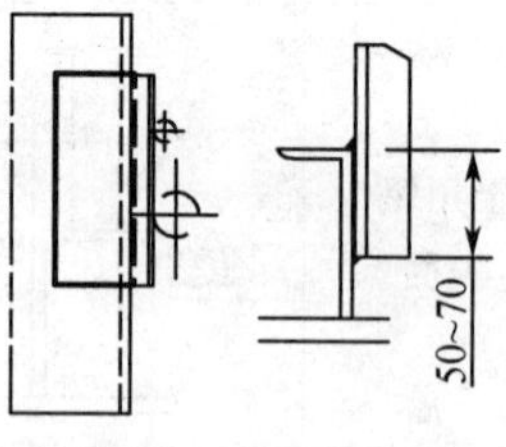

4.支架的间距

表 6 – 3　支架的间距　　　　　　　　　　　　单位:mm

公称通径 DN	直管段支架间距		弯曲管段支架间距					
	钢管	铜管	钢管			铜管		
	L	L	L	L1	L2	L	L1	L2
10	1 000 ~ 1 300	500 ~ 600	800	300	500	500	100	400
15	1 200 ~ 1 500	1 000 ~ 1 200	1 000	300	700	1 000	200	800
20	1 300 ~ 1 700	1 000 ~ 1 200	1 100	300	800	1 000	200	800
25	1 600 ~ 2 000	1 000 ~ 1 200	1 300	300	1 000	1 000	200	800
32	1 800 ~ 2 300	1 000 ~ 1 200	1 400	300	1 100	1 000	200	800
40	2 000 ~ 2 500	1 500 ~ 1 800	1 600	3 50	1 250	1 500	300	1 200
50	2 200 ~ 2 700	1 500 ~ 1 800	1 700	400	1 300	1 500	300	1 200
65	2 500 ~ 3 100	1 500 ~ 1 800	1 900	450	1 450	1 500	300	1 200
80	2 600 ~ 3 300	1 500 ~ 1 800	2 000	500	1 500	1 600	350	1 250
100	3 000 ~ 3 600	2 500 ~ 2 800	2 300	550	1 750	1 600	350	1 250
125	3 200 ~ 3 800	2 500 ~ 2 800	2 500	600	1 900	1 700	400	1 300
150	3 500 ~ 4 200	2 500 ~ 2 800	2 700	700	2 000	1 700	400	1 300
175	3 700 ~ 4 600		2 900	850	2 050			
200	4 000 ~ 5 000		3 100	950	2 150			
225	4 100 ~ 5 200		3 200	1 000	2 200			
250	4 300 ~ 5 400		3 400	1 100	2 300			
300	4 500 ~ 5 800		3 700	1 250	2 450			
350	5 000 ~ 6 200		3 900	1 400	2 500			

注意事项:

(1)管子安装时应及时使用支架固定:支架应固定在船体构架上,支架形式可根据船体结构和管路布置,采用不同形式的支架。

(2)不应由于支架的安装造成管子处在受力状态。

(3)管子支架间距一般应按 Q/SWS54—002—2003《船舶管系生产设计规范》中表 2 的规定,但当管子有挠度或振动时,支架应适当增加。

(4)支架与船体结构的连接:支架底脚端头焊在甲板、隔舱时,支架下应焊接垫板,垫板与船体焊接是四周连续焊,支架与垫板的焊接应是四周连续包角焊。

(5)有色金属管、非金属管、外涂塑管、油舱中的管子,及油轮上有关管子与支架之间应加垫青铅、橡皮或聚氟乙烯等材料,避免两者直接接触。

(6)蒸汽管、排气管的伸缩管段应采用可使管子能轴向伸缩的支架。

（7）支架安装后，紧固螺栓从螺母的伸出量为 1~4 牙。

八、管系附件安装

1. 截止阀的安装

（1）根据工作介质的压力和温度选用合适的截止阀。

（2）截止阀手轮顺时针旋转为关，逆时针旋转为开，可安装在任何位置上。

（3）阀体上的箭头方向必须与工作介质的流通方向一致。若箭头标志不清，则一律以"低进高出"的原则确定阀的流通方向。

（4）外螺纹截止阀采用公制细牙螺纹，内螺纹截止阀采用管螺纹。

2. 升降式止回阀的安装

（1）根据工作介质的压力和温度选用合适的止回阀。

（2）升降式止回阀只能安装在横（水平）管上面，而不能安装在竖（垂直）管上面。如必须要垂直安装，不垂直度应小于 15°，以保证阀盘的短杆能在阀盖的导筒内自由地升降。

（3）阀体上的箭头方向必须与工作介质的流通方向一致。标志不清时一律以"低进高出"的原则安装。

（4）正确选用连接形式及垫片。

3. 安全阀的安装

（1）弹簧式安全阀必须直立安装。

（2）安全阀的出口应无阻力，避免产生留压现象。

（3）安全阀用于蒸汽或淡水管路时，要用支管将排出的蒸汽或淡水引回原处，支管的管径不得小于安全阀的出口通径。

（4）出口无接管的安全阀安装时，其出口不得对准走道、机械设备或仪表等，以防发生人身或设备事故。

4. 压力表的安装

（1）压力表应垂直安装在设备、容器或管路附近震动较小及便于观察的位置。

（2）压力表前的传压管（紫铜管）应绕成环形圈，使安装和使用时有伸缩和挠曲的余地，同时利用其中的凝水造成水封，防止高温蒸汽等直接冲入压力表而影响读数的准确性。

（3）压力表与传压管之间要安装直通旋塞，可供校表或维修之用。

（4）重要用途的压力表，应用红线在表盘上标明工作压力。

5. 液位计的安装

（1）玻璃板式液位计：适用于压力较高的锅炉及大型油舱（柜）。由于板式液位计的长度是确定的，所以在容器上安装时必须按选定的长度进行开孔。

（2）玻璃管式液位计：适用于低压锅炉、茶桶及小型液体箱柜。液位计玻璃管安装时要特别小心，玻璃管长度要适中、管口要平整、填料安装要均匀，旋紧螺母时要防止过紧或单边受力而损坏玻璃管。玻璃管装好后要加装白铁皮制作的防护罩壳。

（3）液位计应安装在便于观察、不易碰撞和照明条件较好的地方。

6. 膨胀接头的安装

（1）波纹膨胀接头（图 6-10）

①检查定位螺杆上的螺母是否锁紧，如果松动，则应在波纹管自由状态下将螺母锁紧。

②安装膨胀接头，注意膨胀接头上的箭头方向必须与介质流向一致。

③膨胀接头与管子应自然对中，当管子长短误差大于 5 mm 时，应采取相应措施，不准

用拉长或压缩膨胀接头的方法弥补管子尺寸误差。

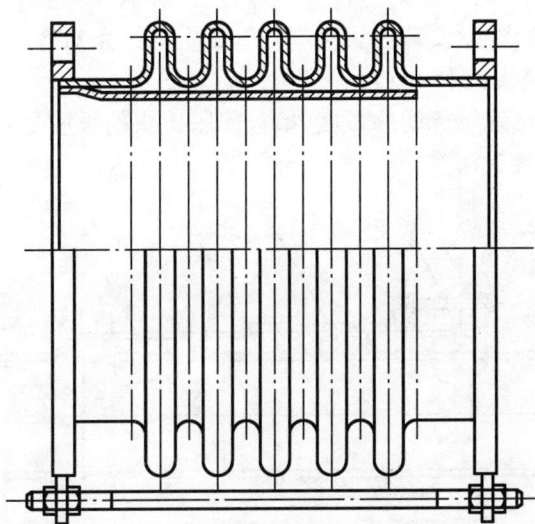

图 6-10　不锈钢波纹膨胀接头

④安装结束后，拧松定位螺杆上螺母，拆除定位螺杆。不准使用气割的方法拆除定位螺杆。

（2）整体式膨胀接头（图 6-11）

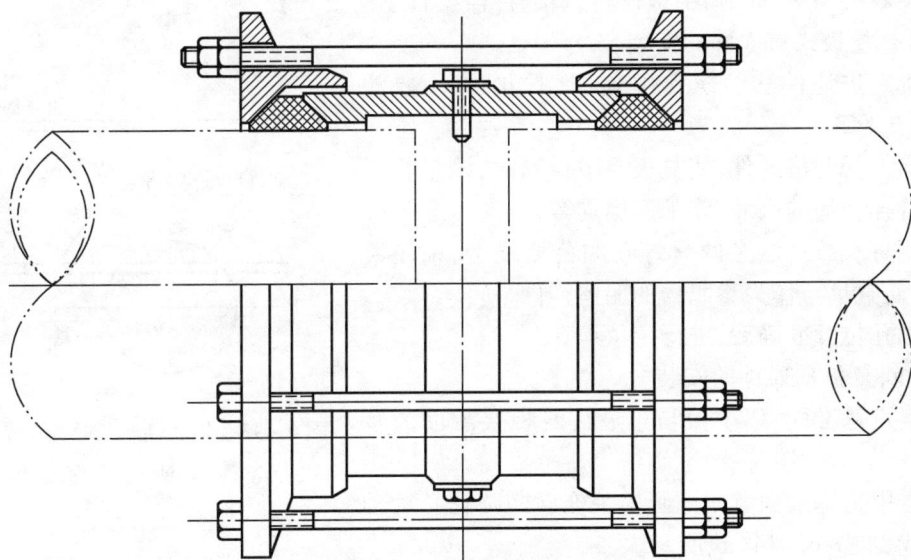

图 6-11　整体式膨胀接头

①检查管子端部的光洁度，如有黏附物应用砂纸打磨光洁。

②调整管子端部间隙，间隙应在（70±20）mm 范围内。

③在管子端部附近安装支架，以保证管子同心度。

④在两边管子上画出与膨胀接头法兰对齐的线条。

⑤松开膨胀接头上的螺栓,将膨胀接头解体,然后在管子上依次套入法兰、橡胶圈和套管,最后将螺栓螺母拧紧,注意安装后法兰应与管子上的线条对齐。

(3)填料函式膨胀接头(图6-12)

①对照膨胀接头上铭牌所标明的长度,检查膨胀接头的长度是否准确,有偏差应调整。

②其余同波纹膨胀接头。

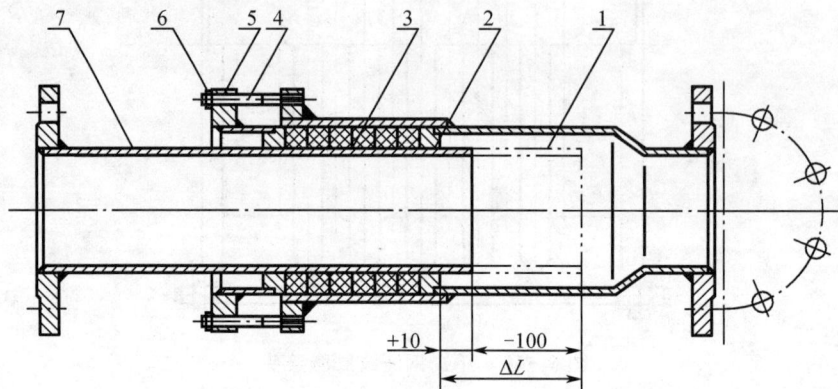

图6-12 填料函式膨胀接头

1—本体;2—填料座;3—填料;4—双头螺栓;5—压盖;6—螺母;7—伸缩筒

7.贯通件安装

以反舾装为例,此时,甲板反转,贯通件需要自下向上安装。

(1)直复板式贯通件的安装

①确定贯通件法兰螺孔位置、上下方向,不要颠倒,见图6-13。

②向上托起贯通件,使复板与甲板紧贴,测量管子外壁到管孔圆周的尺寸,要求四周均等。

③用直尺放在法兰两只螺孔的公切线上,采用目测方法,使直尺与作为参照物的船体构件平行。

④螺孔位置准确后,进行定位焊。

(2)斜复板贯通件的安装

①确定基准面:以甲板与贯通件复板接触面为基准面。

②在甲板基准面背面上画出基准面椭圆孔长短轴的延长线,如图6-14(a)所示。

③找出贯通件复板基准面与管子相交椭圆的长短轴,并在复板上画出此长短轴的延长线,如图6-14(b)所示。

④向上托起贯通件,使甲板基准面上椭圆孔长短轴延长线与复板基准面上的椭圆孔长短轴延长线对准,如图6-14(c)所示。

⑤定位焊。

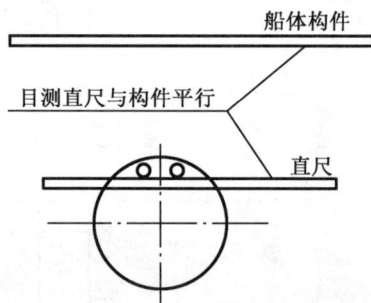

图6-13 贯通件法兰螺孔位置检查

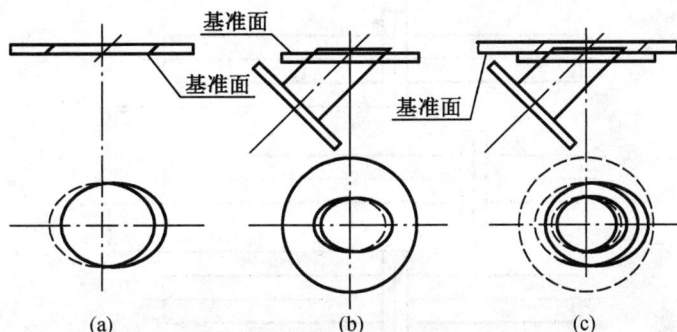

图 6－14　斜复板贯通件安装示意图

(3)套管式贯通件的安装

安装时先在套管上画出处于甲板位置的线条,作为安装基准线,然后将套管放入管孔,线条与甲板平齐,用与图所示的方法调整法兰面的水平度。法兰面水平后,继续进行定位焊。

注意事项:

(1)管系附件安装时必须根据管内的介质流向,确定正确的安装位置。

(2)安装阀件时应使阀件上的流向箭头与管内介质的流向一致。对直通止回阀、截止止回阀、防浪阀、电磁阀的安装,应使阀体的进出口保持水平。阀件的手轮位置,应按安装空间的具体情况而定。在花钢板下的阀件手轮应向上。在结构紧凑的地方要考虑手轮的升程是否碰到船体结构或其他管子而影响阀件的开启。

(3)安装滤器时要考虑滤器内的滤网能拆出清洗。注意安装方向,滤器脚的固定,滤器上方不能有管子通过。

(4)吸入口、吸入滤网、止回除污器,应与舱底或柜底保持一定的距离,数值按设计要求而定。

(5)具有轴向伸缩的附件,如伸缩接头、膨胀管节的安装应按制造厂规定的要求进行安装,保证足够的伸缩量。

九、工艺要求

(1)管系安装必须按图纸进行,管子的排列应尽可能平直、成组成束并列、整齐和美观,避免不必要的迂回和斜交。

(2)管系的安装间距

①并行管或交叉管,邻近两根管子(包括管子附件)间距一般应在 20 mm 以上,允许极限大于 10 mm,如图 6－15 所示。

②对于需要包扎绝缘的管子,包扎好绝缘后,其外缘与相邻管子、管系附件或船体结构件的间距在 20 mm 以上。

③下列管子与电缆的距离应一般在 100 mm 以上。

a.蒸汽管子绝缘层外表;

b.非水隔层绝缘的排气管外表;

c.工作压力 9.8 MPa(100 kg/cm²)以上的高压空气管。

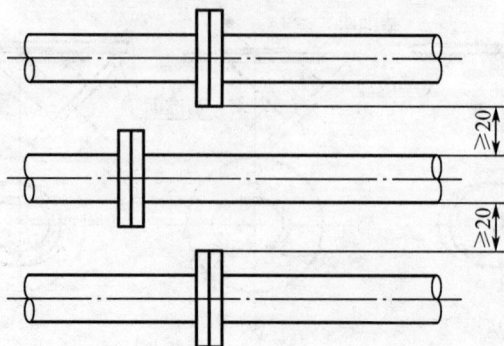

图 6-15 管子间距

(3)空气、透气管应尽量确保无冷凝水留现象产生。在露天的干舷甲板或在上层建筑的船楼甲板上敷设的透气管高度要求应符合图 6-16 所示。

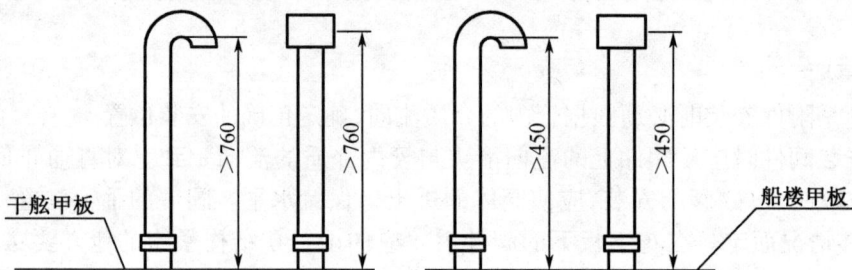

图 6-16 甲板上敷设透气管高度

(4)测量管安装力求垂直,如必须呈弯曲形时,则应弧顺、缓和,使测量工具(如测深尺)能顺利通过。测量管上端应引至易于接近的舱壁甲板以上的部位,而对油舱应引至开敞甲板上的安全位置。测量管下端结构形式分别见表 6-4 和图 6-17。在测量管最上端合适位置处应有透气孔。下端口对应的舱底板上,安装防击板,防击板尺寸按表 6-4。在测量管下端盖板处,即管端上开 3~4 个长槽,开槽位置按图 6-17。

表 6-4 防击板尺寸 单位:mm

测量管 通径 DN	防击板尺寸 $D \times T$	测量管末端与 防击板距离 L	简图
≤50	100×10	20~25	
≥65	120×10	15~20	

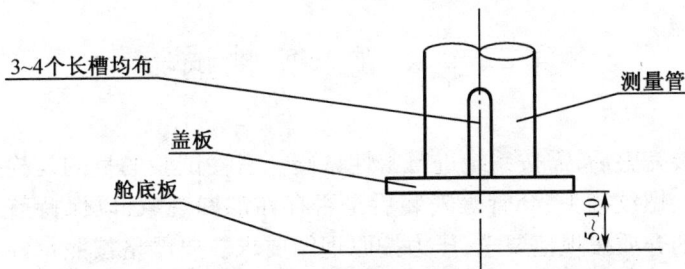

图 6 - 17 开槽位置

(5)凝水管路布置的斜度和放水阀或旋塞的数量和位置,应在船舶处于正常纵倾、正浮或横倾不超过 5°时,能使凝水管系任何管段有效地泄放凝水。

(6)管子安装前,应检查管内清洁,如管子内壁有锈蚀,应及时予以清除。安装后的管路要防止异物进入,末端应予封口,保持管内清洁。

(7)主机滑油循环管路、汽缸油管路、凸轮轴滑油管路,安装后要进行投油清洗。

(8)蒸汽管、热水管的安装要求有热胀冷缩的补偿。

(9)舱柜空气管安装应保证空气是向上的。不能有"袋形"出现。

(10)无水封的便器和水池的泄放管路应设 S 弯头。管路的倾斜度为 2° ~ 3°。有条件的地方,应尽量增加疏通接头。

(11)在管子弯头处附近设置法兰时,一般情况下法兰不应嵌入管子的弯曲部分。

(12)中间有 90°弯角的管子,应避免出现弯角管子两边较长和等长的现象。

(13)在船体分段连接处、单元连接处和设备连接处一般应设置嵌补管(合拢管)。嵌补管长度为 1 m 左右。

(14)为了便于管子安装,成束管子法兰的排列形状一般应为错开型或阶梯型,如图 6 - 18 所示。

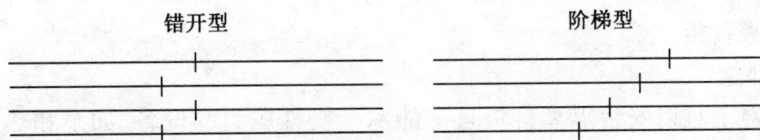

图 6 - 18 成束管子法兰的排列形状

(15)阀、旋塞及滤器的安装位置,应设在便于操作和维修的地方。阀和阀并排布置时,操纵手轮的间距应在 30 mm 以上。

(16)当阀件布置于花铁板之下时,其操纵手轮应与花铁板平行,且应在其对应的花铁板上开孔并设置活络盖板。

第二节　管系密性试验

船舶管子安装完整后,需按系统进行密性试验。密性试验的目的是检查管子和附件的连接件,包括法兰、螺纹接头、套管等安装后是否存在渗漏现象,以保持整个系统的密封性要求。密性试验的介质按规范要求,压力按原理图要求。要严格按照密性试验步骤进行操作,对几种特殊情况的密性试验采取相应的措施。密性试验后,需按检验项目表分别向公司质保部、船东、船级社报验。

一、密性试验的一般步骤

1. 系统检查

(1)检查布置和原理的一致性和完整性,具体要求为:

①管子通径正确;

②阀件、管子附件、检测仪表的型号、规格、安装位置和流向正确;

③有编号铭牌的阀件和附件位置正确。

(2)检查系统安装质量,具体要求为:

①管子与船体及舾装件之间留有 10 mm 以上间隙,有绝缘层的管子应从绝缘层算起;

②需操作的管系附件,如阀件、测量管头、过滤器无操作障碍;

③有高度要求的附件,如油水舱吸入口、液位遥测探头、液位遥测通海阀、空气管头等,安装尺寸符合设计要求;

④支架的管夹螺母全部拧紧,有双螺母要求的管夹螺母安装齐全;

⑤法兰螺栓螺母的材质、强度等级符合设计要求,螺栓螺母安装齐全,并且全部拧紧,螺栓超出螺母尺寸不超过螺栓直径的1/2;

⑥密封垫片的材质、规格符合设计要求;

⑦套管连接的焊缝处,不可有油漆。

2. 安装隔离盲板

(1)安装部位

①设备。对于难以安装隔离盲板且又能承受密性压力的设备,如泵和热交换器,可以不装隔离盲板,与系统一起进行密性试验。

②管子端部。

③对于液压系统,应按冲洗需要将管路连接,用临时管和高压油泵接通,然后在冲洗泵连接的管路上加装盲板,示意图见图 6 – 19。

(2)安装要求和方法

①油水舱内吸入管上的盲板要靠近吸口。

②天花板、里子板内管系,包括合拢管全部制作、安装,结束并参与密性试验,不装盲板。

③对管径较小、压力较低的管子可在法兰内加装铁皮盲板。大口径管、高压管用盲法兰,由于铁皮盲板

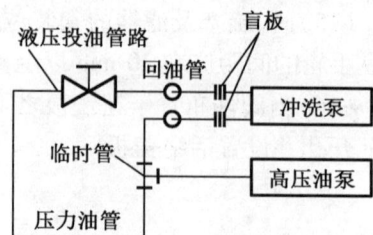

图 6 – 19　液压系统冲洗前按密性要求连接示意图

受力后会变形,取出时必须拆开管路。因此,当吸口离舱底距离很小时,为避免因无足够间距拆开管路取出铁皮盲板,不可在管系与吸口法兰之间加铁皮盲板,而应移开吸口,在管子上装盲法兰。

④对无法兰的管端,可在管端装焊临时法兰,密性试验结束后割去。也可用木塞封堵或在管端安装压板、垫片,然后在船体上焊支马,用支马压紧压板的方法。

⑤对舷旁短管,在舷外一侧用螺塞封堵。(舷旁短管制作时,在舷外一端安装螺纹座)

⑥在管路的一只盲板上安装通入介质的接头。

⑦管路中所有加装的盲板应做好记录,以免遗忘。

3. 系统预密性试验

(1)方法

在管路中通入冷风,在管子法兰及套管焊缝处喷肥皂液进行预密性,发现焊缝及法兰渗漏应予以消除。对于密性压力较高的系统,例如液压系统,用冷风进行预密性试验。压力太低,可在冷风进行预密性试验后,用氮气进行第二次预密性试验。发现渗漏后应释放系统压力,然后设法消除渗漏。

(2)渗漏消除的方法

①焊缝渗漏进行补焊,对工作压力低于 1 MPa 的系统允许使用 422 焊条。

②法兰渗漏:

a. 先检查螺栓螺母是否松动,是否安装了小规格螺栓螺母,然后拧紧螺栓螺母;

b. 当采用第①种方法无效时,需松开螺栓螺母,更换垫片;

c. 当采用第①②种方法无效时,需拆下管子修整密封面;

d. 当采用①②③种方法无效时,需更换螺栓螺母,使用强度等级更高的螺栓螺母;

e. 以上方法都无效时,管子返工,更换法兰。

4. 系统密性

(1)密性试验交验过程

预密性合格后,在管子内通入介质,然后缓慢加压,边加压边喷肥皂液并检查,当发现渗漏时,应释放压力消除渗漏。当达到管系原理图上规定的压力后,系统内保持压力2 h,经检查无渗漏,且无明显压力降后,向公司检验员报验,合格后向船级社、船东报验。

(2)密性试验介质

①滑油、压缩空气、二氧化碳系统的介质为压缩空气;

②液压系统的介质为液压油;

③燃油、蒸汽、凝水、油舱加热、热油、货油、惰性气体、洗舱及各种水系统的介质为水;

④燃油舱的空气管、测量管密性介质为水,其余空气管、测量管及液位遥测的介质为气、水都可。

(3)加压方法

①压缩空气系统用系统内压气机加压。

②液压系统用高压油泵加压。

③滑油、二氧化碳系统,在船上压缩空气可提供时,用船上压缩空气加压,不能提供时,用冷风及瓶装氮气加压。

④用水作介质的系统用密性专用水泵加压。

5. 密性试验后工作

(1)燃油日用系统放掉密性用水,并用氮气吹净残水,准备冲洗。

(2)液压油系统密性后进行冲洗,冲洗结束后放掉系统内液压油,用氮气将剩油吹净,然后复位。

(3)滑油系统(包括凸轮轴滑油、汽缸油、尾管滑油系统等)需拆下进行冲洗前清洁工作的则拆下,不拆下的则按冲洗要求连接。是否拆下取决于清洁过程控制的方式。

(4)其他用水做密性介质的系统,放掉密性用水,管系复位。

(5)用压缩空气做介质的系统,拆下盲板复位。

(6)油水舱内吸口装复,安装时,应将已用过的垫片更换,安装后做好自检互检工作。

(7)清点加装的盲板,数量应与记录一致。

(8)对安装隔离盲板的部位,除油水舱吸口处外,其余部位在系统工作时检查是否泄漏。

(9)对法兰或螺纹接头连接的蒸汽管、凝水管、热水管,在管路中通入蒸汽或热水情况下,检查是否泄漏。

二、几种特殊情况的密性方法

1. 货舱区横隔舱上的管子

货舱区横隔舱上的管子包括空气管、测量管、电缆管、液位遥测管。向下通到内底板以下舱室,向上通到主甲板或艏楼甲板。在横隔舱分段预舾装阶段,安装了管路的中间部分,上船台(船坞)后整条管路安装完整。管路密性分两个阶段进行,第一阶段:在横隔舱分段管子预舾装后,进行密性并交验;第二阶段:上船台(船坞)管路安装完整后,在进行船体内底板以下,除燃油舱以外的舱室密性时,可利用舱室内的压力,检查管子的其余部分;对于燃油舱的空气管、测量管需做灌水试验。

2. 顶边水舱放水管

顶边水舱放水管经货舱通向舷外密性时,将舷外管口用木塞封堵,利用顶边水舱舱室密性的压力,检查管子的套管焊缝的渗漏情况。

3. 艉压载舱内的艉管滑油管

在艉压载舱分段管子预舾装后,用木塞封堵艉轴壳上的管孔,在机舱端通入冷风,到艉压载舱内检查套管焊缝的渗漏情况。

4. 上层建筑的管子

上层建筑的管子密性试验,在上层建筑总组阶段完成。吊上船搭载后,上层建筑总组与主船体之间以及总组与总组之间的合拢管制造安装后,对这部分合拢管进行密性试验。

5. 舱口盖液压系统

舱口盖液压系统通常分成几部分冲洗,密性工作需在冲洗结束,原拆开的管子重新接通后进行。关于舱口盖液压系统冲洗方法见本章第三节。

因压力油管的密性压力与回油管路、泄油管路不同,在回油管路、泄油管路不能承受高压的情况下需安装隔离阀,有些地方需安装盲法兰及螺塞。隔离阀、盲法兰、螺塞及接高压油泵的快速接头的位置应安装于管子高的部位,使密性结束后只需放掉一小部分油就能使系统复位。密性用的连通管也处于高的部位,且能承受密性压力。密性用管路图见图6-20。

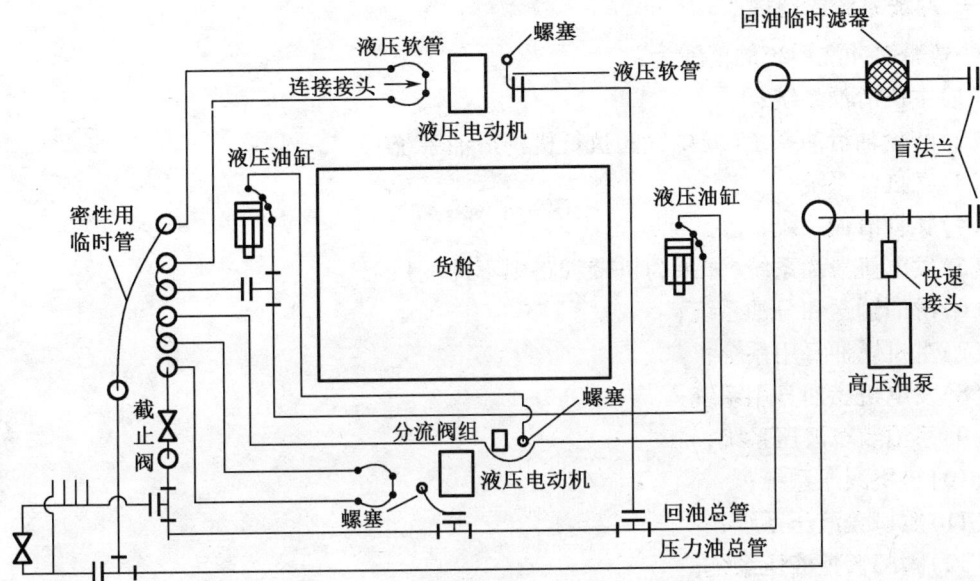

图 6 – 20 舱口盖液压管系密性管路

管路连接后,先用氮气进行预密性试验,然后在系统内加入液压油,此液压油可以是工作油,密性试验后留在系统内。系统内油加满后用高压油泵加压。先打开各隔离阀,按回油管、泄油管的压力要求进行密性试验。合格后关闭隔离阀,按压力油管的压力要求密性。合格后放掉少量液压油,然后将管子与设备接通。

第三节 管系冲洗

在船舶各管路系统中,都存在固体粒子。这些粒子来源于以下几个方面:

(1)油舱、柴油机机架的焊接和冲砂;

(2)泵、滤器等设备的浇铸、焊接和机加工;

(3)阀件的浇铸和机加工;

(4)管子焊接;

(5)钢制材料锈蚀;

(6)安装过程中不慎带入等。

这些粒子会对系统中的设备带来损害,入滑油系统中的粒子嵌入柴油机的轴承内,会损害轴承,引起轴颈擦伤,使轴颈粗糙度增加。当轴颈粗糙度增加到某一程度时就会发生喷油泵柱塞卡滞或咬死、喷油泵中出油阀阀座磨损。液压系统中的粒子会堵塞液压阀件的间隙或孔口,引起阀的故障、运动件或密封件的配合面磨损、擦伤,内外泄露增加。此外,所有系统中的固体粒子会阻塞滤器,影响系统正常工作,甚至损坏油泵等设备。

由于除了固体粒子以外,非金属黏附物入油漆皮,也会对系统工作带来影响。系统中的这些固体粒子和黏附物无法用人工方法去除,因此,必须使用冲洗的方法来去除,以保证系统中的设备、阀件及各种附件不受损坏,整个系统能正常工作。

一、冲洗系统的范围

一般船舶冲洗系统的范围为:

(1)主机滑油系统;

(2)凸轮轴滑油系统(或排气阀执行机构滑油系统);

(3)气缸油系统;

(4)艉管滑油系统;

(5)发电机滑油系统(如果为机带管路则不冲洗);

(6)滑油输送和分油系统;

(7)主机燃油日用系统;

(8)发电机燃油日用系统;

(9)系泊绞车液压系统;

(10)锚机液压系统;

(11)舱口盖液压系统;

(12)阀门遥控液压系统;

(13)侧艏推液压系统。

不同船舶因管路系统不同以及船东的要求不同,需冲洗系统也会略有不同。

二、冲洗设备、附件及材料

常用的冲洗设备、附件及材料有泵、油柜、过滤器、阀、临时管、过滤纸、振动器、加热器、检查袋、遮盖主机十字头轴承用的抱裙、木槌、冲洗专用盲法兰、压力表和温度计。

1.泵

泵一般采用船厂自备的泵。但对于主机滑油系统,通常使用船上的主机滑油泵。主机燃油供给泵、主机燃油循环泵在征得船东同意的情况下,也可作为冲洗泵。

2.油柜

油柜可以采用船上的油柜,如主机滑油系统冲洗的油柜为主机滑油循环柜,主机燃油系统冲洗的油柜为柴油日用柜或燃油日用柜,也可以用船厂自备油柜。

3.过滤器、过滤纸和滤芯

过滤器通常使用船厂自备的过滤器,在过滤器的滤筒内部安装过滤纸。过滤纸目前采用高分子滤板纸。船舶行业标准 GB 1372—2004 将滤板纸的主要性能指标分为 s,m,l,x 四级,各级对应的过滤精度见表6-5。

表6-5　滤板纸各等级和过滤精度对应表

性能指标等级	过滤精度/μm	性能指标等级	过滤精度/μm
s	3~5	l	15~25
m	5~15	x	25~50

当过滤纸的孔径达不到需要的精度时,可增加过滤纸的层数来提高过滤精度。

4.临时管

临时管可采用钢管制作,也可用高压软管。高压软管一般用于 DN≤100 mm 的管路。

5.振动器

振动器有气动和电动两种。气动振动器功率小,价格低,一般用于 DN≤100 mm 的管路中;电动振动器功率大,价格贵,一般用于通径较大的管路中。

6.加热器

加热器有电加热器和蒸汽加热器两种。电加热器通常安装于油柜的入孔盖上。蒸汽加热器通常采用船上设备,如滑油分油加热器、滑油循环柜加热盘管。

7.检查袋

检查袋通常用于主机滑油系统、主机燃油系统和凸轮轴滑油系统,安装于冲洗临时滤器出口和柴油机带的管子上。

检查袋实际上是一只小型滤器,带有 50 um 的过滤袋,用于检查冲洗油的清洁度。

8.冲洗专用盲法兰

冲洗专用盲法兰用于主机滑油系统,在柴油机主轴承、十字头轴承等处进油管中装入冲洗专用盲法兰,可使通向轴承的管子法兰封死,与滑油进油总管连接的各支管畅通。在活塞冷却油的管路中安装专用盲法兰,可以减少进入活塞冷却油管的流量,从而增加进入主轴承总管的油流量。

冲洗专用盲法兰及其安装方式示意图见图 6-21。

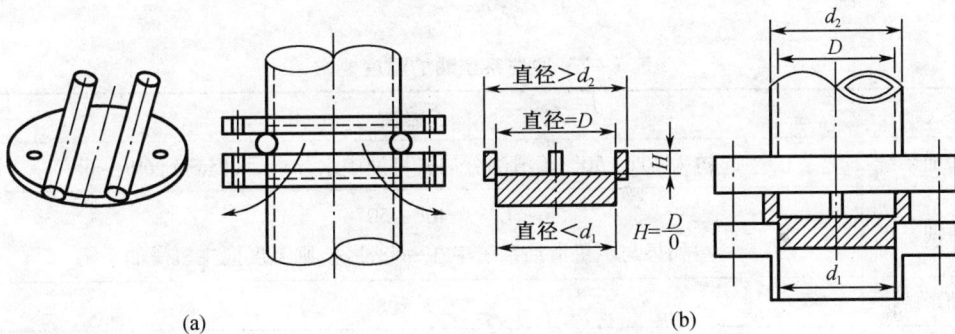

图 6-21 冲洗专用盲法兰及其安装方式

9.冲洗车

冲洗车是将油柜、泵、过滤器、管子、阀件、加热器、温度计、压力表、电器开关箱等组合在一起的一种装置,也可称为冲洗泵组。冲洗车可用于除主机滑油系统以外的所有管系的冲洗工作。

三、流速和温度

1.流速

冲洗系统油的流速要求见表 6-6。

表 6-6 冲洗系统油的流速要求

冲洗用油	管子通径	流速要求	
		流速	雷诺数 Re
滑油、柴油	不分		最小 3000

表 6 - 6(续)

冲洗用油	管子通径	流速要求	
		流速	雷诺数 Re
液压油	>25	最小 6 m/s	
	≤25		最小 4000

雷诺数计算公式:

$$Re = \frac{V + D}{\nu} \times 1\ 000$$

式中 Re——雷诺数;

         V——平均流速;

         ν——运动黏度;

         D——管子内径。

在有双泵的系统中,可以开动双泵来提高流速,但不要超过滤器承受能力的限度。

2. 温度

冲洗系统油的温度要求见表 6 - 7。

表 6 - 7   冲洗系统油的温度要求

系统	温度
主机滑油系统	起初为 40°～50°,等滑油分油机将油中水分离后,提高到 60°～65°
其他滑油系统	40°～50° 注:如果与主机滑油系统串在一起冲洗,则温度同主机滑油系统
燃油系统	无要求
液压系统	60°～65°

四、冲洗管系的清洁控制

1. 清洁控制范围

(1)油柜;

(2)系统设备;

(3)阀件、管附件;

(4)管子,包括冲洗临时管;

(5)冲洗设备;

(6)与油柜相接的非冲洗油管。

2. 清洁质量要求

(1)油柜内部无焊接飞溅、焊药、打磨或冲砂留下的粉尘和铁砂。其中焊接飞溅、焊药来自于船体结构焊接,轮机舾装件焊接,管子贯通件、支架及套管的焊接。

(2)设备、阀件内部无浇铸留下的型砂、机械加工留下的金属屑,内壁应光洁。

(3)管子附件和管子内部无焊接飞溅、焊药、油漆、铁锈和灰尘。

（4）冲洗设备

①油箱无铁锈和冲洗留下的固体颗粒；

②油泵、管子、阀件无铁锈、灰尘和油污；

③软管内部无灰尘和油污。

（5）与油柜相接的非冲洗管无明显的焊接飞溅、焊药、铁锈和灰尘。

3. 质量控制方法

（1）油柜打磨后、涂装前由检验员检查。

（2）油泵在车间组装阶段，由检验员从泵进出口观察内部清洁情况。如有缺陷将泵拆开消除，检验合格的泵接口加装盲法兰或用法兰对夹铁皮封口。在车间不进行总组的油泵和其他设备，清洁检查和封口工作在上船安装前进行。

（3）阀件领出后，在搬运过程中注意封口保护，安装前做好清洁工作，并由质量管理部门认可，对于存放于船上一段时间再安装的特殊阀件，如蝶阀、液压三通阀等，应将阀口全部封紧，并存放于清洁的场所，安装前做好清洁检查工作。对蝶阀注意阀杆及阀瓣与阀体接触处的清洁，可用冷风吹、洁净布擦和磁铁吸等方法。对液压三通阀，如果弹簧内有粉尘，应将弹簧拆下吹净后再装复。对于一般截止阀、截止止回阀，如发现内部不清洁，需将阀解体打磨，并确认后重新安装。这项工作最好委托阀门制造厂承担。

（4）所有管子，包括管子加工车间制造的完成管、外场校对的合拢管和冲洗临时管，在焊接后做好打磨工作，有缺陷进行修补后再打磨，然后酸洗。酸洗后进行详细的检查，检查是否有飞溅、焊药、灰尘和铁锈，合格后喷防锈油和封口。封口采用盲法兰加装垫片的方法，注意垫片位置正确，螺丝拧紧。

在分段预舾装阶段，管子安装后管端封口保留，法兰外圆处用胶带粘贴。如在预舾装阶段未实行清洁过程控制措施，则在冲洗前将管子拆下进行冲砂、酸洗和喷油，装复后立即冲洗。

（5）校对与设备连接的合拢管时，须检查设备接口上是否有铁皮，没有的予以补上，如果设备上已安装塑料或橡胶封口，也须在封口上加装铁皮，然后校管，以防定位焊熔渣落入设备。

（6）对与冲洗系统有联系的管子，例如油舱加油管、空气管、输送泵抽吸管等，用压缩空气对管路进行吹洗。

（7）对冲洗设备做好保养工作。由于冲洗后的油的清洁度通常优于新油，对冲洗车内的油在冲洗结束后提取油样进行粒子计数确认，当质量优于新油或与新油相当时，将冲洗车各接管做好封口工作，以做下一次冲洗使用。当发现油样质量比新油明显差时，将油从冲洗车内抽出，对冲洗车做清洁工作，并由质保部门认可。若钢质冲洗临时管用于多艘船舶，在冲洗前做检查，不清洁的重新酸洗、喷油。

（8）冲洗管系的连接、复位，应在清洁的环境下进行。所谓清洁的环境，应包括：

①周围无打磨等引起尘土飞扬的作业。

②管子上方，包括船体结构梁面板上、管子支架上、遮盖设备的三防布上无焊条头、气割熔渣、焊接飞溅物等固体物质。

五、冲洗临时管的布置

（1）临时管的通径与相连的冲洗设备或管子相符。

（2）管子的布置应保证冲洗临时滤器打开时，油不会外溢。因此，当冲洗临时滤器低于冲洗管路时,滤器两端安装隔离阀,在其中一只隔离阀与滤器之间安装短管,短管上开一泄放支管,并安装阀件,从此阀件上安装管子通入冲洗油柜或临时油桶。

主机滑油系统机外管子冲洗时,临时管不与机带滑油管连接,而是从机架上的入孔进入曲轴箱,管子的布置应保证柴油机运转时不与运动部件接触,并且管子出口应对准机架壁板,使油顺着壁板流下。

(3)冲洗管路的最低部位应有泄放阀及管路,用于冲洗后放油。最高部位安装放气阀,用以排除管路中的空气。

(4)滤器前后安装压力表,用以检查滤器的压差,在易于观察的地方安装温度计。

(5)滤器下方放置盛油盘。

(6)当冲洗管路管子通径差异过大,考虑到串联连接会使通径较大管子内流体流速太慢影响冲洗效果而采用并联连接时,在每一分支管路中安装一只截止阀,以便控制流量。

(7)安装检查袋和取样阀。对主机滑油系统,分别在临时滤器出口、主轴承进油总管和活塞冷却油进油总管上安装检查袋和取样阀。

对凸轮轴滑油系统、主机燃油系统,在临时滤器出口安装检查袋和取样阀。检查袋的出油管须通向冲洗的油柜。其他系统,在临时滤器后安装取样阀。在使用冲洗车冲洗的情况下,取样阀已安装于冲洗车上。

六、冲洗质量的确认

1.一般船舶上质量确认的方法和标准

(1)主机滑油系统、凸轮轴滑油系统(或排气阀执行机构滑油系统)

通过检查袋每隔2 h检查一次。直至在2 h内,检查袋中找不到固体粒子,然后取油样到油料检测部门进行粒子计数确认,当粒子数小于ISO4406级别标准中19/15范围时,冲洗质量合格。

(2)艉轴滑油系统

通过临时滤器过滤纸检查,当2 h内过滤纸上找不到固体粒子时,提取油样到油料检测部门进行粒子计数确认,级别标准范围与主机滑油系统相同。

(3)燃油系统

当通过临时滤器的压力降在4 h连续冲洗中保持稳定,2 h内在检查袋中找不到固体粒子,则冲洗质量合格。

(4)液压系统

当2 h内在临时滤器的过滤纸或15 μm的纸质滤芯上看不到固体粒子,然后提取油样,到油料检测部门进行粒子计数确认,当粒子数小于ISO4406级别标准中17/14范围时,冲洗质量合格。

(5)滑油输送及分油系统、发电机燃油系统

2 h内在临时滤器过滤纸或15 μm的纸质滤芯上看不到固体粒子,冲洗质量合格。

2.油样提取方法

(1)到油料检测部门取油样专用瓶。

(2)注意取样环境,应无风无水雾,以免灰尘和水滴进入油样。如遇有风及小雨天气,则必须采取挡风、遮雨的措施。

(3)打开取样阀,放掉起初流出的油(放入污油桶),然后将大约100 mL油放入取样瓶(取样瓶的容量约为500 mL),盖住瓶盖轻摇,将取样瓶内壁荡洗一遍,然后打开瓶盖将瓶内

油样倒入污油桶。

（4）重新打开取样阀,向取样瓶内放入约 400 mL 油样。

注:如果从临时滤器前的管路中取样也可以。

七、冲洗后的复位工作

（1）泄放管子内冲洗用油,无法泄放的可在管路中接入氮气吹除。

（2）与未经冲洗的设备连接前对设备进行清洁检查。未接入冲洗系统的液压系统的三通接头体、阀件等在安装前擦洗干净。

（3）在液压系统复位时,抽检液压法兰内是否有冲洗留下的油漆皮、铁质颗粒等杂质滞留。如有,则扩大检查范围,直至清除全部杂质。

（4）复位后,擦净污油,将油布回收,做好冲洗临时管封口工作并带回车间保管。

第七章 计算机辅助管系设计

●学习目标

知识目标:

1. 了解计算机辅助管系设计的主要功用。
2. 了解计算机辅助管系设计的主要软件。
3. 了解船舶管系设计规范。

能力目标:

能利用计算机软件进行简单的管路布置。

第一节 概　　述

在船舶舾装建造中,船舶管路的设计与生产占据总工作量的20%,而整个管、风、电的安装与调试占全船建造周期的80%左右。因此船舶管路生产设计在造船整个过程中起到决定性的作用,对于造船周期控制、成本控制以及造船质量都有着直接的关系。在过去,船舶管路设计主要靠手工描绘和借助一些简单的软件,效率低,成本高,误差大,周期长。随着船舶不断向大型化、复杂化、专门化方向发展,利用先进的计算机技术,提高设计水平,缩短设计周期,设计出经济、高附加值的船舶已相当迫切。经不断的实践探索,设计人员在管系综合放样的基础上,将电子计算机技术应用在管系布置设计中。于是涌现出很多种计算机辅助管系放样软件,借助这些软件,船舶管系设计的工作效率得到了极大提高,管系预舾装技术也得到了应用和推广。

计算机辅助管系设计系统是用专用的船舶管路程序系统完成管路的布置、自动划分管子零件、管路的干涉检查及弯管工艺性检查、管子零件计算、自动绘图、自动统计等工作。从而提高设计质量、减轻设计人员在布置、出图和统计等阶段的工作负荷,提高设计速度,缩短管系生产设计的周期,最终为缩短整个造船周期创造有利的条件。其主要功能具体介绍如下。

一、计算机管路布置

计算机管路布置是从管路原理列表中选择原理所定义的管路或部件,用计算机绘图功能进行管路布置或部件布置,并提供下列编辑功能:如修改节点(弯管处理和节点位置移动)、修改相同管路、移动管路或部件、旋转管路或部件、复制管路、镜像管路、更改管路号等功能。

二、自动划分管子零件

管线布置产生的管路,只包括管路的始点、拐点及终点。因此为了满足实际施工要求,应当按照一定的规则给予截断。计算机自动划分管子零件,即依据一定的约束条件,在管段的直线段部分,确定某一点作为相邻两管段零件的连接点,并在该点选配合适的连接件。

被截割的管子零件,若是直管,一般其长度不超过 5 m;若是带有弯头的管子零件,其长度一般不超过 4 m;外径大于或等于 89 mm 的弯管,长度一般不超过 3.5 m。

被划分的管子零件,其首段和末段的直线部分一般不短于弯管机的夹头长度。绝对禁止将法兰布置在圆弧管段上,被划分的管子零件按照一定顺序编号。自动划分出来的法兰连接点,能排除相互碰撞现象。

具体的划分约束条件可以根据工厂的加工设备及生产实际来更改软件的属性。

三、干涉检查和弯管工艺检查

(1)弯管工艺检查

检查管子的可弯曲性和管子在弯管机上弯曲时是否碰地的可能性,若管子的首段和末段的直线段长度小于零,或两端弯头之间的直管段长度小于弯管机夹头长度,系统能够指出错误。

(2)干涉检查

干涉检查是指管子之间、管子与附件之间是否存在碰撞现象。

四、管子零件计算

管子零件计算主要以数值零件图形式作为输出,基本包括以下内容:

(1)基本信息 管子零件所在的船名、区域号、分段号、零件号、系统代号等。

(2)管子规格 外径、壁厚、弯模、材料、试验压力、表面处理等。

(3)管子安装位置 肋骨坐标、船体相对坐标等。

(4)支管信息 材料、弯管、连接件、安装坐标等。

(5)总管的下料及弯管程序。

(6)其他信息 如工艺检查、材料统计、工时统计等。

五、自动绘图

系统能够根据用户的要求,自动生成符合施工要求的各种形式的复板图、零件图、安装图、支架图;并可以将生成的图纸分类,并按图号进行管理,用户通过输入某个系统或区域的编号就可提取相应的图纸。

六、统计功能

本功能在整个系统中起着重要作用。它提供管材统计和生产设计的指导性文件,是整个船舶管系设计和生产、安装等生产管理中的重要环节。它主要包括以下几类文件:材料管理、管子仓库管理、施工管理和检验管理。

第二节 常用计算机辅助管系设计软件介绍

从 20 世纪 70 年代以来世界各造船国家投入了大量的经费和研究力量,开发船舶 CAD/CAM 系统。各国已研制成包括设计、建造和生产管理的集成系统,从而初步实现了计算机辅助船舶设计与生产。随着微型机和微机工作站、图形交互技术的普遍使用及智能技术的迅速发展和应用,船舶智能化设计与生产也有了很大发展。

现在计算机系统的硬件设备日趋成熟。快速绘图和高分辨率图像显示装置的使用,为交互设计自动生成船型曲面、各项性能计算、图形的绘制输出提供了强有力的工具,从而使船舶设计到生产建造形成一体化。同时也促进了计算机辅助船舶设计学科的发展。

目前,国际上常用的船舶设计软件主要有 TRIBON,FORAN,CATIA,CADDS5 系统,我国自主研发的 SB3DS 和东欣船舶舾装设计(EF – CSD)系统在国内船舶设计行业也得到很好的应用。

一、TRIBON 系统

TRIBON 系统是由瑞典 KCS(Kockum Computer Systems)公司设计开发的一套用于辅助船舶设计与建造的计算机软件集成系统。TRIBON 集 CAD/CAM(计算机辅助设计与制造)与 MIS(信息集成)于一体,并覆盖了船体、管子、电缆、舱室、涂装等各个专业的一个专家系统,如图 7 – 1 所示。总体上可分为船体设计、舾装设计、系统管理及维护三大部分。TRIBON 系统,是一个具有三维实体模型和较强交互能力,实现数据共享的先进计算机辅助船舶设计与建造集成系统,这种软件无缝集成了基本的通用机械 CAD 模块与专用的船舶设计软件 NAPA。在实际进行船舶设计时,用户可根据具体的设计项目,分类实时地使用各个模块包括船体结构、舾装建模、管路设计、电气设计、风管设计、干涉检查等,同时,可构筑自己"个性化"的船舶设计工作模式,可以在工作平台上设置所需的工具条,选择合适的船舶图标,补充相应的设计指令等,能够创造性地完成船舶设计工作。该软件是一个出色的集成系统,也是一个庞大的系统(系统程序约 500 MB),它具有许多其他系统所不具备的优点。TRIBON 推出的新版本较过去添加了很多新的功能,如在设备选择、合同设计等方面的功能。

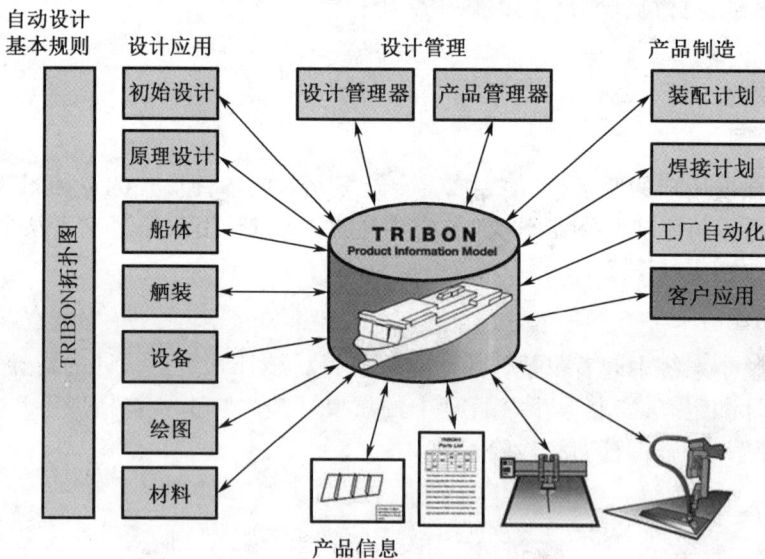

图 7 –1 TRIBON 专业造船系统

1. TRIBON 系统在船舶管系设计的应用

TRIBON 系统管子设计包括管系原理设计、管路建模、生产信息提取等模块,其设计过程如图 7-2 所示。由于 TRIBON 采用单一数据库管路,在管系原理图设计时,管材、规格、法兰、设备、阀门等符号均会与附件信息建立联系,同时又可以与管系三维模型信息建立联系。因此,在管系三维放样设计时,可以利用管系原理图,检验设计是否前后一致,或有无缺漏。

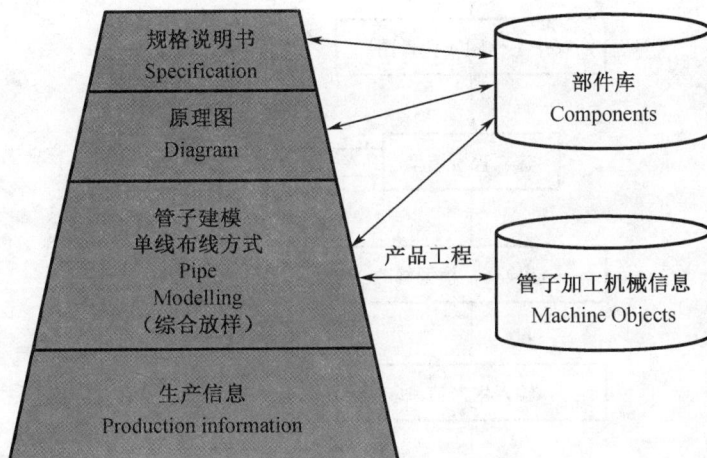

图 7-2　TRIBON 系统管子设计的过程

其中管子建模(Pipe Modelling)模块是实现管理综合布置的模块。按照并行设计的原则,在船体的参考背景下,将各专业建立的模型调入并装配定位。设计人员可以在三维界面中直接布置管路,与二维平面放样相比,其直观性大大增强,减少了参考图纸的数量,提高了效率。利用此模块建立的管子模型信息都存在某一个指定的数据库中(通常为PSDB),管子模型的信息一旦存入指定的数据库,其他的用户都可以调用此管子模型的信息,数据具有高度的共享性,便于设计人员之间的协调配合。管子建模的基本流程如图 7-3 所示。

生产信息的生成与输出模块能完成管路制作图和生产信息统计工作。一旦管路建模完成后,系统自动生成小票图并存放在数据库中,可以被设计人员查看和编辑。各种统计信息的 BOM 表可以由生产信息提取程序生产。

2. TRIBON 系统的特点

使用 TRIBON 系统具有以下优势:

(1)TRIBON 系统数据库是可共享的,设计人员可以随时访问系统内的设计信息,每个设计人员都可以看到其他设计人员的最新更改。所以各个专业模块之间可以平行作业和相互协调,减少设计和制造之间的修改工作量,提高了设计质量,缩短了设计周期。

(2)技术人员可以利用 TRIBON 软件将三维实体生成二维视图、各类管路布置图和安装图。还可以在一体化的设计模型中,对每项设计工作进行实时干涉检查和综合系统平衡,为精确造船提供了可视化的设计模式和操作工具。

(3)利用 TRIBON 系统,在计算机上可以快速生成管路小票、自动焊接信息、部件清单信息、装配信息和弯管信息等。减轻了设计人员的计算工作量,提高了工作效率。

```
┌─────────────────────┐
│  初始化管子模型数据库  │
└─────────────────────┘
          │
          ▼
┌─────────────────────┐
│    定义相对坐标系      │
└─────────────────────┘
          │
          ▼
┌─────────────────────┐
│  制作工作图（背景图）  │
└─────────────────────┘
          │
          ▼
┌─────────────┐        ┌─────────────┐
│  建立管子模型  │───────▶│  建立管子部件库 │
└─────────────┘        └─────────────┘
          │
          ▼
┌─────────────────────┐
│   干涉检查，模型修改   │
└─────────────────────┘
          │
          ▼
┌─────────────────────┐
│     输入生产信息       │
└─────────────────────┘
          │
          ▼
┌─────────────────────┐
│     数据提取，转换     │
└─────────────────────┘
```

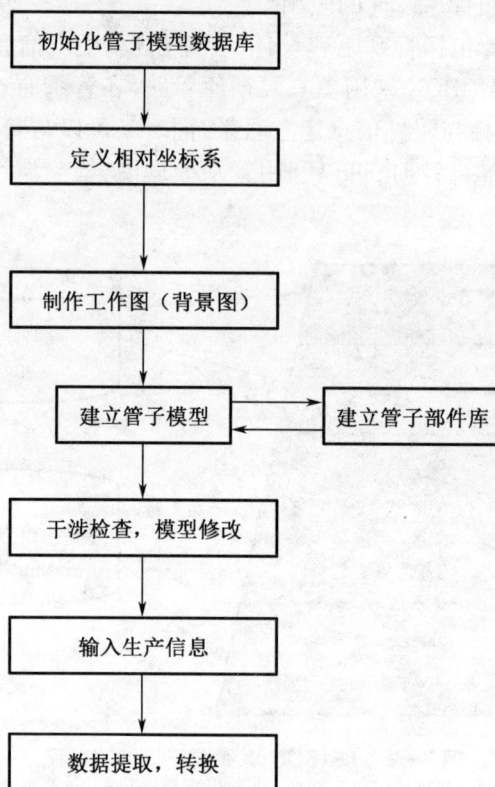

图 7 - 3　Pipe Modelling 模块管子建摸基本流程图

（4）由于该系统来源于实船建造并吸取用户的使用经验不断更新,因而具有很强的实用性,它将会被越来越多的造船企业认可,并在船舶建造行业广为采用。

但 TRIBON 系统也有些不足之处:

（1）开发环境落后

TRIBON 系统是在 DOS 系统环境下开发并逐渐完善的系统,这使得在 Windows 环境下操作烦琐,可视化程度低,一定程度上阻碍了它的应用和发展。

（2）初始化数据不能共享

在 TRIBON 系统中,每一个工程项目的建立（project）都要进行重复的数据准备工作,包括系统的初始化、船号定义、基础数据库设立与拷贝、缺省文件设置、用户权限设置等,缺一不可。而初始化文件多为表格和文本文件,填写修改它们不仅浪费大量时间,而且极易造成错误。

（3）数据库维护及管理不便

TRIBON 系统的各个子系统都带有多个共享的数据库。如 SBD_VOLUME,SB_HULL,SB_CGDB,SB_PSDB,SBP_SKETCH_DB 等,这些数据库可以被追加、复制、删除、修改等。但这些数据库中的数据信息是通过一个文本文件被调用的,这也能反映出该软件在数据库方面的不足。

（4）不能完全适应国内船厂情况,二次开发烦琐

TRIBON 系统本身提供了两种语言供用户提取数据,一种是宏语言 MACRO,另一种是

建模语言 PLM。按照原文件存储性质不同,可分为三类,即图形文件、建模数据文件、标准部件数据文件。针对这三种不同类型的数据,又采用了三种不同类型的提取方法。目前,只有科研能力较强的造船厂和研究所可以把这些数据抽取到外面的 SQL 和 Oracle 数据库中进行后续的处理和输出到其他 CAD 三维系统中进行更进一步的建模加工处理。如在二次开发比较成功的有沪东中华造船厂、广船国际和渤海造船厂。

(5)拓扑关系不能动态更新

虽然 TRIBON 建立了统一的生产信息数据库,建立了构件间的拓扑关系,使得某一构件的数据一旦被修改,有拓扑关系的构件数据同时发生变化(假设修改合理),但它的变化是"假变化",需要对这些构件的编辑对话框重新运行后,才能在三维视图中看到改动后构件的样貌。另外,在系统中,一旦模型修改,相应的图纸也会相应地发生更新,这种更新不是实时更新,需要操作者从数据库中重新调用,这在操作中往往会带来其他小麻烦。

(6)熟悉软件时间长,培训费用高

由于 TRIBON 软件操作复杂,对技术人员专业素质要求高,使得许多企业和研究院所放弃了正规培训,靠帮助文件在实践中摸索,往往只应用了其中部分功能,并通过二次开发或结合其他软件共同应用。

二、FORAN 系统

FORAN 软件由西班牙 SENER 集团开发,该公司以船舶设计起家,已有 50 年的历史,具有 40 多年的造船 CAD 软件开发和应用经验。目前在进行软件开发和应用的同时,仍然承接船舶设计项目。

FORAN 软件是一个囊括了船、机、电、涂、舾装各个专业的强大设计软件,如图 7-4 所示。为造船的全过程提供了集成化的解决方案,包括船型尺寸、船型系数计算、船体结构、机械设备、舾装、电气设施、舱室设计等,所有功能可在分布式工作环境下,应用并行工程的概念完成。本系统可以应用在所有船型的设计建造,且不受船舶尺寸的限制,同时可以根据不同用户的特定需求进行客户化订制。具全球用户包括了 120 家以上的设计公司和造船厂,近年来更以较快的速度在全球推广。

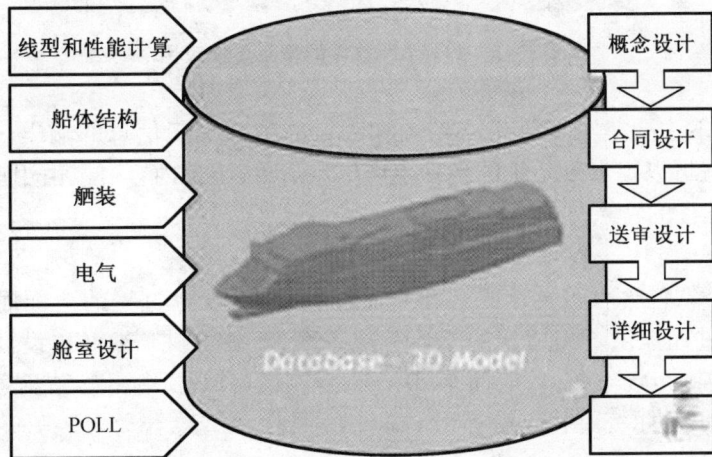

图 7-4　FORAN 软件主体框架

1. FORAN 软件在船舶管系设计中的应用

与 TRIBON 系统相同,FORAN 软件的管系设计也包括管系原理设计、管路建模、生产信息提取。管系设计前,必须首先定义好管子的标准库,包括管子的公称直径、壁厚、压力等级、大小头管径库、法兰和阀件的二维图标与三维信息等。

管路原理设计时,将标有节点信息的设备二维图标调入所设计的系统中,布置管系,插入阀件、滤器、压力表、接头等,即可以形成所设计的系统原理图,由于管子具有一定的属性,因此插入其上的附件属性必须与之匹配。当管子属性变化时,与之关联的附件也自动做出相应调整。对于流经管路的不同流体可以定义不同的颜色以示区别。

三维管路布置时,可以利用 FORAN 软件提供的"区域"和"系统"两种工作模式进行管路放样,这样,对于不同区域的设计人员,可以针对不同的系统并行进行设计,极大地提高了工作效率。管路、风管等建模是采用一条多义线定义,管附件也可以方便地添加在管路任何地方,如图 7-5 所示。当一个系统定义完成后,FORAN 软件能够根据定义的信息自动检查系统原理图和三维模型的一致性。

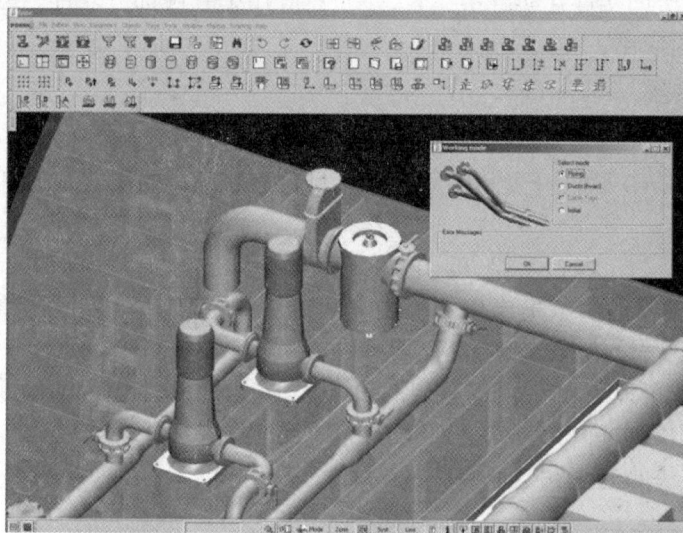

图 7-5　FORAN 软件的管系建模应用

生产信息提取主要是完成管子小票图和大量的生产加工信息的输出。当某个系统建模完成后,我们就可以提出改系统的各种生产信息清单,清单内容可以由用户自己定义。

2. FORAN 软件的特点

(1)专业性

FORAN 是一款包含船舶设计所有专业,覆盖船舶设计全过程的全面而完整的解决方案,为造船的全过程提供了集成化的整体解决方案,50 多年来,SENER 设计的船舶已超过1 000艘。进入中国市场不久,目前拥有 701 所、爱克伦(中国)集团船舶及海洋工程技术中心、江苏科技大学、哈尔滨工程大学等用户。

(2)软件设计更加合理

目前的版本是基于 Windows、面向对象体系、Oracle 数据库重新开发的,可以实现异地协同设计,很好地实现了单一数据共享的并行工程的设计模式,使得设计系统和管理信息系统之间的数据交换极为简单。这就使得用户界面极为友好、操作方式和设计流程符合船舶设计的工程习惯,FORAN成为易于学习、易于操作的系统,无须复杂的IT支持。创新与二次开发更易满足客户需求,这也是引起客户兴趣的一个亮点。

FORAN彻底避免了TRIBON软件初始化数据不能共享、数据库维护及管理不便、拓扑关系不能动态更新的弊病,真正实现了三维可视化总体设计,2D与3D之间无缝转换,仿真功能,真正实现高效、可靠。

(3)提出了数字化造船解决方案

以实现船舶产品全生命周期管理为目标,现有商业化的PLM软件为框架,采用开放式的船舶CAD软件作为上游的研发设计工具,以及制造过程管理软件MPM为下游的制造工具软件,并能和企业原有的或准备配置的ERP,CRM,SCM,MES等管理软件紧密集成并满足企业个性化需求的全企业统一的数字化造船平台。

(4)软件本土化

FORAN是唯一考虑研发中文版的通用造船软件。目前,部分模块已有中文版,在即将上市的70版将全面推出中文版的FORAN。软件操作上也尽量考虑中国船人的行业习惯。

FORAN软件的不足之处:

(1)性能计算模块功能较弱

在FORAN的应用过程中,性能计算模块不能满足船舶性能计算的需要,有些还需借鉴其他的性能计算软件。

(2)个别操作命令需改进

不同类型的船舶结构相差较大,有些建模命令虽能满足建模需求但操作方法复杂,不够直观。

三、CATIA 系统

CATIA是英文Computer Aided Three - Dimensional Interactive Application的缩写,是世界上一种主流的CAD/CAE/CAM一体化软件,隶属于法国Dassault System公司。该公司是世界著名的航空航天企业。其产品以幻影2000和阵风战斗机最为著名。CATIA广泛应用于航空航天、汽车制造、造船、机械制造、电子/电器、消费品行业。将CATIA引入造船行业则是直接引用或间接借鉴了CATIA在航天、航空、汽车等制造行业内的先进成熟技术。这些技术对常规船舶,特别对航母、军舰、豪华游轮、钻井平台等特殊海洋工程平台的设计上有着非常广泛的应用。

利用CATIA进行船舶三维设计的各个模块的运行平台,无缝地集成了基本的通用机械CAD功能与专用的船舶设计CAD功能。在实际进行船舶设计时,用户可根据其具体的设计项目,分门别类地实时切换工作模式(即船体结构、曲面造型、管系设计、电气电缆设计、风管设计、知识工程、人机工程、零件及装配设计、机械制图、机构仿真、模具设计、钣金设计、物理量计算、干涉检查、强度分析等工作模式),灵活机动地采用该工作模式环境中的各种设计手段、方法,因而,用户可最大限度地调用CATIA软件的各种知识工程资源,同时,亦可构筑自己"个性化"的工作模式,在其平台上设置各类工具条,选择合适的图标,补充相应的指令,从而创造性地完成自己的设计工作。

其在船舶管系设计中运用的基本功能可概括为以下6个方面:

1.船体结构模型的设计与导入

CATIA软件针对目前船舶制造行业的各种CAD/CAM/CAE软件的实际应用情况,提供了与这些软件(如:TRIBON/NAPA/Maxsurf/Fastship/AUTOCAD 等)的专用或标准接口。这些专用或标准接口,为船舶制造业已有的 CAD/CAM/CAE 应用软件向其方便灵活地导入数据提供了非常便捷的工具。

2."制造"各类真正的三维设备、部件系列实体建模

运用 CATIA 软件先进的三维实体、曲面、线框造型建模技术和强大的二维、三维(前、后)参数化功能,从点、线、面做起,构造三维实体,可"制造"系列的各类船舶设备、基座、箱柜、部件、阀件、附件、仪表、管子支架、舱室用具、舾装门窗、走廊栏杆等。如图 7 - 6、图 7 - 7 所示。

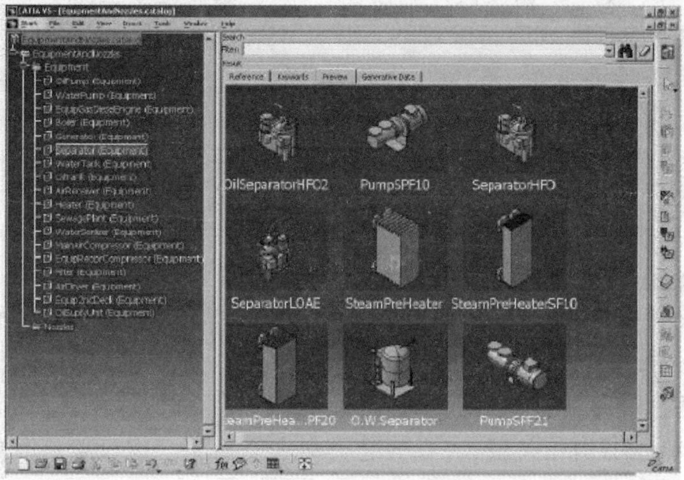

图 7 - 6　设备建模

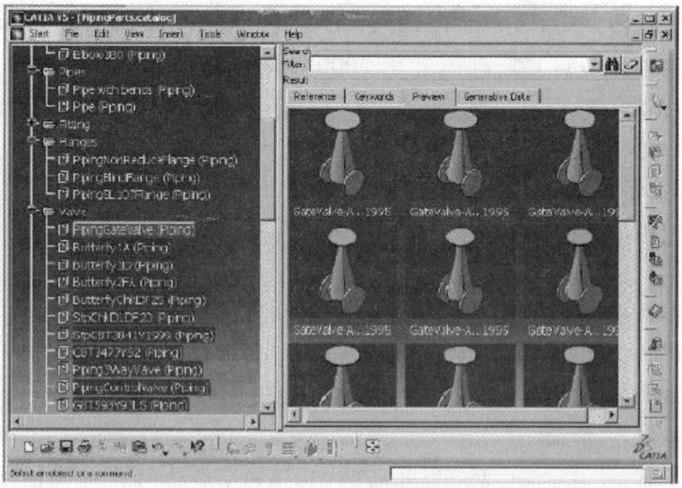

图 7 - 7　阀件建模

3. 舱室三维实体布置

CATIA 软件可以根据船型特征、船体结构、舱室定义、设备卸装工艺路径等因素来快速地建立用户自己的坐标系。基于这一坐标系,用户可以构筑自己的区域(分段)设计模型。这个设计模型的最大特点是:当进行某一专业的设计任务时,可以参考、关联、共享其他专业的设计成果(即实体、数据、信息、关系、规则等),从而各专业可以在统一的设计模型中,分门别类地并行进行。

4. 二维原理图设计及设备、管路三维布置与部件定位

管系二维原理图驱动三维设备布置、管系路径布局和各类阀件、附件的定位放置与精确调整,是 CATIA 软件的一个独一无二的技术特点。这一特点,构成了无缝连接船舶管系的详细设计和生产设计这两个阶段的桥梁,确保了管系二维原理图(PID)的系统原理、设备连接、单元集成和理论走向在生产设计的实际过程中得到最直接、最科学的贯彻。运用这个原理图,用户可以驱动图中的三维设备放置,自动或手动排放管系路径,定位布置各类阀件、附件,定向调整、检测管系的流向,生成统计报表。

图 7 - 8　管系布置

5. 各类统计汇总报表、加工表单、布置图、安装图的输出

CATIA 软件不仅对在详细设计阶段的各专业原理图、布置图、统计报表有很强的处理功能;同时,亦能生成在生产设计阶段中的各专业施工图纸、零件加工单、统计报表等。

6. 电子样船

在用 CATIA 进行船舶设计中,电子样船具有非常特殊的功能:其一,可通过漫游和通信工具,进行协同审查;其二,利用其自身的仿真人系统和剖面分析、测量和 3D 几何比较等功能,可进行 DMU(Digital Mock Up)验证,定义、模拟和分析各种规模的装配和拆卸过程,系统安装部件的可操作情况,如图 7 - 9 所示。此外,使用 CATIA 软件中四维浏览器,还可以对机舱的船体结构、设备箱柜、管系布局和舱室的区域划分、办公设备、文件箱柜、生活洁具、日常家电等进行“实地考察”。

四、CADDS5 系统

CADDS5 是 PTC(Parametric Technology Corporation)公司针对船舶、航空、航天行业推出的产品。它是一种通用的机械三维设计软件,空中客车、劳斯莱斯、波音公司 BAE 系统、洛克希德马丁、美国联防公司、中国的 CSIC(中船集团)等约 2 000 个客户已经成功地应用了

图 7-9　仿真模块

这套解决方案。该产品在世界造船市场的份额也为 15%。由于该软件最初开发的目的不是针对造船设计，因此相对于 TRIBON 这些造船专用软件而言，CADDS5 在造船这个领域的专业化功能相对较弱。但由于它本身具有 CVMAC 开发平台，以及其底层的数据库是基于 Oracle 数据库的特点，因此给用户留有很大的开发余地。

CADDS5 在船舶设计的应用主要包括船体、管系、舾装、电力、空调通风系统等几大模块。船体模块主要进行船体结构辅助设计，可输入输出全部船体制造所需的数据。管系舾装模块则提供了管系设计和制造所需的所有工具，包括 3D 管系布置。空调通风模块所提供的工具可支持开发大型 HVAC（热力、通风与空调）系统及其结构的能力，并生成制造输出数据。电气系统模块提供的功能可支持船舶电气系统的开发，其中包括布线示意图、3D 电缆通道网络、3D 布线以及电缆通道支撑结构。通过从可用于船舶系统的设备和电缆库中进行选择，用户可以创建示意图。

目前，CADDS5 已经在武昌造船厂、武汉船舶设计研究所、大连船厂、山海关船舶重工、天津新港造船厂等国内客户中获得成功应用。实现了以三维设计为统一平台的数字化产品建模，建立了协同设计制造的工作环境，大大提高了企业的研发效率和设计能力。但是 CADDS5 软件对操作环境要求较高，虽然安全性较高，还是限制了它在中国船舶企业的推广，主要客户为军品客户，民船较少。另外，CADDS5 升级较缓慢，界面不够友好。

五、SB3DS 系统

船舶制造三维设计系统 SB3DS 是上海申博信息系统工程有限公司（中国船舶工业第十一研究所控股）和上海船厂联合开发的，基于 AUTOCAD 平台的，以三维建模技术为核心的，面向船舶设计和制造的计算机集成系统。其开发目标是为船舶设计和制造单位提供一套完整的，数据自上而下传递的，符合当今国内船舶制造先进生产模式的，内容覆盖船舶总体设计、船体初步设计、详细设计、生产设计和舾装、涂装生产设计的计算机辅助系统。该系统通过建立产品电子数字模型来实现虚拟建造和仿真检验，并提供完整的生产设计图纸和统计报表，为深化生产设计，促进造船企业转模创造条件。

1. SB3DS 系统在船舶管系生产设计中的应用

SB3DS 系统提供了管系三维建模与数据处理模块，如图 7-10 所示。其中三维交互建模功能包括:创建管路、插入附件和连接件、修改管路、移动附件和连接件、删除管路、除去附件和连接件、管子零件编号、生成剖面图等实用的建模操作。数据处理功能包括:生成管子制作图、安装图、托盘表等加工文件与管理文档;支架布置、支架复制和修改。支架形式覆盖了工厂常用的基本类型,可生成支架制作表。图 7 – 11 为 SB3DS 系统完成的管系布置图。

图 7 – 10　SB3DS 系统管系三维建模与数据处理模块

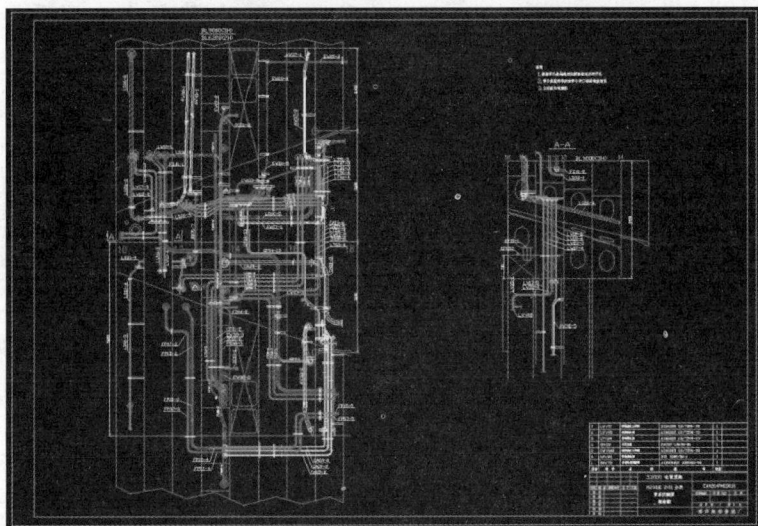

图 7 – 11　管系布置图

2. SB3DS 系统的特点

（1）采用成熟的支撑软件

SB3DS 系统采用成熟的支撑软件，以 AutoCAD 为图形平台，以微软的 Office 为数据库和输出文件平台（大量采用 EXCEL 图表），采用 VBA,VB 和 C++ 开发工具，与支撑软件实现无缝连接。

由于采用成熟通用的支撑软件，提高了 SB3DS 系统的可靠性和易用性，使熟悉 AutoOCAD,OFFICE 的船舶专业人员经过简单的培训就能很快地上手，大大减少了培训时间和成本，便于推广与普及。

（2）自主开发，维护方便

SB3DS 系统的开发单位熟悉国内各船厂的设计、生产习惯，在吸收国外造船软件的优点和总结我国自行开发造船软件经验的基础上进行自主开发，完全适用于我国造船设计和制造需要。在数据库的结构设计中，兼顾了各方面的需要，并可对工厂的特殊要求进行专用版本的开发。

（3）充分应用数据库技术

利用数据库技术进行数据管理，提高了数据的准确性、安全性和一致性。开放的数据库结构，提供给用户最大的开放性和灵活性。数据库中包含模型数据，即使三维图形文件损坏或丢失，也能重新生成；数据库中包含中间统计数据，方便用户再次进行"个性化"的数据分类汇总，并能够与其他管理信息系统无缝连接；数据库中包含各类标准库，提供内容丰富的附件库、阀件库、舾装件库和三维图形小样，大大简化了用户的基础工作。

（4）采用可视化交互设计技术

采用可视化交互设计技术，形象、直观。支持并行工程，实现设备、管系、风管、电缆通道等的综合布置与平衡。船体结构快速建模技术的应用，使舾件生产设计能够提前开展，缩短了设计周期，提高了设计质量。

（5）支持虚拟漫游

应用视觉观察软件，可以立体动态地观看（漫游或飞行）当前的 AutoCAD 模型。在虚拟漫游环境中可以定义材质纹理、多种光源及背景颜色等参数改变仿真渲染的效果；预先可以设定漫游路径，并录制 *.AVI 文件；通过通信工具，可以进行协同审查。图 7 – 12、图 7 – 13 是在 46 000 吨船机舱内虚拟漫游的立体视觉画面。

（6）强大的数据处理功能

强大的后处理功能使二维出图和生产设计报表生成变得方便、快捷。零件图生成模块具有智能化的尺寸标注功能，减少人工干预。大量采用 Excel 表格，方便文字编辑；Excel 的图形与 AutoCAD 自动关联，方便图形的编辑。

（7）可利用的资源丰富

SB3DS 系统可以充分地利用其他造船 CAD/CAM/CAE 软件提供的资源。如 TRIBON,CADDS5 和 CATIA 等造船集成软件都具有与 AutoCAD 的标准接口，可以利用这些造船集成软件提供的三维船体背景和三维图形小样进行三维综合放样。

（8）性价比高

SB3DS 系统界面友好、操作简便、灵活实用，特别是修改方便，具有很高的性价比。

图 7 – 12　船机舱内虚拟漫游 1

图 7 – 13　船机舱内虚拟漫游 2

六、东欣船舶舾装设计系统（EFCSD 系统）

东欣船舶舾装设计系统（EFCSD）是东欣软件公司根据十多年船舶舾装设计的经验积累，并经过五年时间开发和完善的，其中包括通用设计系统、管系设计系统（SPD 系统）、风管设计系统、电气设计系统、铁舾件设计系统和涂装设计系统，如图 7 – 14 所示。它是完全自主开发的、具有独立的核心数据的三维设计系统，现有用户包括南京金陵船厂、澄西船厂、青山船厂、厦门船厂、浙江船厂、4806 厂、威海船厂、青岛船厂等近 20 家船厂。

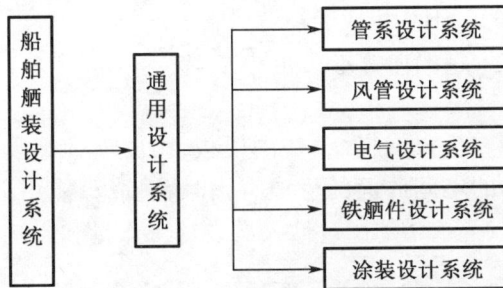

图 7 – 14　东欣船舶舾装设计系统

1. 东欣船舶舾装设计系统(EFCSD)在管系设计中的应用

东欣船舶舾装设计系统中的管系设计系统(EF – SPD 系统)是在吸收国内外造船设计软件的特点和我国有关管系设计、制造的经验基础上开发的,具有很强的实用性,系统涵盖了造船企业从技术设计到生产设计的设计全过程,具有管系原理设计、设备布置、管路布置、零件分割、安装图、零件图到有关托盘表、管附件表等生产管理信息生成等功能,SPD 系统总框架如图 7 –15 所示。

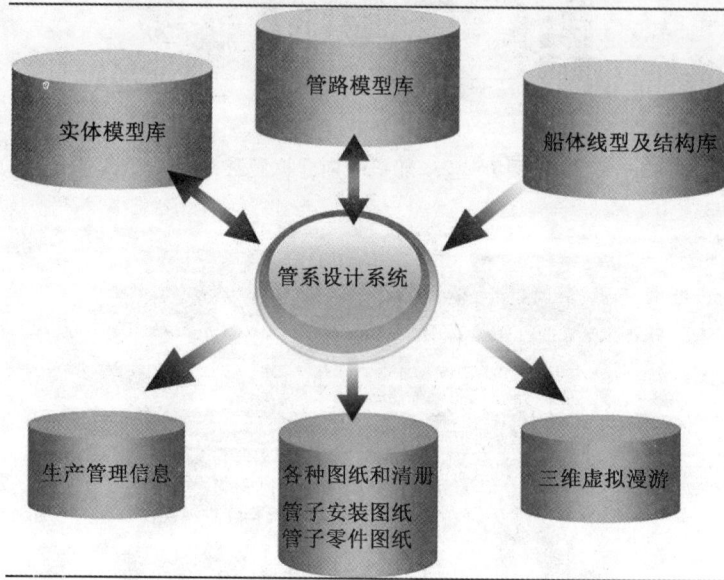

图 7 –15　SPD 系统总框架

2. EF – SPD 系统的特点

(1)自主版权图形平台

系统采用自行开发的图形平台,使本系统在硬件升级、操作系统更新的情况下,能方便地进行移植和版本更新,同时可使应用单位大大降低应用成本。在开发图形平台时,研究了一整套三维处理技术和相当完善的消隐技术,提高系统运行效率和反应速度。

(2)三维船体背景生成

系统具有良好的三维船体背景生成功能。有三种生成船体背景途径:

①能通过从 Tribon 系统接口传输船体背景,在 EF – SPD 系统中生成船体背景;

②从船体建造系统 EF – SHM 生成船体背景;

③系统本身具有建立三维船体背景功能。

(3)复杂曲面建模

船体三维背景建模能产生具有抛、昂势的甲板,扭曲纵骨等复杂空间曲面。目前国外一些造船设计系统对复杂的空间曲面的生成有困难,造成只能用平面取代,使管路设计中一些高度的相对位置产生误差,增加了设计人员设计工作量和影响管路设计质量。本系统较好地克服了这些弱点。

(4)管路自动更新

在管路设计过程中,原理图变更、管子复制及管路改名是设计中经常碰到事,在管路三维设计中考虑上述情况,并且为用户提供极为方便的操作,具有智能化的更新功能。例如,原理图中一路管路的通径发生变化(即通径 50 变更为 65),而此管路的布置(即建立模型)已经结束,管路中的管附件(法兰、套管、弯头等管附件)也已经布置完备,而且管附件与管路通径完全一致。在改变管路通径的同时还要改变管附件通径,并且保证连接的正确性,以及设计信息变更后的正确性。管路自动更新的智能化功能的提供,使用户可以先根据原理图提供的数据,放心地布置管路和管附件,不怕因管路通径的变更,而造成修改工作量的增加。同样,管子复制及管路改名的功能都具有智能化的设计思想,这种设计思想在目前同类软件中处于领先水平。

(5)生成生产管理信息

在建立管子模型的同时,设计信息已经融入模型中,而且生产管理信息在管子建模不断深入的过程中逐渐形成,在管子建模结束后,输出了大量设计图纸,同时还生成了大量的生产管理表册,如:托盘管理表、BOM 表及开孔表。实现了管子设计模型化,生产管理托盘化的新概念。

(6)多视窗操作

在建立管子模型时,为了满足用户多视图、多视区的操作,本系统提供了多视窗操作功能,用户可以在任意视窗中建立管子模型,并且可以用视区交互管理功能创建视区。为了考虑管路建模时经常用到切片剖面等视图,本系统特别提供了直剖图的操作功能,其剖面速度极快,用户操作很方便。

第三节 船舶管系设计规范

一、熟悉有关图纸

(1)熟悉船体型线图、肋骨线型图和型值表,了解船体空间形状。

(2)由船体基本结构图,了解纵桁、强横梁、扶强材、加强筋、支柱、液舱布置及海底门开孔位置等情况。

(3)由上层建筑的布置图和结构图,以及舱室布置图和有关舾装、敷料图,熟悉船体房间结构、门窗位置、房间家具布置等。

(4)由机舱布置图,了解主(辅)机设备、箱柜等布置情况,了解花铁板、平台等高低位置,还要注意电气设备的布置情况。

(5)由管系原理图了解管系原理及性能,熟悉图纸中附件、泵、热交换器以及专用机械设备的组成和在系统中的具体作用;了解系统之间的相互关系。

(6)熟悉电缆图纸,注意消磁电缆和主干电缆的具体布置(高低及宽度、厚度等尺寸)。

(7)熟悉主、辅机械设备的基座结构图,非标准产品的外形图及总图,了解花铁板以上空间情况,便于空间管路合理布置。

二、资料的准备

(1)轮机说明书(包括动力管系及其他主要管系的说明书)。

(2)主机和发电机组说明书(包括注有油、水、气各系统进出口定位尺寸的总图或外形图)。

（3）各种系列产品的说明书（如空压机、分油机、泵等）。

（4）船用阀件产品样本或手册，以及国标、部标的有关管路附件部分的样本。

（5）工厂常用的有关管子规格及弯模半径表等。

除了上述主要的图纸资料外，为了在管路布置过程中求解坐标点，还必须准备好数学用表。

三、管路布置基本规范

实践证明，从事船舶管路布置工作，不仅要有熟练的比例绘图技巧，还必须了解并掌握船体构造的特点，掌握管路的分布规律，尤其要熟悉船舶管路施工的工艺及其处理方法，从而使管路布置的结果达到既符合规范，又方便施工；既保证实施系统的设计性能，减少阻力消耗，又使管路分布条理简洁，便于操作管理。

1. 管系布置的通则

（1）管路

①所有蒸汽管、油管、水管和柴油机排气管等，应避免布置在配电板及其他电器设备的上方及后面，并尽量远离配电板周围。油管路还应避免在锅炉、烟道、蒸气管、废气管及消音器的上方通过。在避免上述情况有困难时，则应采取有效措施进行保护。

②所有燃油舱柜的空气管、溢流管和测量管，都应避免通过居住舱室、精密仪器舱、粮库等贮藏舱室。如有困难时，则通过这些舱室的管子不得有可拆接头。

③淡水管路不得通过油舱，以免管子破损或渗漏时污染水质；同样，油管路也不得通过淡水舱。如不可避免时，应加设油密隧道或套管，让管路通过。其他管路通过油舱时，应遵照规范要求加厚管壁，并在舱内不得有可拆接头。

④一般情况下，通过温度为0℃或低于0℃舱室的管子，应与该舱室的钢结构件做绝热分隔，否则应尽量避免。

⑤承受胀缩或其他应力的管子，应采取适当的管子弯曲或膨胀接头等必要的补偿措施；干货舱和深舱等不便检查处所的管子不得装设滑动式膨胀接头。膨胀接头应取得有关部门的认可。

⑥布置管路时，要充分考虑操作管理人员的检查方便。

⑦分清各级防火区域的防火敷料的布置。凡通过这类区域的管路，均须考虑到上述因素，避免管路接头埋设在防火敷料之内。管子穿过水密或气密结构处，应采用贯通配件或座板。

⑧甲板冲洗管和生活用水舱供水管，不得通过货舱。

⑨各种管子应根据需要，在管子、附件、滤器等设备上设有放泄装置，以放泄管子内的空气及存液。

⑩管路应加以固定，并应能避免管子因温度变化或船体变形而损坏。

⑪管路布置时不得妨碍设备及阀件的检修。

（2）阀件及附件

①阀、旋塞、管子或其他附件直接连接于舱柜壁板以及要求水密结构的舱壁、平台或轴隧时，应采用螺柱旋入壁板而不穿透的方法加以固定；也可将螺柱或舱壁贯通配件，焊在壁板上加以固定。

②所有的海水进口及其舷外排出口的阀或旋塞，均应采取专用座板直接装设在船壳板或海水箱箱壁上。座板上的螺柱孔不得钻透。若布置要求加装短管后接阀，则焊于舷侧外

板上的短管壁厚一般不应小于外板壁厚。

③舷侧锅炉排污阀或旋塞的凸肩穿过外板处,应在外板侧焊有护环;阀的舷侧位置在花铁板以上易于接近此处,但不得高于轻载水线面。

④所有直接固定在外板上的吸入阀、排出阀和旋塞,均应装有贯通外板的凸肩。如果吸入阀、排出阀和旋塞装在座板或接管上,而座板或接管在外板口已构成凸肩时,则阀的旋塞的凸肩可以免除。

⑤主海底阀的手轮,应布置在花铁板上至少 460 mm 处,小型船舶布置有困难时可以例外。

⑥机舱、炉舱、泵舱、轴隧及其他场所内的阀件在布置时应便于操作,凡装在花铁板以下不便操作的阀件,应将阀杆接长或配备便于操作的工具。

⑦船舷排水孔应避免布置在救生艇及舷梯卸放区域内。

2. 机舱管路布置的要求

对于机舱管路的布置,应视船舰类型及其机舱构造状况,分别做出相应的综合布置方案,且处理好布置过程中出现的工艺问题。

(1)机舱管路布置的基本要求

①可靠性。机舱的管路系统大多与船舶生命力有关,确保这些系统的可靠性,是管路布置中首先要注意的问题。无论以何种形式完成管路布置,都必须是不降低系统的工作性能。必须按照船舶建造规范及有关规定处理好各个管系有敷设位置,使管路在非常情况下,产生破损的可能性降到最低限度。例如,一般海船的舱底水吸入总管应尽可能位于纵中位置,以防止由于海损事故损坏管路;对于舰艇,则因其水线以上的两舷易被炮火击中,故凡与动力装置有关的系统管路,均不能沿水线以上两舷部位敷设。

②条理性。在管路布置中,实施条理性是十分必要的。只有这样,才能使综合布置完善和协调,从而给机舱以和谐、美观的布局,并方便管理和维修。

使管路布置泾渭分明、造型简洁,如条件允许,可对管路进行集束排列。集束排列的基本形式有:直线并列式、垂直 - 水平并列式、转折并列式。

常见的管子排列有以下几种:竖向排列、横向列排、交叉排列、斜向排列。

③操纵方便性。在管路布置时,应考虑使用部门在营运时操纵灵活方便;管路附件要显明易见,特别是阀件的具体位置及布置形式要便于操纵及维修;对于底部布置的管路,阀件的高度以不需操作人员过度弯腰即能开启和关闭为佳;对于空间管路的阀件高度,以阀的操纵手轮离地面(甲板)1 800 mm 左右为好;管路沿顶、壁布置时,阀件的阀杆应向壁面外侧下方倾斜一角度。

一般认为阀件最佳布置形式是相对集中、对称布置。这将使操作人员容易熟悉阀件的位置规律,形成操作习惯。这对于舰艇更为重要。任何一组装置系统的所属管路阀件,应尽可能集中在该装置周围或某一机电设备的周围。如有相同的两组以上的装置系统或机电设备,则每组的阀件布置形式及其与设备之间的相对位置,应尽可能对称。

④工艺可行性。管路布置必须顾及管子零件制造和管路安装工艺的实施,因此,对于管路布置中的管路敷设位置、管子曲形组合和安装程序等,都必须认真地加以考虑。管子零件制造有两个主要工艺环节:弯管和定形校管。这两个环节工艺的繁简,一般取决于管子曲形的复杂程度。因而,管子曲形的选择,应尽可能以最简单的弯头组合,并且弯头的弯曲角度除直角弯外,别弯的弯角度数应取特殊角——30°,45°,60°。

鉴于船舶管路的综合性,往往使安装工艺具有一定难度。因此,除必须使管路布置条理化外,还应做到各系统、层次、区域等管路的独立性,即在任何情况下,不能因为某一部分管路的安装程序脱节而影响整体安装工作的继续进行。管路安装工作大多是人工操作,因此对管路每一对连接头的位置,都要考虑到管路拆装维修时使用工具的方便,乃至操作人员的站位是否合理等。总之,管路综合布置的结果,必须极大地有助于制造、安装工艺的实施,同时应尽量降低制造成本和劳动强度。

(2)机舱花铁板以下的管路分布及空间层次划分

一般艉机型单主机动力船舶的机舱,其底部平面可分为前部、左侧、右侧三个空间区域。如设备按分组集中布置,则前部舱壁处通常为舱底、压载、消防系统布置区域;左、右侧可能分别是冷却水和燃、滑油系统的布置区域。如考虑到冷却器的布置应较集中,则相应的海水、淡水冷却系统和滑油系统必然集中于一侧,燃油输送、净油等系统设在另一侧。根据布置和系统的分布特点,可将机舱底部空间划分下、中、上三个空间层次,各为 Ha、Hb、Hc。下层空间一般为舱底水、压载水、燃油驳运等管路的分布空间,其高度可以是内底板至海水总管高度的管子允许穿过空间高度,即

$$H_a = H_A - \left(\frac{D_1 + D_2}{2} + n \right) \tag{7-1}$$

式中　H_A—— 海水总管中心距内底板高度;

　　　D_1—— 海水总管外径;

　　　D_2—— 交叉穿越管子外径;

　　　n——管路交叉给定间隙值。

中层空间通常可布置淡水冷却和滑油管路。由于管路较大,为避免管子曲形过于复杂,若条件允许时,其高度可以根据泵的进出口水平高度而定。上层空间是机舱供水管路、燃油供油管路、油舱加热管路、各类灭火管路以及其他小直径管路的布置空间,其高度选择以任何管子附件不妨碍花铁板平顺放置为准。布置管路时,不应有任何妨碍下层管路阀件开启的现象。

机舱底部管路布置是复杂多变的,通过区域分解及空间分层,可概略地得到一个综合布置基本方案。大量的细节尚需视实际情况妥善处理。

(3)机舱舷侧及平台空间的管路布置

布置在舷侧管路的曲形与肋骨线型应基本相似。一般均采取连续别弯作舷侧曲面过渡,使管路由水平转向竖向的曲形的形式。在布置过程中,应保证船体结构的强度不受削弱。管路穿越船舷纵桁时,应选择筋板中心位置开孔,并尽量控制开孔的面积,必要时需加设复板或加强圈。要使管路布置妥帖美观,管路穿出筋板后,应以最小直线距离将管路向舷侧弯曲,防止管子的外径超越筋骨的宽度。管路穿越上层甲板时,如果是水密结构,应用水密贯通件作过渡连接;若是非水密结构,孔口也应加设挡水圈。

3.管隧管路的布置

为改善过去各种管路穿越双层底舱的不合理状况,在现代船体构造中设专门管路隧道。利用这种专设隧道来敷设通向各货舱、双层底舱的舱底水管路、压载水和燃油驳运管路,以及伴随这些管路的相关系统的管路(如油舱加热管、遥控气动操纵空气管等)。为使装载舱容不受过度影响,管隧的设置尺度都是非常紧凑的。一般除能容纳所有通过的管路外,还要设一专供维修的人员在管隧内移动的滑行小车,故管路布置时,不仅要做到管路排

列紧凑,还要考虑维修人员的工作条件。

根据管隧的构造特点及其有限的空间,管路布置时,大都充分利用两侧空间。根据船舶建造规范要求,舱底水管路一般都应布置在管隧较低的位置。

4.甲板管路布置

甲板管路综合布置时,一般要做到使用合理和布置美观。这两个要求可通过综合协调和恰当的布置部位及布置形式的优化选择来解决。

(1)综合协调

根据管路综合布置时的一般规律,甲板管路大部分的动力源设置在机舱内,因此,消防水系统、日用水系统和日常蒸汽系统等管路均来自机舱,并从主甲板的机舱围壁处引出,然后向各应用场所布置。当一层甲板布置完毕后,再从适当部位引出分管路通向上一层甲板进行延续布置,直到完成系统规定的所有甲板层次的管路布置工作。由此可知:甲板管路较密集的区域在机舱围壁两侧的走廊顶部。

在一般情况下,总体布置时,通常遵循的原则是:

①由于甲板管路大多由机舱壁引出,为避免与电缆、风管的交叉,管路多布置在走道顶部机舱围壁一边。

②风管、空调管等管道因其制造特点不宜做过度的曲形变化。一般可沿舱室一边布置,便于分管进入舱室。在室顶高度许可的情况下,尽量多留上部空间,以便管路和电缆引入舱室。

③电缆常布置在管路与风管之间。一般的情况下,进入舱室的电缆均为直径不粗的电源线,使它跨越风管进入舱室不会有很多困难。

(2)布置区域和形式的选择

对客、货船甲板上层建筑、生活区域的布置不仅应注意结构特点,还应注意装饰要求,如管路任意穿越,势必影响主要舱室的美观。因此,管路的上下穿越,常选择卫生间作为主要通道。这不仅是因为卫生间无碍美观,而且卫生间的布置一般都是上下相应的,这就给管路上下通行以相当有利的条件,同时还便于维修检查。

甲板管路布置除上述甲板层次间穿越布置外,还有许多生活设施管路进入舱室。它们将对房舱的美观产生直接影响,故凡进入房舱的管路一般都以隐蔽和造型流畅舒适为主要要求。管线可暗线敷设。如房舱为敷料壁面时,可尽量使管路布置在敷料尺寸以内;若房舱为木作壁面,则管路设置在木作结构尺寸内。管子应以曲形简洁为基础,结合室内构件、器具等几何形状,将管子曲形布置成与之相适应的形状,达到视觉流畅的造型美,管路附件及阀件应讲究位置对称,和谐与统一。

5.水密隔壁或甲板的穿越连接

船舶管路穿越水密隔舱或甲板,均采用标准通舱管件来保证连接的密封性。管路布置时,应按具体情况做出恰当的形式选择和工艺处理。

(1)通舱管件的形式选择

通舱管件的形状一般有直通和直角两种。凡是管路穿越甲板或舱壁后,管路仍按所穿越的甲板或舱壁呈垂直状行走的管路,均采用直通型通舱管件;当管路与所穿越的甲板或舱壁呈平行行走并间距较小时,则采用直角型通舱管件。若通舱管路为平行集束形式时,通舱管件也可按上述标准形式的基本要求,设计成多联直角或直通式通舱管件;或根据不同的管路走向,做成直角和直通混合式多联通舱管件;或按管路走向和管子规格的不同,设计出相应的多联通舱管件。管路穿越防火区域的防火隔堵时,通舱管件的配制应按防火敷料的厚度加长。加长量以连接端置于敷料层以外为准。

对于某些可拆性要求不高的管路,如空气、测深等管路,在穿越隔舱或甲板时,也有采用插焊式贯通件或其他适当的通舱连接形式。总之,通舱管件除有国标(GB)和部标(CB)的标准形式可供选择外,尚可根据产品对象及其技术要求,自行设计。

(2)通舱管件的配置工艺

在配置通舱管件时,从工艺环节出发应注意以下两点:

①可装性

确定贯通件的形状、尺寸,一般都以船体结构理论尺寸线为根据。考虑到船体施工误差,凡带有覆板的贯通件,其补板尽可能处理成现场焊接(即所谓活络覆板)。这样,既适应在一定范围内舱壁前后的尺寸变化,又能避免因舱壁表面不平整而引起的贯通件定位歪斜误差。如果贯通件为镀锌件或有其他特殊要求,致使覆板不能现场施焊时,则其两端接管必须处理成嵌补管段,以利其余件的安装。

②可焊性

无论是隔舱或甲板的通舱管件,都必须注意配置位置。因为每一件带覆板的贯通件,若覆板为现场施焊,则有 4 条焊缝要焊。若不充分考虑其可焊性,将会给施工带来极大困难。

6.管子支架形式及其分布

管路布置结束后,应充分考虑固定管子的支架的配置。固定管子可避免管子因机械振动、船体变形或温度变化而造成损坏。管子支架的配置一般可从下述几方面进行考虑。

(1)管子支架形式

①管子支架的基本形式。除通常使用的 CB 标准类型外,近年来国内或出口船舶中,普遍采用管子支架的基本形式。它由支架、夹环和支架座板组成。

②支架形式及适用范围。管子支架的形式均为正置安装形式,也可视管路布置情况,分别变化成倒置、悬臂、挂壁等安装形式。

③夹环安装形式及适用范围。可分Ⅰ型、Ⅱ型和Ⅲ型。Ⅰ型适用于一般管路;Ⅱ型适用于温度变化较大的管路;Ⅲ型适用于振动较大或安装在封闭舱室内的管路。

(2)管子支架间距

管子支架的设置主要是为承受管路重力(包括管内介质重力)、固定管路位置并防止管路下垂。但考虑支架间距时,不能单纯着眼于管路重力因素。因为船舶航行时,不仅要考虑其管路处于内部压力的冲击振动、扭曲变形及热胀冷缩的变形状态之中,同时还需考虑管路的曲形因素。

当前国内外的船舶建造都对船舶管路的支架设置间距,进行了许多有益的探讨,并制订出一套支架间距的要求,以供使用,见表 7-1。

表 7 - 1 　船舶管路支架标准间距　　　　　　单位:mm

公称直径			直管段支架间距		弯曲管段支架间距					
公称直径	外径	壁厚	L_1	最大	R	L	L_2	(L_2) 允许范围	L_3	L_4
10	17.3	2.3	1 100	1 400	100	200	300	300	500	800
15	21.7	2.8	1 300	1 600	100	200	300	300	700	1 000
20	27.2	2.8	1 400	1 800	100	200	300	300	800	1 100
25	34.0	3.2	1 700	2 100	100	200	300	300	1 000	1 300
(32)	42.7	3.5	1 900	2 400	125	200	300	400	1 100	1 400
40	48.6	3.5	2 100	2 600	1500	200	350	400	1 250	1 600
50	60.5	3.8	2 300	2 800	180	200	400	400	1 300	1 700
65	76.3	4.2	2 600	3 200	230	200	450	500	1 450	1 900
80	89.1	4.2	2 700	3 400	270	200	500	500	1 500	2 000
(90)	101.6	4.2	2 900	3 600	300	200	500	550	1 650	2 150
100	114.3	4.5	3 100	3 800	350	200	550	600	1 750	2 300
125	139.8	4.5	3 300	4 100	420	200	600	700	1 900	2 500
150	165.2	5.0	3 600	4 500	500	200	700	800	2 000	2 700
(175)	190.7	5.3	3 800	4 800	570	300	850	950	2 050	2 900
200	216.3	5.8	4 100	5 100	650	300	950	1 100	2 150	3 100
225	241.8	6.2	4 200	5 300	720	300	1 000	1 250	2 200	3 200
250	267.4	6.6	4 500	5 600	800	300	1 100	1 350	2 300	3 400
300	318.5	6.9	4 900	6 100	950	300	1 250	1 450	2 450	3 700
350	355.6	7.9	5 100	6 400	1 100	300	1 400	1 600	2 500	3 900
400	406.4	9.5	5 600	7 000	1 406	500	900	1 100	3 300	4 200
450	457.2	9.5	5 800	7 200	1 457	500	950	1 150	3 350	4 300
500	508.0	9.5	6 000	7 500	1 508	500	1 000	1 200	3 500	4 500
550	558.8	9.5	6 200	7 700	1 558	500	1 050	1 250	3 550	4 600
600	609.6	9.5	6 400	8 000	1 609	500	1 100	1 300	3 700	4 800
650	660.4	9.5	6 600	8 200	1 669	500	1 150	1 350	3 750	4 900
700	711.2	9.5	6 800	8 400	1 711	500	1 200	1 400	3 800	5 000
750	762.0	9.5								
800	812.8	9.5								
850	863.6	9.5								

表 7 – 1（续）

公称直径			直管段支持间距		弯曲管段支持间距					
公称直径	外径	壁厚	L_1	最大	R	L	L_2	(L_2) 允许范围	L_3	L_4
900	914.4	9.5								
(950)	965.2	9.5								
1000	1016.0	9.5								

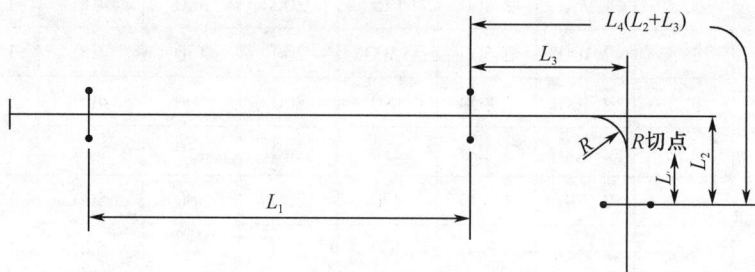

7. 船体及其结构上的开孔

怎样处理好船体及船体结构上的开孔,这是管路布置过程中必须解决的工艺问题。每一艘船舶从建造到报废都会受到各种不同的外力作用,它可使船体产生变形或破坏,而船体结构本身具有一种能力来抵抗这些外力的作用,以保持船体的形状。船体结构的这种抵抗外力作用的能力,一般称为船体结构强度。因此,在船体结构上开孔,应以不损害船体结构强度为原则,至少也应使开孔后的船体结构强度的削弱减至最低限度。在现代船舶建造中,对于船体结构的开孔,通常着眼于划定开孔禁区和开孔补偿这两个重要问题。

(1) 开孔禁区

①船体要害部位严禁开孔。船体的中部区域,从两舷至强力甲板的肋距范围内,不准开孔接管。

②下列区域或构件上不允许开孔:

a. 横向强构件。用斜线标出范围不允许开孔。这类构件大多是强横梁。

b. 纵向强构件。一般系指纵骨、纵通制荡舱壁和纵通桁材。这类构件一般都不允许开孔。

c. 支撑端部。为支柱部构架,其支撑力点周围一定范围都不能开孔。具体范围应视支柱结构而定。一般为支柱结构的 1 倍。

(2) 开孔补强

所有开孔应有良好圆角,且以正圆、蛋圆、腰圆等孔形为佳。如必须开方孔,其四角应呈圆角,圆角的半径尺寸不得小于 25 mm,可按 $d/10$ 来计算圆角半径。

以上所述船体及其构件开孔的原则,仅属一般情况,在实际工作中,可按产品技术要求或工厂工艺规程执行。

习　　题

1. 什么是计算机辅助管系设计软件？
计算机辅助管系设计软件有哪些功能？
3. 常用计算机辅助管系设计软件有哪些？
4. 计算机辅助管系设计软件各有什么特点？
5. 管系设计前的准备工作有哪些？
6. 机舱管路布置的规范？
7. 管隧内管路布置规范？
8. 甲班管路布置规范？
9. 支架布置规范？
10. 船体结构开孔要求？